生徒指導・進路指導・キャリア教育論

主体的な生き方を育むための理論と実践

横山明子 編著

図書文化

はじめに──この本を手にされた皆さんへ

　　教えるとは　希望を語ること
　　学ぶとは　誠実を胸にきざむこと
　　　　　　－ストラスブール大学の歌より　ルイ・アラゴン－
　　　　　　　　（大島博光訳『フランスの起床ラッパ』所収）

　皆さんはこの詩を読んで何を感じるでしょうか。皆さんが，将来，成し遂げたいことは何でしょうか。この詩は，第2次世界大戦中に，フランスにあるストラスブール大学の多くの教授と学生たちが，ナチス・ドイツ軍によって逮捕され銃殺された悲劇を，ルイ・アラゴンが詠った詩の一節です。

　教育は，未来に生きる「人」を育てることが重要な使命です。児童生徒は，今という激動の時代の中で，自分らしく生きることを望んでいます。私たちは，それにどのくらい応えられているのでしょうか。

　本書は，将来，教職に就く学生，現職の先生方，そのほか教育に携わるすべての方々に向けて編纂しました。この本によって，「生徒指導・進路指導・キャリア教育」の最新の動向や課題とあり方を学ぶことができます。

　特にキャリア教育は，近年その重要性がますます高まってきており，今回の大幅に改訂された学習指導要領においても，児童生徒の将来を見据えたキャリア教育を，あらゆる教育活動の中で展開していく方針が示されています。

　本書の学修を通して，皆さんが学校教育に対してこれまで以上に関心を高め，取り組みが充実したものになることを願っております。

2019年3月

　　　　　　　　　　　　　　　　　　　　　　　　編著者　横山明子

新版の刊行にあたって

　本書『生徒指導・進路指導・キャリア教育論』は，2006年に吉田辰雄先生によって編集された『最新 生徒指導・進路指導論』（通算16刷）を，最新の情報を取り入れ大幅に改訂し，書名を新たにしたものです。私たちにキャリア教育のあり方を懇切丁寧にご教授くださいました吉田辰雄先生が，2010年12月に鬼籍に入られましたことから，横山が編集を務めさせていただきました。

　今版は，旧版の構成を大きく変更せず，旧版から引き継いだ吉田辰雄先生の原稿（第1章，第8章，第9章）については，最近の情勢に応じた内容とするための加除修正を横山が担当いたしました。一方で，「次の時代の教育を考えるために，常に教育には最新の情報が重要である」という吉田辰雄先生の教えを継承し，最新の動向に精通している新たな先生方を執筆者にお迎えしました。

　旧版からのさらなる充実をめざした内容として，近年，重要性が高まっているキャリア教育の考え方や実践について，また，障害のある児童生徒を含めた生徒指導や進路指導のあり方ならびに，学校現場で起こっているさまざまな問題行動と支援のあり方についても，最新の情報を掲載しました。そして，未来を見据えた児童生徒の「一人一人の主体的な生き方を育む」をテーマに，新しいサブタイトルを付けました。

　本書は，教職課程で学ぶ学生，現職の先生方，そのほか教育に携わるすべて方々のテキストや参考書となることをめざして編集しました。今後，教育界の発展の一助となることを願っております。

　最後に本書の刊行にあたり，全面的なご理解とご協力を賜りました図書文化社の福富泉社長，今回の改訂をご提案いただいた水野昇元出版部長，また，編集のプロとして数多くサポートをしていただきました出版部の佐藤達朗さんと栃尾瞳さんへ，心より深く感謝申し上げます。

2019年3月

　　　　　　　　　　　　　　　　　　　　　　　　編著者　横山明子

生徒指導・進路指導・キャリア教育論　目　次

はじめに　3

新版の刊行にあたって　4

第1章　生徒指導・進路指導・キャリア教育の歴史と発展─────9

Ⅰ　ガイダンス・カウンセリングの意義と必要性
ガイダンスの意義と必要性 10／カウンセリングの意義と必要性 11

Ⅱ　生徒指導・進路指導・キャリア教育の歴史と発展
アメリカにおけるガイダンス・職業指導の歴史と発展 12／わが国における生徒指導の歴史と発展 14／わが国における進路指導・キャリア教育の歴史と発展 17

Ⅲ　最近の学校における生徒指導と進路指導・キャリア教育（平成元年〜平成29年・30年告示）
学習指導要領の改訂の経緯 22／キャリア・パスポート 33
COLUMN　キャリア教育における育成すべき能力
「4領域8能力」から「基礎的・汎用的能力」へ 36

第2章　ガイダンス・カウンセリングの基礎的理論─────37

Ⅰ　人格・発達理論
人格理論 38／発達理論 41

Ⅱ　環境論およびグループ・ガイダンス理論
環境論 49／グループ・ガイダンス理論 50

Ⅲ　カウンセリング理論
臨床的カウンセリング（特性－因子論的カウンセリング）51／来談者中心カウンセリング（非指示的カウンセリング）51／開発的カウンセリング 52／行動的カウンセリング 52
COLUMN　ピア・カウンセリングとは 54

第3章　生徒指導・進路指導・キャリア教育の理念と性格────55

Ⅰ　生徒指導の理念と性格
生徒指導の意義 56／生徒指導の役割 57／生徒指導の基本的性格 58／教育課程と生徒指導 61
COLUMN　21世紀型スキル 64

Ⅱ　進路指導・キャリア教育の理念と性格
進路指導・キャリア教育の意義 65／進路指導・キャリア教育・職業教育の役割 66／進路指導・キャリア教育の活動 68／進路指導・キャリア教育と教育課程 70

第4章　児童生徒理解の方法・技術────73

Ⅰ　児童生徒理解の意義と内容
児童生徒理解の意義 74／教師の児童生徒理解と児童生徒の自己理解 74／児童生徒理解の内容 75

Ⅱ　児童生徒の個人資料の収集と活用
児童生徒理解のための方法の原理 76／児童生徒理解のための方法 78／個人資料の整備と活用 84

Ⅲ　児童生徒理解におけるアセスメントと心理検査の活用
児童生徒理解のための方法の原理 85／心理検査の意義と特徴 85／心理検査の目的と役割 86／生徒指導・進路指導のためのおもな心理検査 87／心理検査利用上の留意点 93
COLUMN　進路適性とは 94

第5章　生徒指導・進路指導・キャリア教育の組織と運営────95

Ⅰ　生徒指導・進路指導の校内組織
校務分掌間の連携・協力 96／生徒指導の校内組織とその役割 98／進路指導・キャリア教育の組織構成とその役割 100

Ⅱ　生徒指導・進路指導・キャリア教育における教師の役割
　　　校長・教頭の役割 105／生徒指導主幹の役割 106／進路指導主幹の役割 107／学級（ホームルーム）担任教師の役割 109／スクールカウンセラー，キャリア・カウンセラーの役割 111
　　　COLUMN　生徒指導・進路指導と心の発達 113

第6章　教育相談・進路相談の方法・技術──────115
　　Ⅰ　相談の意義と必要性

　　Ⅱ　教育相談の特徴
　　　教育相談の定義 117／学校での教育相談と外部機関における教育相談の違い 117／教育相談の目的 119／教育相談の方法・技術 120

　　Ⅲ　進路相談の特徴
　　　進路相談の定義 126／教育相談と進路相談 128／進路相談の目的 130／進路相談の方法・技術 130
　　　COLUMN　危機介入（crisis intervention）とは 133

第7章　学校における生徒指導・進路指導・キャリア教育の計画と実践──135
　　Ⅰ　小学校における生徒指導・進路指導・キャリア教育の計画と実践
　　　生徒指導の計画と実践と課題 136／キャリア教育の計画と実践と課題 140
　　　COLUMN　学級崩壊とは 144

　　Ⅱ　中学校における生徒指導・進路指導・キャリア教育の計画と実践
　　　生徒指導の計画と実践と課題 145／進路指導・キャリア教育の計画と実践と課題 151
　　　COLUMN　体験学習（職場体験）とは 159

　　Ⅲ　高等学校における生徒指導・進路指導・キャリア教育の計画と実践
　　　生徒指導の計画と実践と課題 160／高等学校における生徒指導の実際 164／キャリア教育の計画と実践と課題 167

　　Ⅳ　発達障害のある児童生徒の特徴と支援のあり方
　　　特別支援教育について 172／発達障害のある児童生徒の理解 173／発達障害のある児童生徒に対する生徒指導・進路指導・キャリア教育 175／支援のネットワーク構築の重要性 178／インクルーシブ教育 179

第8章　児童生徒の問題行動の特徴と支援 ──── 181

Ⅰ　問題行動の特徴と理解
問題行動の概念 182／問題行動の種類と特徴 183／問題行動の発見と予防と支援 184

Ⅱ　最近の問題行動の特徴
非行・暴力行為・いじめ・不登校 187／高校中途退学問題の理解と指導 197／生徒指導に関する法制度 200

第9章　生徒指導・進路指導・キャリア教育のアセスメント ── 203

Ⅰ　生徒指導の組織・計画・運営のアセスメント
アセスメントの意味 204／生徒指導のアセスメントの意義と目的 205／生徒指導のアセスメントの対象と領域 205／生徒指導のアセスメントの方法と実際 206

Ⅱ　進路指導・キャリア教育の組織・計画・運営のアセスメント
進路指導・キャリア教育のアセスメントの意義と目的 209／進路指導・キャリア教育のアセスメントの対象と領域 210／進路指導・キャリア教育のアセスメントの方法 210／進路指導・キャリア教育のアセスメントの実際 213

COLUMN　指導要録と生徒指導・進路指導・キャリア教育のアセスメント 217

さらに深く学びたい皆さんへ　218
引用文献　220
参考資料［学習指導要領（抄）］　224
索　　引　236

第1章

生徒指導・進路指導・キャリア教育の歴史と発展

吉田 辰雄・横山 明子・本間 啓二

　20世紀初頭,アメリカ社会に登場した職業指導運動,精神衛生運動と,その後に展開された教育運動が,世界のガイダンス・カウンセリングの発展に大きく寄与してきた。現在まで約100年が経過したが,その間,職業指導の領域では,ボケイショナル・ガイダンスからキャリア・ガイダンスへ,キャリア・ガイダンスからキャリア・エジュケーションへと進化を遂げ,また,生徒指導領域では,ガイダンス・カウンセリングが全人的教育指導として発展して,世界各国に多大の影響を与え現在にいたっている。いまやガイダンス・カウンセリングを抜きにして教育を語ることはできない。
　そこで,本章では,アメリカの職業指導・進路指導・キャリア教育の歴史と発展を明らかにするとともに,わが国への影響と,わが国の今日までの発展をたどり,これからのガイダンス・カウンセリングのあるべき姿について論ずる。

Ⅰ ガイダンス・カウンセリングの意義と必要性

[1] ガイダンスの意義と必要性

　わが国の学校教育では，昭和40年以来生徒指導という言葉を用いているが，この生徒指導はアメリカのガイダンス（guidance）の理論や実践から影響を受けながら発展してきたものである。アメリカには，わが国の生徒指導に相当する用語としてパーソネル・ガイダンス・サービス（personnel and guidance service），ガイダンス・サービス（guidance service），パーソネル・サービスまたはワーク（personnel service or work），スチューデントまたはピューピル・ガイダンス（student or pupil guidance）等がある。ガイダンスとは，「個人を彼の生活における危機的な事態に際して賢明な選択・適応・判断を行うように援助することである」（Jones, A.J., 1951）とされる。すなわち，一人一人の児童生徒が学校，職業，社会の要請との関連で，自分自身の能力，興味，性格，特性などについての認知，理解を深め，その生活環境全体のいろいろな事態における適応上の諸問題について，自主的に賢明な判断・解釈ができ，社会的自己実現が達成されるように援助する教育的機能であり，あくまでも児童生徒個人を重視するものでなくてはならない。

　ガイダンスの一般的内容としては，次のことをあげることができる。
①一人一人の児童生徒を理解する
②児童生徒に直接援助・助言を与える
　a）社会生活，職業生活および生徒の自己理解に資する知識を提供し，行動の決定において助言を与える
　b）社会生活，職業生活および生徒の自己理解に資し，個性を開発することを助けるような活動の機会を提供する
③カリキュラムおよび生活環境の改善によって間接的に助力を与える

④追求的に指導,研究する
⑤ガイダンスの実施に関して一般教師に援助を与える

今日の生徒指導は,児童生徒の望ましい全人的な発達をめざして,児童生徒一人一人の問題に即して,実践していく教育活動であり,教科指導のように領域に関する概念ではなく,教育において重要な機能を持つ概念であると理解されている。

[2] カウンセリングの意義と必要性

カウンセリング（counseling）の歴史的発展をみると,1930年から1945年にかけて教育指導,職業指導としてのガイダンスから,生徒たちに対する人格性の指導,適応指導の領域においてカウンセリングとして発展したことから,源流はガイダンスと同じである。カウンセリングの一般的な定義は,「ある個人が何らかの適応上の問題と出会い,その解決や処理に困難を感じたとき,その解決に援助を必要とする個人と,専門的訓練を受けた助力者としての資格を備えた者とが面接して,主として言語的および非言語的コミュニケーションによって影響を与え,問題の解決を図る過程」であり,次のように分類される。

①目的によって——治療的・予防的・開発的カウンセリング
②職域によって——スクール・産業・矯正・福祉カウンセリング
③対象によって——児童相談,生徒相談,学生相談,成人相談,高齢者相談
④内容によって——心理的問題の相談,家族相談,教育相談,キャリア・カウンセリング（進路相談）,職業相談,適応相談

このように分類されるカウンセリングは,学校では教育相談として,児童生徒がさまざまな問題を抱えた時に,個別に,あるいはグループを対象として行われる。この教育相談を担うのは担任が中心であるが,ほかにスクールカウンセラーとして,キャリア・カウンセラー,教育カウンセラー,公認心理士,臨床心理士,ケースワーカーなどが担当する。さらに,抱えている問題が深刻であれば,医療機関や,問題の内容によって外部のハローワークとも連携する。

生徒指導・進路指導・キャリア教育の歴史と発展

[1] アメリカにおけるガイダンス・職業指導の歴史と発展

　アメリカにおけるガイダンスの歴史は，職業指導運動，精神衛生運動，教育運動に源流をみることができる。19世紀末から20世紀初頭にかけてアメリカは工業化が急速に進展し，それに伴って新しい職業領域が開かれ，教育・訓練の必要性が学校に求められ，新しい教育課程のみならず社会に対する適応指導が必要になった。精神衛生運動（Mental Hygiene Movement）は，ビーアズ（Beers, C.W.）がはじめである。彼は，精神障害者の治療環境の改善，精神障害者についての一般の人々への啓蒙活動，幼児期の環境の重視，地域精神医療の推進，児童相談所の設立など多くの成果をあげた。当初は，1908年コネチカット州精神衛生協会の組織化，1909年全国精神衛生協会の組織化と進み，1920年代には児童相談所（Child Guidance Clinic）が全米各地に設置されるようになった。さらに1930年はワシントンで第1回国際精神衛生会議が開かれ，のちに今日の世界精神衛生連盟へと結実している。このように，1930年代には人道主義の立場から，家庭や学校における児童生徒の生活の全領域にわたって，精神衛生指導が展開されるようになってきている。

　一方，教育運動は，1930年代には進歩主義教育協会（Progressive Education Association）の運動が起こって，児童中心主義，経験主義の立場から児童生徒を単に知的にではなく，有能な実践的な社会人として形成することを理念として掲げるようになった。また，1930年代の世界恐慌を契機として膨大な青年失業者を出したため，連邦政府は組織的なガイダンス政策を打ち出した。学校では，当初，社会適応と配置指導がことさら重視された。しかし，経済恐慌が職業の選択の可能性を奪ってからは，ガイダンスは全人的指導の方向へと転換していった。生徒の能力，適性，興味，希望などの指導を出発点として，生徒

の人格の健全な成長・発達や生活全般にわたっての適応をめざしたガイダンス活動が強調された。さらに，これまでの知能検査，学力検査，適性検査の他に，行動，人格についての新しい評価技術が提案され，児童生徒を全人的に評価する方法や技術によりガイダンスがさらに広まったのである。

　このようにガイダンス運動は，教育即ガイダンスと考えられるように，公民性指導，道徳性指導，人格指導，余暇指導の重要性が学校教育に浸透していき，学校教育の大きな柱となった。1931年に全米キャリア発達協会（National Career Development Association）がカウンセラー資格に関するガイドラインを定め，1942年のロジャーズ（Rogers, C.R.）のカウンセリング理論・技法の発展を促進させ，ハイスクールへのカウンセラーの配置が一般化していくことになる。

　他方，職業指導の歴史については，職業指導運動（Vocational Guidance Movement）としてパーソンズ（Parsons, F.）がボストンに職業局（Vocation Bureau）を開設したことから始まる。パーソンズは，ボストンの市民厚生館（Civic Service House）という社会事業施設で労働者教育に努めたが，一歩進めて，児童労働の保護と並ぶ活動として，1908年には同館内にボストン職業局（Vocation Bureau）を開設した。これはショー婦人（Shaw, Q.A.）の財政的支援によるもので，世界で最初の職業機関である。これによってパーソンズは職業指導のシンボルとみなされている。この職業局は，青年が1つの職業を選び，それに対して自分自身の準備をし，それへの就職口を見つけ，能率的，成功的なキャリアを築き上げるのを助けることを目的としたのである。なお，パーソンズの死後，彼の友人のブルームフィールド（Bloomfield, M.）が職業局の責任者となり，教育界・産業界に多大の影響を与えた。

　また，1906年に創設された全米産業教育振興会は，その名のとおり職業教育の改革運動の一環として職業指導運動の推進を助け，1913年，グランド・ラピッズにおける第7次大会の機会に，全米職業指導協会（National Vocational Guidance Association, NVGA）が創立された。1917年には歴史的に意味のあるスミス・ヒューズ法（Smith-Hughes Act）が制定された（アメ

リカにおいて労働者の生産技術能力の向上をめざす職業教育の拡大が急務となったことから，1914年全米産業教育促進協会は，職業教育に伴う労使の対立を調整し，その結果，スミス上院議員とヒューズ下院議員によって議会に法案が提出され通過し，この法律が成立した）。これにより連邦職業教育局が発足し，職業教育の促進，各州への職業教育への援助が行われるようになった。

そして，職業指導は前述のガイダンスと接近，融合するようになりガイダンスの一領域とみなされるようになった。その後，1970年代にわが国のキャリア教育にも大きな影響を与えたキャリア・エデュケーションが展開され，「国家防衛教育法」(National Defence Education Act) さらに，「学校＝職業移行機会法」(Schoolto Work Opportunities Act) などの政策がとられ，2002年1月に初等中等教育法，いわゆる「一人たりとも落ちこぼさないための法」(No Child Left Behind Act) が制定された。これにより，進学と就職の両方のキャリア・パスが選択できるようなきめの細かい支援方策が全国規模で行われている。

[2] わが国における生徒指導の歴史と発展

1 明治・大正期の生活指導・生徒指導

明治後期にわが国に導入された児童中心主義の思想は，大正期に開化・進展をみることになる。大正教育運動は，大正デモクラシーといわれる民主主義的運動を背景として，それまでの臣民教育としての画一的な教師による注入主義教育，管理主義的教育を批判して，子どもの自発性や個性の尊重による教育が強調され，自由主義的教育運動が展開された。

例えば1917年，澤柳政太郎は成城小学校を設立し，個性尊重，新自然，心情の教育，科学的研究を掲げ自由教育を行い，1924年の野口援太郎による池袋児童の村小学校などは，教員と児童の自治に委ねる自由主義教育を行った。そのほかに手塚岸衛の自由教育論，小原国芳の全人教育論など，いずれも一人一人の児童を中心に置いた教育の提唱を掲げている。

このような流れの中で，わが国では1920（大正9）年ごろから，「生活指導」の用語が使用されてきた。アメリカのガイダンス理論は，大正末期ごろに石井

亮一によって導入されたといわれている。

　次に，大正期の「綴方教育」，および昭和初期の「郷土教育」の双方の影響を受けて生まれた鈴木三重吉や小砂丘忠義が中心となった「生活綴方」運動がある。生活綴方とは，文章表現活動を通して社会問題や生活を鋭く観察し，またその作品を学級集団の場で，みんなで考え合うことを通して，科学的な社会認識を育て問題解決の実践力を育成しようとする教育方法であり，民間教育運動である。戦時中は弾圧を受けて衰退したが，戦後の 1950 年，生活綴方運動が復興（翌年「日本作文の会」に改称）し，生活綴方による「学級づくり」「生活指導」となっていき，日本的形態のガイダンスとして注目を集めた。なお，わが国では，大正末期から児童相談所，職業相談所が相次いで設置された。

2 昭和期－第二次世界大戦前，および戦中の生活指導・生徒指導

　この時代は戦争の時代であり，教育のファッショ化のもとでの生徒指導であり，一人一人の個性や人格を尊重するのではなく，全体主義，軍国主義の暗黒時代，不毛の時代であったといえる。特に，昭和 12 年ごろから国民の練成を目的とした練成主義の教育が行われた。練成とは，錬磨育成という意味で，「我が国文化の特質を明らかにするとともに，東亜および世界の大勢を知らし皇国の地位と使命を自覚させ大国民の資質を啓培する」（国民学校令，昭和 16 年）ことを目的として学校の行事や儀式を活用した。

3 昭和（第二次世界大戦後）の生活指導・生徒指導

　昭和 21（1946）年に「米国教育使節団報告書」が発表されたのを契機にして，この報告書に基づいてそれ以後の教育は展開された。昭和 22（1947）年 1 月から CIE のカレー（Carly）の指導のもとでガイダンスの研究が教師養成研究会において行われ，翌 23（1948）年 4 月にその報告書の「指導」が公刊された。この報告書では，ガイダンスを，新しい教育において教育を個人に適合させるために必要なものとしての機能として性格づけている。昭和 24（1949）年に，文部省は『児童の理解と指導』を刊行し，その前書きではこれからの教育は児童の側の要求を理解し，その心身の発達段階に則して，これを指導していかなければならないと記している。同年文部省は『中学校・高等学校の生徒指導』

を相次いで公刊した。これにより中学校・高等学校段階では,「生徒指導」の用語が「ガイダンス」という用語とともに広く用いられるようになるが,一般的にはまだ「生活指導」の用語が「生徒指導」の用語よりも多く用いられていた。

このようにアメリカのガイダンス思想の影響のもとに発展してきた生徒指導は,科学的な生徒の個性についての評価とカウンセリング技術を駆使することによって,個人の自己実現を援助すること,学校行事,生徒会(児童会)活動,委員会活動などの特別教育活動(教科以外の活動)に参加することによって民主主義的な行動様式を身につけるとともに,自己を発達させることについて指導を行うことが中心的な課題となった。

これに先立って,わが国では戦前・戦中から戦後の昭和20年代を通じて,生活指導という名称は教育課程上,生活指導観の対立があった。川合章(1958)は,このガイダンスを次のように分類しており,このうち,どのような考え方で指導を行うかということである。すなわち,この生活指導を領域概念とみるか,機能概念とみるか,また,しつけ即習慣形成を重視するか,自発的認識の契機を大切にするか,といった本質的な課題が含まれているのである。

①個性尊重の方法原理としてのガイダンス
②学習指導中心のガイダンス
③近代ガイダンス,カウンセリングあるいは精神衛生としてのガイダンス
④しつけ即生活指導
⑤特別教育活動即生活指導
⑥人間の生き方の指導としての生活指導
⑦集団主義の生活指導

なお,生徒指導の名称は,昭和40年に文部省が『生徒指導の手びき』(昭和56年改訂『生徒指導の手引』)を刊行し,これより小学校,中学校,高等学校において,教育行政用語として生徒指導と呼ぶこととしたので,以来,「生徒指導」の名称が学校教育で徹底してきている。

[3] わが国における進路指導・キャリア教育の歴史と発展

1 明治期～大正期の職業指導

　わが国の職業指導運動は，アメリカと同様に児童相談，職業相談の活動から始まったといえる。わが国に最初に職業指導の用語が導入されたのは，大正4（1915）年，当時，東京帝国大学教授の入澤宗寿が，その著『現今の教育』でアメリカの「ボケイショナル・ガイダンス（Vocational Guidance）」を「職業指導」と翻訳して紹介したのが最初であるといわれている。

　大正期に入ると，大正6（1917）年に心理学者の久保良英が東京府下目黒に児童教養研究所を設立する。そこで教養相談の中で選職相談を行い，またほぼ同じころ東京で，医師であった三田谷啓が児童相談所を開設して選職相談を行うなど，心理学者や医師による職業相談が試みられている。わが国の公立の職業指導専門機関としては初めて，大正9（1920）年に大阪市立少年職業相談所が開設された。大正10（1921）年4月に職業紹介法が制定されて，職業紹介事業もいままでのような慈善的，博愛的，貧民救済的な事業から，社会政策的，産業育成的な事業へと性格を変えていった。同年8月に神田橋に東京市中央職業紹介所が設立され，そこに性能診査少年相談部を設置し，就職希望の少年の精神検査を実施するなどして彼らの適職について考え，方向づけるための相談を実施した。大正14年に東京府少年相談所が開設され，相次いで主要都市に職業相談や性能検査を行う相談機関が設立されている。

　並行して，大正7（1918）年に東京市芝区労資協調会館内に産業能率研究所を設立，大正10年に倉敷紡績会社が大原労働科学研究所を開設，大正12（1923）年に労資協調会が産業能率研究所を開設するなど，産業能率研究，精神測定，児童相談研究と実践などが活発に進められ，職業指導の科学化に貢献している。このように，少年職業紹介の質的向上をめざし，作業の能率化や合理的な職業選択方法についての研究が行われ始めたのである。大正12年ごろから小学校で職業指導が活発に行われるようになる。大正13（1924）年には東京の赤坂高等小学校をはじめとして，東京や大阪，その他の都市でも高等小学校で職業

指導が体系的，組織的，計画的に行われるようになった。

2 昭和期前期〜第二次世界大戦時下での職業指導

昭和 2（1927）年 4 月に「少年職業指導協議会」を開催し，学者や教育者が少年職業指導に関する意見の聴取を行っている。また実践活動の成果を踏まえて，文部省は職業指導を正式に学校教育に導入することを決め，昭和 2 年 11 月に「児童生徒ノ個性尊重及職業指導ニ関スル件」を訓令の形で通達し，この訓令が契機となって全国各地の学校で広く職業指導が実践されるようになった。そして，昭和 2 年に東京市職業指導研究会を母体として大日本職業指導協会が設立され，この協会がわが国の職業指導の普及と発展，さらに向上に大きく貢献することになる。これが現在の財団法人日本進路指導協会である。

昭和 13（1938）年 4 月には，法律第 55 号をもって国家総動員法が公布され，さらに職業紹介法が改正され，適材適所主義も国家主義的色彩の強い労務需給調整の立場に立たざるをえなくなっている。また，昭和 14（1939）年に職業指導強化運動が起こり，就労気風，勤労精神の高揚が叫ばれ，同年に国民職業能力申告令が公布されて国民はすべて自己の職業能力を理解していることとなり，同年 7 月に国民徴用令が公布されると，国民はその職業能力により徴用されるなど，職業指導は一段と国家主義的色彩を帯びてくるのである。

昭和 16（1941）年，第 2 次世界大戦が開戦された年，それまでの小学校が国民学校となり，「国民学校ニ於ケル職業指導ニ関スル件通牒」により，職業指導は完全に国家の要望に合った形で国家体制の中に組み込まれ，個性の尊重はまったくその姿を消してしまう。昭和 17（1942）年 12 月に文部次官通達の形で「国民学校ニ於ケル職業指導ニ関スル件」が出され，職業指導の時間の特設が認められ，大日本職業指導協会は国民学校用の職業指導教科書を編纂し，各地の国民学校で使用されるようになる。このことは，国家的要請に沿った形での生徒の労働力を配分するといった職業への配置指導という色彩が濃厚であり，こうした傾向は昭和 20（1945）年の第 2 次世界大戦の終戦まで続いた。

3 昭和期－第二次世界大戦後の職業指導・進路指導

昭和 22（1947）年に日本国憲法，教育基本法，学校教育法が相次いで制定

されたことにより，教育制度や教育の理念や性格，指導内容も大きく改革された。戦後は職業指導も民主主義の原理に基づいて新しい職業指導が行われた。日本国憲法では，「何人も，公共の福祉に反しない限り，居住，移転及び職業選択の自由を有する」（第22条）と規定している。

　また，教育基本法では第1条の教育の目的について「教育は，人格の完成をめざし，平和的な国家及び社会の形成者として，真理と正義を愛し，個人の価値をたっとび，勤労と責任を重んじ，自主的精神に充ちた心身ともに健康な国民の育成を期して行われなければならない」と，昭和22年に制定された職業安定法では「第2条（職業選択の自由）何人も，公共の福祉に反しない限り，職業を自由に選択することができる」と明記し，日本国憲法に保障された職業選択の自由，勤労権の確立を具体的に示している。

　次に戦後の新しい教育制度のもとで開始された新しい職業指導と進路指導について時代区分し，各々の特徴を見てみる。

●第1期「職業指導の復興・新発足期」（昭和21年～昭和25年ごろまで）

　この時期は，民主主義の確立，人間尊重の精神を基盤とした学校職業指導の発足の時期にあたり，職業指導の復興とともに新たな夜明けを迎えた時期である。昭和22年に学校教育法が制定され，この中に新制高等学校における職業指導に関連する教育目標を明示した。また，同年「学習指導要領一般編」（試案），「学習指導要領職業指導編」（試案）を世に出し，昭和24（1949）年に『中学校・高等学校職業指導の手引き』を発行して職業指導の指針を示している。そして中学校の職業指導は，教育課程のうえで「職業科」が新設されて教科の中に位置づけられ，昭和24年には「職業・家庭」の教科の中に位置づけられた。この中学校教科「職業科」の性格や目的については，職業科試案として，①生徒の労働の態度を堅実にすること，②職業生活の意義と尊さを理解させること，③将来の職業を定めることについて自分の考えることのできるような能力を養うことが示された。このように職業指導の具体的内容として，職業知識の啓培，職業実習，個性に関する調査および諸検査，進学および就職，卒業後の補導とともに，公共職業安定所との相互協力関係の徹底化が求められている。

●第2期「職業指導の展開期」（昭和26年～昭和32年ごろまで）

　この時期は，中学校の「職業・家庭科」における職業指導と学習指導要領の改訂に伴うホームルームにおける指導やカウンセリングの重視が見られた。また，昭和28（1953）年11月に，学校教育法施行規則等の一部を改正する省令によって，職業指導主事が設置された。前述のように，昭和24（1949）年に「職業科」から「職業・家庭科」に教科が改訂されたことにより，職業指導が「職業・家庭科」との関連のなかで行われた。それは，「職業指導」が，職業・家庭科という教科は職業指導を抜きにしては考えられないということによっている。すなわち仕事を中心とする学習を展開しつつ，職業生活に対する理解を深め，教科の中で知識の理解や啓発的経験が取り上げられたのである。

　昭和26（1951）年に改訂学習指導要領が刊行され，特別教育活動ではホームルームについて，「ホームルームを学校における家庭とし，まず生徒を楽しい生活の雰囲気の中におき，生徒のもつ諸問題を取り上げて，その解決に助力し，生徒の個人的，社会的な成長を助長したり，職業選択の指導を行ったりする」としている。ホームルームでは，このように生徒指導の一環として職業指導が取り扱われている。また，カウンセリングについては，中央産業教育審議会の建議の中に，「カウンセリングとしての職業指導は，この教科外におき，その重要性にかんがみ別途考慮する」としている。

●第3期「進路指導の確立期」（昭和33年～昭和43年ごろまで）

　進路指導にとって，この時期は特別教育活動の時期といえる。中学校は学級活動を中心に，高等学校はホームルームを中心にして進路指導が展開された。また，科学技術教育の振興という社会的要請から，昭和33（1958）年に中学校学習指導要領が改訂され，「職業・家庭科」が廃止され，新しく「技術・家庭科」が設けられた。なお，昭和36（1961）年に進路指導の定義が，文部省『中学校・高等学校進路指導の手引―中学校学級担任編』で提示され，学校進路指導の定義として，その後の進路指導の性格づけの基本となっている。

　特筆すべきは，昭和33年および昭和35（1960）年に中学校・高等学校学習指導要領が改訂され，進路指導が特別教育活動に明確に位置づけられたことで

ある。以前は，職業・家庭科の一分野として扱われていた職業指導が，「進路指導」という用語に改められ，しかも教科から独立して特別教育活動に位置づけられ，「個性の伸長を助ける」「将来の進路を選択する能力を養う」ことが進路指導の達成目標に掲げられている。中学校ではホームルームを学級活動という名称に改め，この学級活動を中学校における生徒指導と進路指導の基本的な場としたのである。そして，進路指導は，学校のすべての教育活動において，教育課程の全領域を通じて全校の教職員の協力体制のもとに行われるべきものであり，さらにそれらを補充・深化し，統合する指導の場として学級活動を位置づけ，学級活動において行う進路指導の具体的内容として，①自己の個性や家庭環境などについての理解，②職業や上級学校等についての理解，③就職（家事・家業従事を含む）や進学についての知識，④将来の生活における適応についての理解の4項目が掲げられている。また，高等学校の場合は，進路指導は特別活動の中のホームルームにおいて中心に取り扱うように位置づけ，ホームルームの目標の1つとして「自主的に進路を選択決定する能力を養う」ことを掲げ，内容として「進路の選択決定やその後の適応に関する問題」を掲げている。

●第4期「進路指導の展開期」（昭和44年〜昭和63年まで）

この時期の進路指導は，昭和44（1969）年の中学校学習指導要領の改訂，昭和45（1970）年の高等学校学習指導要領の改訂に基づく展開がなされた。進路指導は教育課程の全体を通して指導すること，教育活動全体を通しての進路指導を補充・深化・統合する場として特別活動としての学級活動，ホームルーム活動を中心に展開されることとなった。昭和50（1975）年の教育課程審議会の基本方針を受けて，①人間性豊かな児童生徒を育てること，②ゆとりあるしかも充実した学校生活が送れるようにすること，③国民として共通に必要とされる基礎的・基本的な内容を重視するとともに児童生徒の個性や能力に応じた教育が行われるようにすることの3点について指摘し，進路指導が計画的・組織的に行われるように努めるとともに，個性の理解や進路に関する知識の整理・統合・深化が一層図られるよう，学級指導およびホームルームの充実を図ることが求められた。

最近の学校における生徒指導と進路指導・キャリア教育（平成元年～平成29年・30年告示）

[1] 学習指導要領の改訂の経緯

1 第1期 生き方指導としての進路指導（平成元年度～平成9年（小学校・中学校）・平成10年（高校）まで）

昭和58（1983）年11月，第13期中央教育審議会の教育内容等小委員会の審議経過報告において，今後特に重視されなければならない視点として，①自己教育力の育成，②基礎・基本の徹底，③個性と創造性の伸長，④文化と伝統の尊重，の4項目が示された。

また，総理大臣の諮問機関として設置された臨時教育審議会は，多方面から人材を集め，昭和50年代初頭から多発し始めた「校内暴力」「いじめ問題」「登校拒否」といった「教育荒廃」と呼ばれる現象に対して，3年間の審議経過（昭和59（1984）年8月～昭和62（1987）年8月）の中で諸答申が出された。昭和62年8月の最終答申において，教育の画一化，硬直化が指摘され，21世紀のための目標とともに，今後の教育の在り方を検討する際の観点として，①個性重視の原則，②生涯学習体系への移行，③変化への対応（情報化・国際化・高齢化），の3点が示された。

さらに，昭和60（1985）年9月に文部大臣から教育課程審議会へ諮問が行われ，中央教育審議会，臨時教育審議会の提言を踏まえて，昭和62年12月に答申（「幼稚園，小学校，中学校，及び高等学校の教育課程の基準の改善について」）し，教育課程の基準の改善のねらいとして，以下の4点が示された。

①豊かな心を持ち，たくましく生きる人間の育成を図ること。
②自ら学ぶ意欲と社会の変化に主体的に対応できる能力の育成を重視すること。
③国民として必要とされる基礎的・基本的な内容を重視し，個性を生かす教育の充実を図ること。

④国際理解を深め，わが国の文化と伝統を尊重する態度の育成を重視すること。
それに伴い，特別活動の中に，以下のことが具体的に明記された。

【学級活動・ホームルーム活動における進路学習】

(3) 将来の生き方と進路の適切な選択に関すること。
　進路適性の吟味，進路情報の理解と活用，望ましい職業観の形成，将来の生活の設計，適切な進路の選択など

ホームルーム活動（高等学校）
(3) 将来の生き方と進路の適切な選択決定に関すること。
　進路適性の理解，進路情報の理解と活用，望ましい職業観の形成，将来の生活の設計，適切な進路の選択決定，進路先への適応など

【学校行事】

(5) 勤労生産・奉仕的行事「（　）は高等学校」
　勤労の尊さや意義を理解し，働くことや創造することの喜びを体得し，社会奉仕の精神を養うとともに，職業や進路にかかわる啓発的な（職業観の形成や進路の選択決定などに資する）体験が得られるような活動を行うこと。

2 第2期　在り方・生き方指導の進路指導へ（平成10年～平成20年（小学校・中学校）・平成11年～平成21年（高等学校）

①平成10年（小学校・中学校）の学習指導要領の改訂

「中学校学習指導要領解説　総則編」「第7節　教育課程実施上の配慮事項 4 進路指導の充実」において，進路指導は「生徒が自らの生き方を考え主体的に進路を選択することができるよう，学校の教育活動全体を通じ計画的・組織的な進路指導を行うこと」と解説されている。

これらを実現していくために，平成5(1993)年2月の文部事務次官通知で「学校選択の指導から生き方の指導への転換」「進学可能な学校の選択から進学したい学校の選択への指導の転換」「100％の合格可能性に基づく指導から生徒の意欲や努力を重視する指導への転換」および「教師の選択決定から生徒の選択

決定への指導の転換」を引き続き図っていくことが重要であるとされた。

② 平成11年の高等学校の学習指導要領の改訂

「高等学校学習指導要領解説　総則編」「第7節　教育課程実施上の配慮事項4進路指導の充実」において，「生徒が自己の在り方生き方を考え，主体的に進路を選択することができるよう，学校の教育活動全体を通じ計画的，組織的な進路指導を行うこと」と解説されている。社会の変化に主体的に対応できる能力を育成し，生徒が自らのあり方生き方について考え，将来への夢や希望の実現や自らの進路を選択決定する能力や態度を育成することをめざした。

特別活動においては，新たに「ガイダンスの機能の充実」が示され，特にホームルーム活動の内容として，従前「個人及び社会の一員としての在り方生き方に関すること」の内容として示されていた「学業生活の充実」を，「将来の生き方と進路の適切な選択決定に関すること」に統合し，「学業生活の充実，将来の生き方と進路の適切な選択決定に関すること」となった（第4章特別活動第2のAの(3)）。また，望ましい職業観・勤労観の育成等を図る観点から，特別活動または総合的な学習の時間において就業体験が行われるように，配慮が求められている。

このように進路指導は，特別活動の学級活動(ホームルーム)を中核としつつ，学校行事の勤労生産・奉仕的行事における進路にかかわる啓発的な体験活動及び個別指導としての進路相談を通じて，生徒の入学時から各学年にわたり，学校の教育活動全体を通じ，系統的，発展的に行っていく必要が示されたのである。

3 第3期　組織的な進路指導へ（平成20年～平成28年（小学校・中学校）平成21年～平成29年（高等学校）

OECD（経済協力開発機構）のPISA調査等から日本の児童生徒の課題としては，①思考力・判断力・表現力等を問う読解力や記述式問題，知識・技能を活用する問題に課題，②読解力で成績分布の分散が拡大しており，その背景には家庭での学習時間などの学習意欲，学習習慣・生活習慣に課題，③自分への自信の欠如や自らの将来への不安，体力の低下といった課題，学力の問題が指摘された。このことから，教科教育と生徒指導・進路指導などの関連性が指摘

された。さらに，社会的・職業的自立のために，以下のように答申などで，特にキャリア発達を促進するようなキャリア教育が提唱された。

(1) 中央教育審議会「初等中等教育と高等教育との接続の改善について」（答申）（平成11（1999）年12月）

答申の中で初めて公的に「キャリア教育」の名称が使用され，キャリア教育については，「学校教育と職業生活の円滑な接続を図るため，望ましい職業観・勤労観及び職業に関する知識や技能を身に付けさせるとともに，自己の個性を理解し，主体的に進路を選択する能力・態度を育てる教育」とし，進路選択に重点が置かれていることとされた。

(2) 国立教育政策研究所生徒指導研究センター「職業観・勤労観を育む学習プログラムの枠組み開発」（平成14（2002）年11月）

国立教育政策研究所生徒指導研究センターが発表した「職業観・勤労観を育む学習プログラムの枠組み開発」のための研究結果の中で，一つのモデル例として提示した「4領域8能力」の枠組みが，キャリア教育の枠組みの例として取り上げられた。

(3) 内閣府「キャリア若者自立・挑戦会議」「若者自立・挑戦プラン」（平成15（2003）年6月）

フリーターが約200万人，若年失業者・無業者が約100万人と増加している現状を踏まえて，文部科学省，厚生労働省，経済産業省，内閣府により若者自立・挑戦会議が開催され，若者自立・挑戦プランが策定された。文部科学省はこの中で，キャリア教育の推進を掲げた。その他，内閣府は「人間力」，経済産業省は「社会人基礎力」，厚生労働省は「就職基礎能力」を必要とされる能力要件として示した。

(4) 文部科学省「キャリア教育の推進に関する総合的調査研究協力者会議」（報告書）（平成16（2004）年1月）

この報告書の中では，キャリア教育は，「児童生徒一人一人のキャリア発達を支援し，それぞれにふさわしいキャリアを形成していくために必要な意欲・態度や能力を育てる教育」，端的には「児童生徒一人一人の勤労観，職

業観を育てる教育」であるとされた。

(5) 教育基本法の改正（平成18（2006）年）

これらの提言をうけて教育基本法が次のように改正された。

> **第2条** 教育は，その目的を実現するため，学問の自由を尊重しつつ，次に掲げる目標を達成するよう行われるものとする。
> 　二　個人の価値を尊重して，その能力を伸ばし，創造性を培い，自主及び自律の精神を養うとともに，職業及び生活との関連を重視し，勤労を重んずる態度を養うこと。

(6) 学校教育法の改正（平成19（2007）年）

それに伴い，教育基本法が次のように改正された。

> **第21条** 義務教育として行われる普通教育は，教育基本法（平成18年法律第120号）第5条第2項に規定する目的を実現するため，次に掲げる目標を達成するよう行われるものとする。
> 　一　学校内外における社会的活動を促進し，自主，自律及び協同の精神，規範意識，公正な判断力並びに公共の精神に基づき主体的に社会の形成に参画し，その発展に寄与する態度を養うこと。
> 　四　家族と家庭の役割，生活に必要な衣，食，住，情報，産業その他の事項について基礎的な理解と技能を養うこと。
> 　十　職業についての基礎的な知識と技能，勤労を重んずる態度及び個性に応じて将来の進路を選択する能力を養うこと。

(7) 内閣府「キャリア教育等推進会議・キャリア教育推進プラン」（平成19（2007）年5月）

内閣府のキャリア教育等推進会議において，若者が望ましい職業観・勤労観及び職業に関する知識等を身に付け，自己の個性を理解し，主体的に進路を選択する能力・態度を育てるキャリア教育等の推進を図る「キャリア教育等推進プラン－自分でつかもう自分の人生－」を策定した。

(8) 中央教育審議会「幼稚園，小学校，中学校，高等学校及び特別支援学校の学習指導要領等の改善について」(答申) (平成20 (2008) 年1月)

約3年近くの検討を経て，幼稚園，小学校，中学校，高等学校及び特別支援学校の学習指導要領等を改訂した。

①平成20年の学習指導要領（中学校）の改訂

「(4) 進路指導の充実（第1章第4の2 (4)）」において，進路指導は「生徒が自らの生き方を考え主体的に進路を選択することができるよう，学校の教育活動全体を通じ，計画的，組織的な進路指導を行うこと」とされ，それまでの学習指導要領と内容は，ほぼ同様に解説された。

中学校の進路指導は，生徒の生き方の指導であることを踏まえて，意欲や努力を重視し，勤労観・職業観を育てるキャリア教育の一環としての役割を果たし，学ぶ意義の実感につながる指導を行う必要がある。また，進路指導は，学級活動を中核としつつ，総合的な学習の時間や勤労生産・奉仕的行事における職場体験活動などの啓発的な体験活動や進路相談を通じて，入学時から段階的，系統的，発展的に学校の教育活動全体を通じて実践していく必要がある。

②平成21年の学習指導要領（高等学校）の改訂

「進路指導の充実（第1章第5款の5の (4)）」において，進路指導は「生徒が自己の在り方生き方を考え，主体的に進路を選択することができるよう，学校の教育活動全体を通じ，計画的，組織的な進路指導を行い，キャリア教育を推進すること」と解説された（解説内容はそれまでの学習指導要領を踏襲したものとなっている）。この年の改訂で「キャリア教育を推進すること」を追加して示しており，進路指導が生徒の勤労観・職業観を育てるキャリア教育の一環として重要な役割を果たし，学ぶ意義の実感につながる指導を重視している。

高等学校の教育課程は，学校設定教科・科目，総合的な学習の時間等の活用により，より弾力的な教育課程の編成が可能になっている。したがって，将来の進路とのかかわりにおいて教科・科目を選択できるように，ガイダンスの機能の充実を図ることが総則及び特別活動において示されており，ホームルーム活動の従前「(3) 将来の生き方と進路の適切な選択決定に関すること」が「(3)

学業と進路」と名称が変更されている（第5章特別活動第2の〔ホームルーム活動〕の2の(3)）。なお，望ましい職業観・勤労観の育成等を図る観点から，特別活動・総合的な学習の時間に就業体験を行うように配慮が求められている。

「総則」改訂の要点として，従前から就業体験の機会の確保について規定していたが，この年の改訂で「職業教育に関して配慮すべき事項（第1章第5款の4）」で「キャリア教育を推進するために，地域や産業界等との連携を図り，産業現場等における長期間の実習を取り入れるなどの就業体験の機会を積極的に設けるとともに，地域や産業界等の人々の協力を積極的に得るよう配慮するものとする」ことを示し，キャリア教育や就業体験の一層の推進を促している。

4 第4期 キャリア教育の充実と推進 平成29年（小学校・中学校）・平成30年（高等学校）

平成22（2010）年から平成29（2017）年の学習指導要領の改訂の間に，以下のように指針や答申が出された。

(1) 生徒指導提要（平成22（2010）年3月）

生徒指導の実践に際し，教員間や学校間で教職員の共通理解を図り，組織的体系的な生徒指導の取組を進めることができるように，学校・教職員向けの基本書として，小学校段階から高等学校段階までの生徒指導の理論，考え方や実際の指導方法等を，時代の変化に即して網羅的にまとめたものである。

(2) 中央教育審議会「今後の学校におけるキャリア教育・職業教育の在り方について」（答申）（平成23（2011）年1月）

キャリア教育とは，「一人一人の社会的・職業的自立に向け，必要な基盤となる能力や態度を育てることを通して，キャリア発達を促す教育」をいう。

キャリア教育は，特定の活動や指導方法に限定されるものではなく，さまざまな教育活動を通して実践されるものであり，学校教育を構成していく理念と方向性を示すものである。

キャリア教育においては，幼児期の教育から高等教育まで，発達の段階に応じて体系的に実施されるべきであり，その中心として育成すべき能力として「基礎的・汎用的能力」を示した（p.36コラムほか参照）。

(3) 国立教育政策研究所生徒指導研究センター「キャリア発達にかかわる諸能力の育成に関する調査研究報告書」（平成23（2011）年3月）

　この報告書の中で，これまでのキャリア教育の推進施策の展開と課題について整理し，キャリア教育を通して育成すべき能力についてのこれまでの考え方を検討し，今後のキャリア教育を通して育成すべき能力としての「基礎的・汎用的能力」を考究し，基礎的・汎用的能力の育成と評価を中心としたキャリア教育の在り方を検討し，発達の段階に応じたキャリア教育実践の進め方を提示した。

(4) 閣議決定「第2期教育振興基本計画」（平成25（2013）年6月）

> 社会的・職業的自立に向けた能力・態度の育成等
> 　社会的・職業的自立の基盤となる基礎的・汎用的能力を育成するとともに，労働市場の流動化や知識・技能の高度化に対応し，実践的で専門性の高い知識・技能を，生涯を通じて身に付けられるようにする。

　平成29（2017）年と平成30（2018）年の学習指導要領の改訂においては，新たに「生徒の発達と支援」都いう節が新設され，具体的な配慮事項が詳しく示された。また，特別支援教育の観点から，障害のある児童生徒の配慮事項についても示されている。さらに，小学校と中学校・高等学校との連携の重要性も示されている。

①平成29年の学習指導要領の改訂（小学校）

　「小学校学習指導要領　総則」の「(3) キャリア教育の充実（第1章第4の1の(3)）」では，キャリア教育を「児童が，学ぶことと自己の将来とのつながりを見通しながら，社会的・職業的自立に向けて必要な基盤となる資質・能力を身に付けていくことができるよう，特別活動を要としつつ各教科等の特質に応じて，キャリア教育の充実を図ること」が示された。

　小学校では中学校への進学が義務付けられているため，進路の選択が存在しない。そのため将来の夢を描くことに視点が置かれ，将来の進路につながる資質や能力の育成を重視してこなかった。今後は，キャリア教育の具体的な展開

の場として、学級活動を要としながら、総合的な学習の時間、学校行事、道徳科、各教科における学習や教育相談等の機会を生かして、学校の教育活動全体を通じて必要な資質・能力の育成を図っていくことになる。

この年の改訂では、キャリア教育の要となる特別活動の学級活動の内容に「(3) 一人一人のキャリア形成と自己実現」を設けた。この内容は将来に向けた自己実現にかかわるものであり、一人一人の主体的な意思決定を大切にする活動である。中学校、高等学校へのつながりを考慮しながら、小学校段階の適切な内容として、夢を持つことや職業調べなど従前の活動だけでなく、基礎的・汎用的能力を育む創意工夫が必要である。

【特別活動の改訂】

この特別活動の改訂では、「人間関係形成」「社会参画」「自己実現」を視点として必要とされる資質と能力を整理し、特別活動における学級活動では、「(3) 一人一人のキャリア形成と自己実現」を次のように新たに設け、小・中・高等学校の連携を明確にした。

学級活動 (3) 一人一人のキャリア形成と自己実現

　ア　現在や将来に希望や目標をもって生きる意欲や態度の形成

　学級や学校での生活づくりに主体的に関わり、自己を生かそうとするとともに、希望や目標をもち、その実現に向けて日常の生活をよりよくしようとすること。

　イ　社会参画意識の醸成や働くことの意義の理解

　清掃などの当番活動や係活動等の自己の役割を自覚して協働することの意義を理解し、社会の一員として役割を果たすために必要となることについて主体的に考えて行動すること。

　ウ　主体的な学習態度の形成と学校図書館等の活用

　学ぶことの意義や現在及び将来の学習と自己実現とのつながりを考えたり、自主的に学習する場としての学校図書館等を活用したりしながら、学習の見通しを立て、振り返ること。

②平成29年の学習指導要領の改訂(中学校)
　「中学校学習指導要領　総則」の「(3) キャリア教育の充実(第1章第4の1の(3))」では、キャリア教育を「生徒が、学ぶことと自己の将来とのつながりを見通しながら、社会的・職業的自立に向けて必要な基盤となる資質・能力を身に付けていくことができるよう、特別活動を要としつつ各教科等の特質に応じて、キャリア教育の充実を図ること。その中で、生徒が自らの生き方を考え主体的に進路を選択することができるよう、学校の教育活動全体を通じ、組織的かつ計画的な進路指導を行うこと」が示されている。

　キャリア教育の効果的な実践には、学級活動を要としながら、総合的な学習の時間、学校行事、道徳科、各教科における学習や教育相談等を生かし、学校の教育活動全体を通じて必要な資質・能力の育成を図っていく必要がある。また、自己のキャリア形成の方向性と関連付けながら見通しをもったり、振り返ったりする機会を設けるなど主体的・対話的で深い学びの実現に向けた授業改善を進める必要がある。

【特別活動の改訂】
　特別活動の改訂では、特別活動において育成をめざす資質・能力については、「人間関係形成」、「社　会参画」、「自己実現」の三つの視点を踏まえて特別活動の目標及び内容を整理し、学級活動、生徒会活動・児童会活動、クラブ活動、学校行事を通して育成する資質・能力を明確化する。

　内容については、さまざまな集団での活動を通して、自治的能力や主権者として積極的に社会参画する力を重視するため、学校や学級の課題を見いだし、よりよく解決するため、話し合って合意形成し実践することや、主体的に組織をつくり、役割分担して協力し合うことの重要性を明確化した。

　学習の過程として、「(1) 学級や学校における生活づくりへの参画」については、集団としての合意形成を、「(2) 日常の生活や学習への適応と自己の成長及び健康安全」及び「(3) 一人一人のキャリア形成と自己実現」については、一人一人の意思決定を行うようにした。

> 学級活動（3）　一人一人のキャリア形成と自己実現
> ア　社会生活，職業生活との接続を踏まえた主体的な学習態度の形成と学校図書館等の活用
> 　現在及び将来の学習と自己実現とのつながりを考えたり，自主的に学習する場としての学校図書館等を活用したりしながら，学ぶことと働くことの意義を意識して学習の見通しを立て，振り返ること。
> イ　社会参画意識の醸成や勤労観・職業観の形成
> 　社会の一員としての自覚や責任をもち，社会生活を営む上で必要なマナーやルール，働くことや社会に貢献することについて考えて行動すること。
> ウ　主体的な進路の選択と将来設計
> 　目標をもって，生き方や進路に関する適切な情報を収集・整理し，自己の個性や興味・関心と照らして考えること。

③平成30年の学習指導要領の改訂（高等学校）

「高等学校学習指導要領　総則」「第6章生徒の発達の支援　第4節生徒の発達の支援」では，キャリア教育を「生徒が，学ぶことと自己の将来とのつながりを見通しながら，社会的・職業的自立に向けて必要な基盤となる資質・能力を身に付けていくことができるよう，特別活動を要としつつ各教科・科目等の特質に応じて，キャリア教育の充実を図ること。その中で，生徒が自己の在り方生き方を考え主体的に進路を選択することができるよう，学校の教育活動全体を通じ，組織的かつ計画的な進路指導を行うこと」が示されている。

これまでキャリア教育は，狭義の意味での「進路指導」と混同され，「働くこと」の現実や必要な資質・能力の育成への指導が軽視されていた。キャリア教育は，教育活動全体の中で基礎的・汎用的能力を育むものであることから職場体験活動などの固定的な活動だけに終わらないようにする必要がある。

【特別活動の改訂】

高等学校の改訂においても，小・中学校同様に資質・能力の3つの柱に沿って目標が整理されており，「ホームルーム活動（3）」の内容がキャリア教育の

視点から，小・中・高等学校の一貫性が明確にされ，小学校から中学校，高等学校へのつながりを考慮しながら，高等学校段階として適切な内容を設定している。この内容は，将来に向けた自己実現にかかわるものであり，一人一人の主体的な意思決定を大切にする活動である。また，キャリア教育は，教育活動全体の中で基礎的・汎用的能力を育むものであることから，就業体験活動や進学や就職に向けた指導などの固定的な活動だけに偏らないようにする。

---

(3) 一人一人のキャリア形成と自己実現
ア　学校生活と社会的・職業的自立の意義の理解
　現在及び将来の生活や学習と自己実現とのつながりを考えたり，社会的・職業的自立の意義を意識したりしながら，学習の見通しを立て，振り返ること。
イ　主体的な学習態度の確立と学校図書館等の活用
　自主的に学習する場としての学校図書館等を活用し，自分にふさわしい学習方法や学習習慣を身に付けること。
ウ　社会参画意識の醸成や勤労観・職業観の形成
　社会の一員としての自覚や責任をもち，社会生活を営む上で必要なマナーやルール，働くことや社会に貢献することについて考えて行動すること。
エ　主体的な進路の選択決定と将来設計
　適性やキャリア形成などを踏まえた教科・科目を選択することなどについて，目標をもって，在り方生き方や進路に関する適切な情報を収集・整理し，自己の個性や興味・関心と照らして考えること。

---

[2] キャリア・パスポート

1 中央教育審議会答申におけるキャリア・パスポート

　平成28（2016）年の中央教育審議会答申でキャリア教育に関連して示されたのが，「キャリア・パスポート（仮称）」である。同答申「幼稚園，小学校，中学校，高等学校及び特別支援学校の学習指導要領等の改善及び必要な方策等

について」では,以下のように解説されている。

> 第1部 学習指導要領等改訂の基本的な方向性　第8章 子供一人一人の発達をどのように支援するか－子供の発達を踏まえた指導－　3. キャリア教育（進路指導を含む）
> - 小・中・高等学校を見通した充実を図るため,キャリア教育の中核となる特別活動の役割を一層明確にするとともに,「キャリア・パスポート（仮称）」の活用を図る。
> - キャリア教育の実施に当たっては,地域との連携・協働を進めていく必要がある。また,これまでの進路指導の実践をキャリア教育の視点から捉え直していくことが求められる。
>
> 第2部 各学校段階,各教科等における改訂の具体的な方向性　第2章 各教科・科目等の内容の見直し　16. 特別活動
> - 学級活動・ホームルーム活動の内容構成を見直し,小・中・高等学校を通じて,学級・ホームルームの課題を自分たちで見いだして解決に向けて話し合う活動を重視すること,学校教育全体で行うキャリア教育の中核的な役割を果たすことを明確化する。

2 学習指導要領におけるキャリア・パスポート

さらに「キャリア・パスポート（仮称）」は,学習指導要領の特別活動内容の学級（ホームルーム）活動の内容の取扱い「(2) 学習や生活の見通しを立て,振り返る教材の活用」では,小中高共通で「学校,家庭及び地域における学習や生活の見通しを立て,学んだことを振り返りながら,新たな学習や生活への意欲につなげたり,将来の（在り方）生き方を考えたりする活動を行うこと。その際,（児童）生徒が活動を記録し蓄積する教材等を活用すること（抜粋）」と示されている。

「（児童）生徒が活動を記録し蓄積する教材等を活用する」とは,こうした活動を行うに当たって振り返って気付いたことや考えたことなどを児童生徒が記述して蓄積する,いわゆるポートフォリオ的な教材を活用することを示してい

る。特別活動や各教科等における学習の過程に関することはもとより，学校や家庭における日々の生活や，地域におけるさまざまな活動も含めて，教師の適切な指導の下，生徒自らが記録と蓄積を行っていく教材である。

　こうした教材については，小学校から高等学校まで，その後の進路も含め，学校段階を越えて活用できるものとなるよう，各地域の実情や各学校や学級における創意工夫を生かした形での活用が期待される。国や都道府県教育委員会等が提供する各種資料等を活用しつつ，各地域・各学校における実態に応じ，かつ学校間で連携するなど，柔軟な工夫を行うことが期待される。

　この指導にあたっては，キャリア教育の趣旨や学級活動全体の目標に照らし，書いたり蓄積したりする活動に偏重した内容の取扱いとならない配慮が求められ，プライバシーや個人情報保護に関しても適切な配慮と運用が要される。

3 今後のキャリア・パスポートの活用

　「キャリア・パスポート（仮称）」は，児童生徒が自らの学習活動等の学びのプロセスを記述し振り返ることができるポートフォリオ的な教材である。記述するワークシートは児童生徒の発達段階を踏まえた内容や構成を工夫して，小学校から高等学校までの「学びの記録」として活用できるようにすることが大切である。

　また有効に学習活動等の学びの振り返りができるように，小学校から高等学校までの記録を一冊に綴じ込むことができるようにし，進級・進学時には次の学年や上級学校に持ち上がるようにすることで，学習活動等の学びのプロセスを継続的かつ系統的に蓄積できるようにする。さらに，国および教育委員会が示すワークシートを参考としながら，地域の実情や各学校の特色等に応じたワークシートを創意工夫して作成し実施していくこととされる。今後は，学校教育の全期間を通じて「キャリア・パスポート（仮称）」を活用していくために，電子化した「eポートフォリオ」の利用も進むであろう。

COLUMN

キャリア教育における育成すべき能力 「4領域8能力」から「基礎的・汎用的能力」へ

平成23（2011）年1月，中央教育審議会により公表された答申「今後の学校教育におけるキャリア教育・職業教育の在り方について」において，キャリア教育において育成すべき能力について，それまでの「4領域8能力」から「基礎的・汎用的能力」への転換が示された。図にすると以下のようになる（文部科学省，2011）。「基礎的・汎用的能力」は一生涯を通じて育成すべき能力であり，社会人に求められる能力であるとされ，すべての学校教育活動を通じての育成が求められている。

「キャリア発達にかかわる諸能力（例）」（4領域8能力）	「基礎的・汎用的能力」
人間関係形成能力：自他の理解能力／コミュニケーション能力	人間関係形成・社会形成能力
情報活用能力：情報収集・探索能力／職業理解能力	自己理解・自己管理能力
将来設計能力：役割把握・認識能力／計画実行能力	課題対応能力
意思決定能力：選択能力／課題解決能力	キャリアプランニング能力

※図中の破線は両者の関係性が相対的に見て弱いことを示している。「計画実行能力」「課題解決能力」という「ラベル」からは「課題対応能力」と密接なつながりが連想されるが，能力の説明等までを視野におさめた場合，「4領域8能力」では，「基礎的・汎用的能力」における「課題対応能力」に相当する能力について，必ずしも前面に出されてはいなかったことがわかる。

演習問題

❶ アメリカの進路指導，キャリア教育の歴史的展開について説明しなさい。
❷ 学習指導要領における生徒指導の特徴を説明しなさい。
❸ 学習指導要領における進路指導・キャリア教育の特徴を説明しなさい。

第2章

ガイダンス・カウンセリングの基礎的理論

吉田 隆夫

　生徒指導においては，近年の学級崩壊，不登校，暴力行為，いじめなどの非社会的・反社会的行動の教育病理現象を考えると，児童生徒の表面的な問題行動に対応するだけでは，本質的な問題の解決にはなりえなくなってきている。すなわち，対症療法的な集団指導では，教育効果は期待できなくなってきており，児童生徒一人一人を理解し，個性に応じた個別指導を必要としてきている。このためには，人格の形成，行動の理解，行動の変容などについての基礎知識を理解し，生徒指導に役立てることが求められる。本章では，生徒指導・進路指導・キャリア教育に必要な人格理論，発達理論，環境論およびグループ・ダイナミックス論，カウンセリングの基礎的理論を取り上げる。

I 人格・発達理論

[1] 人格理論

1 人格の形成

　人格の形成には，遺伝的・生理的・環境的要因が関係する。教育の目的は，遺伝的な要因を認めつつも，教育的な作用によって，よりよき人格の形成，人格の完成をめざすことにある。このため生徒指導においては，児童生徒の人格について理解することが必須となる。

　人格の類似の用語としては，性格，気質がある。これらの用語の概念は，次のように整理される。すなわち，人間の個人差は状況で異なるのではなく，一貫した傾向を示し，予測が可能であることから，この傾向を性格という。性格は，どちらかというと固定的・生得的で変化しにくいために，行動，思考，感情・情緒面において個人差を説明することになる。人格は，人間の包括的な特徴を示し，性格のうえに経験的・後天的に獲得された性質の全体である。また，気質は体質的・遺伝的なものである。教育の場では児童生徒一人一人の人格を尊重するとともに，人格・性格・気質の特性を理解し，児童生徒への個別指導が適切に行われることが求められる。

　生まれた子どもが最初に他者に出会うのは家族であり，家族や周囲の他者から学習して社会化がなされて成長していく。特に，子どもの人格および性格形成は，親の養育態度から影響を受けるといえる。

　親が子どもに対してとる養育態度は，親の教育観，子どもに対する期待などが関係している。例えば，エリクソン（Erikson, E.H.）は，全生涯を人格発達の過程（ライフ・サイクル）としてとらえ，母親から愛情をもって養育されたかどうかが人格形成に影響を与えるとしている。ボールドウィン（Baldwin, J.M.）は，養育態度を，民主型，溺愛型，専制型，拒否型の4つに類型化し，民主型

を重視している。サイモンズ（Symonds, P.M.）は，親の養育態度と子どもの性格との関係から，溺愛型，放任型，無視型，残忍型の４つの類型を導き出して，いずれにも偏らない中庸的なことが，理想的な養育態度だとしている。さらに，ボウルビー（Bowlby, J.M.）は，親子の愛着関係に注目し，その安定的な形成が性格形成に影響を及ぼすとしている。また，ホワイト（White, R.W.）によれば，人間は，環境に対して積極的にかかわっていく傾向を有した有能感をもった存在であると主張している。例えば，親が適切に子どもの有能感に対応すれば，子どもは自己効力感をもち，有能感を一層発達させるとしている。

養育態度が質的に偏っておれば，人間関係上の問題や人格的な偏りなどの心理的・行動的問題が見られることを考えると，生徒指導において，児童生徒の人格形成の健全な発達を考えるうえで，養育態度に関する理論は，児童生徒の人格の特性を理解する際の参考になるといえる。

2 自己概念の形成

自己概念の形成は，自我との関連でとらえることができる。自我とは，自分がどのような存在であるかを意識する「主体としての自分」である。まず身体的条件などの身体像に対する自己の知覚が自己像をつくり上げ，やがて他者との比較によって自己の身体的特徴や能力，性格，興味などを総合的に認識し，比較的・永続的なものとして自分自身を意識するのが自己概念である。

自己概念は，経験に基づいた学習によって形成されていく。環境が変化した場合，自己概念を変容させなければ，自己概念と矛盾し，不安や緊張が高まり，不適応な状態に陥ることになる。ここから，経験に基づいた学習に自己概念を一致させるように変容させることが求められる。

生徒指導は，すべての児童生徒の人格形成にかかわるので，教育活動のあらゆる場面で児童生徒一人一人を理解し，生徒の自己概念をよりよき方向へ向けさせることによって，生徒自身が自我の同一性の確立を図ることが期待される。具体的には，集団内において，自己の存在感を獲得させること，個性や長所の特性を理解させることによって，生徒指導の活動を自己概念の形成や変容に結びつけることが望ましい。

3 個性の伸長

　個性は，人格とほぼ同義語である。個人差を強調し，他人には代えがたい，かけがえのない価値・独自性・唯一性をもっているといえる。

　個性の伸長については，『生徒指導提要』(文部科学省，2010) において，「生徒指導とは，一人一人の児童生徒の人格を尊重し，個性の伸長を図りながら，社会的資質や行動力を高めることを目指して行われる教育活動」と明示されているように，学校教育全体を通じて指導する教育の目標であり，生徒指導の基盤である。したがって，生徒指導の活動を進める際には，児童生徒一人一人が多様な教育活動によって自己の個性や特性を理解し，その可能性を生かしながら，所属する集団や社会における生活を円滑に進めていけるような資質や能力・態度を育成していくことが求められる。集団や社会において，個性を伸長する際の生徒指導上の視点としては，次のことが考えられる。

①自己を客観的に理解させ，現実の自己をありのままに受容させる。
②自尊心，有能感，自己効力感をもたせる。
③自発性・自律性・自主性を踏まえて，社会性の育成を図る。
④学校内外において望ましい経験や体験活動を与える。
⑤学校内外において個性や長所を発揮できるように工夫させる。
⑥学校内外において選択の機会を増やして意思決定能力を育成する。

　特に，学校内外での経験や体験活動は，自己理解，自己啓発，職業理解の源泉になり，さらに自己効力感を高める契機となることから，個性を伸長させるためには，児童生徒が経験や体験活動を積み重ねることができるように配慮しなければならない。これを踏まえて，特に，学校現場では児童生徒一人一人の個性の伸長を促進するような教育課程や教育計画の編成と実施が求められる。

4 適応

　子どもは，個体的な要因と環境的な要因の相互作用によって，問題を抱えつつ発達し，その発達を適応過程ととらえることができる。適応は，順応に基礎を置きながら生活環境によく適合し，同時に自己実現を図るように，生活環境を積極的に改善するような環境変革的な発達とみなせる。特に，学校生活での

適応は,のちの発達に影響を及ぼすため,児童生徒にとっては重要な課題となる。例えば,学校において,行動の学習,知識・技能の獲得が確実であれば,有能感をもち,将来に対して明るい展望を描くことになる。逆の場合は,無力感をもち,展望を描きにくくなる。問題行動の源泉は,ここにあるといえる。したがって,生徒指導においては,適応過程や発達課題を踏まえながら,児童生徒一人一人が,自らの課題を受け止めて,それに立ち向かう資質・態度・能力の育成をめざすことが適応の面で大切となる。

[2] 発達理論

◼ 児童期・青年期の心理的特徴

児童期は,幼児期と青年期の中間に位置づけられ,6歳から12歳までの小学生の時期を指すのが一般的であり,心理的には比較的安定した時期である。小学校への入学は環境の変化が著しく,新しい環境への適応を要求されるが,学校生活へ適応するか否かは,家庭での体験に基づくとされている。

青年期は,11・12歳から24・25歳ぐらいまでをいい,青年期初期には自我が目覚め始め,青年期後期には自我同一性が確立する時期である。この時期は,急速な身体的発達とともに,第二次性徴が現れる。また論理的で抽象的な思考ができるようになって大人と同等の思考や判断が行われるために,主体的な判断や自立的な行動を求めるようになり,これが第二反抗期の背景となる。急速な身体的発達は,児童期までの安定した自我像を揺るがし,関心は自己の内面に向かい,親からの精神的な自立を模索し始める。さらに,理想と現実の開きから劣等感や孤独感に陥ったり,社会への批判的精神をもち始める。

青年期に自我は,①自己否定感の克服と自己肯定感の獲得,②社会的関心の増大,③自己内省力の増大,④自己理解と自尊心の獲得,⑤自我同一性の確立,⑥欲求不満への耐性と自己コントロールの獲得,⑦生活観・人生観・社会観・世界観の確立,⑧将来のキャリア設計,などの方向へ,成熟しつつ,深化しながら統合化へ進んでいく。これらが児童期・青年期の心理的特徴と課題であり,これらを踏まえた生徒指導・進路指導・キャリア教育が求められる。

2 自己実現

自己実現は，ゴールドシュタイン（Goldstein, K.）が，初めて用いた概念であり，個人に内在する潜在的な可能性を最大限に達成しようとする傾向，およびその達成状態をいう。自律的な自己，よりよい成熟をめざして自己の個性や能力を維持・拡大し，発揮させることである。

また，マズロー（Maslow, A.H.）は，生理・安全・所属・愛情・自尊・自己実現の欲求を階層的にとらえ，自己実現の欲求を最高のレベルの欲求であるとしている（図 2-1）。すなわち，基本的欲求（生理的欲求）や安全・所属・愛情・他者による尊敬などの欲求が充足すると，次に成長の欲求である自己実現

図 2-1 マズローの欲求の階層 （ゴーブル，1970；小口，1972）

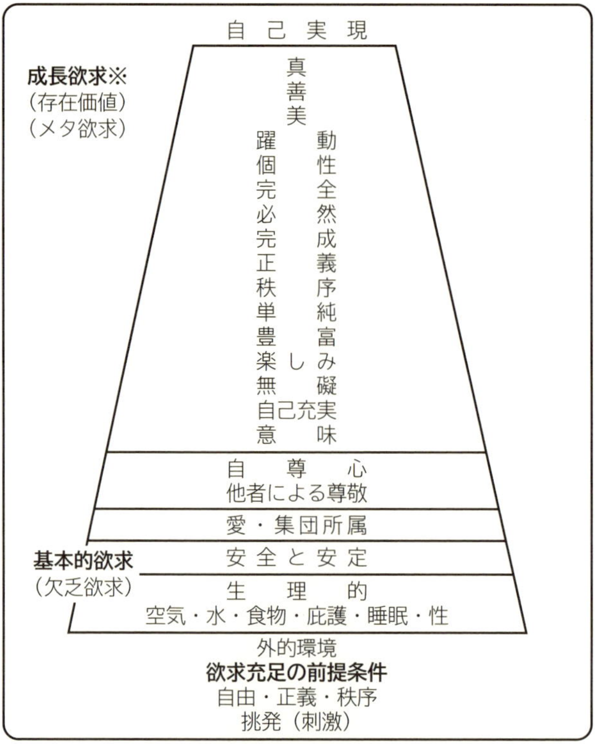

成長欲求※
（存在価値）
（メタ欲求）

自 己 実 現
真・善・美
躍動性
個全
完然
必成
完義
正序
秩純
単富
豊し
楽み
無礙
自己充実
意味

自 尊 心
他者による尊敬

愛・集団所属

基本的欲求
（欠乏欲求）

安 全 と 安 定

生 理 的
空気・水・食物・庇護・睡眠・性

外的環境
欲求充足の前提条件
自由・正義・秩序
挑発（刺激）

※成長欲求はすべて同等の重要さをもつ（階層的ではない）

の欲求が出現してくるとしており，生徒指導・進路指導・キャリア教育の視点からは，生徒の高次の欲求を達成したいという成長の欲求についての理解が不可欠である。マズローが提唱した自己実現的人間は，能力を積極的に活用し，価値観に動機づけられて自己実現の達成をめざし，現実を適切に理解し，現実との関係は良好である。自己や他者を受容し，自発性や単純さや自然さをもっており，課題中心的であり，人間関係も深く快適で，思考はいつも新鮮であるとしている。さらに，マズローは，提唱した欲求階層論において，集団の中では，積極的欲求および消極的欲求を充足させることができるとしている。例えば，承認，愛情，尊敬を得たいという欲求は，学級集団の中の活動によって充足できるといえる。一方，マズローから影響を受けた非指示的カウンセリングの提唱者であるロジャーズ（Rogers, C.R.）は，マズローの基本的欲求も含めて，人間は成長・健康・適応への衝動をもっており，有機体が自ら維持と強化に全能力を発揮させようとする傾向を実現傾向とよんでいる。また，ホーナイ（Horney, K.）は，人間には真の自己があり，それを現実の生活の中で表現していくことが自己実現であるとしている。つまり，真の自己を理解することにより，虚像の自己から解放され，真の人間としての可能性を発展させることが，自己実現であるとしている。

　自己実現は，1970年の高等学校学習指導要領から用いられ，人格の成長・発達を意味しており，生徒指導・進路指導・キャリア教育における重要な指導概念である。現在，学校生活における適応や自己実現に関する問題が増大しており，生徒指導・進路指導・キャリア教育の目標としての自己実現が強調されている。なお，自己実現についての指導・援助が必要とされているが，そのためには，発達段階に応じた指導が求められる。自己実現は，自己概念の形成，社会的職業的自己実現との関連が強いことから，将来における適応や自己実現の形成に役立つ資質や態度を育成する必要がある。

3 発達課題

　人間の成長・発達を発達課題の課題達成の過程としてとらえ，人間の生涯をいくつかの段階に区分して，それぞれの発達段階において達成しなければなら

ない能力や態度についての課題を発達課題という。

　例えば，ハヴィガースト（Havighurst, R.J.）は，人間の生涯を6つの発達段階に区分して，それぞれに発達課題を設定している（**表2-1**）。発達課題の内容は，人生の各段階で獲得しなければならない技能，知識，機能および態度である。発達課題の内容は，人格や自我に統合されなければならないものであり，各発達段階での課題の達成は，それ以前の段階での発達課題が十分に達成されているかどうかによって停滞の有無に影響してくるとしている。

　類似の学説としては，エリクソンのライフ・サイクルにおける発達課題が知られている。彼は，人間の生涯を8つの発達段階に区分して，それぞれの段階において心理・社会的な危機（分岐点）に直面するとしている。特に，青年期の「〔同一性〕対〔同一性拡散〕」がよく知られている。例えば，親や周囲の他者をモデルにした自我像が崩壊し，自分がどんな人間で，何をしようとしているかがわからなくなり，自己不全感に陥る場合がある。これを自我同一性の拡散の危機（分岐点）とよび，青年期は，自我同一性を確立する課題を抱えているとしている。自我同一性の確立の課題は，生徒の将来の進路選択や職業選択と関連してくるといえる。したがって，生徒指導・進路指導・キャリア教育の活動では，学年ごとに発達課題を具体的な目標として設定することが適切である。それによって，児童生徒一人一人の発達の可能性を実現させ，個性の伸長を図るとともに，発達段階に沿った発達課題を達成することができる。発達課題については，児童生徒の直面している課題を明確にし，その発達状況を理解するとともに，それらの課題の達成を指導・援助することが求められる。

4 キャリア発達

　進路指導・キャリア教育は，学校教育の教育目標の1つであり，教育活動全体を通じて，教師が組織的，計画的に展開しなければならない教育活動である。進路指導・キャリア教育の基盤となる理論は，心理学，教育学，社会学，経済学などの多方面に学際的に関連しているが，ここでは，キャリア発達に影響を与えている代表的な理論を取り上げる。

表2-1 アメリカ社会における主要な発達課題
（ハヴィガースト，1953；荘司，1995より作成）

Ⅰ 乳幼児期（6歳ごろまで）
1 歩行の学習（生後9か月～15か月における骨，筋肉，神経系の発達を基礎とした学習）
2 固形食の学習（生後2年目までの消化器，そしゃく器の発達を基礎にした離乳の学習）
3 話すことの学習（周囲の人々との交渉を通じ，生後1歳半から4, 5歳へかけて，かたことから幼児語への学習）
4 排泄の仕方の学習（大小便を社会的に容認された時と場所において排泄することの学習）
5 性差と性的慎みの学習（性による行動様式の違い，性器の違いなどに気づき，男の子らしさ，あるいは女の子らしさを学ぶと同時に性的慎みを身につけていく）
6 生理的安定の達成（生後5年くらいでやっと生理的安定性を獲得する）
7 社会的，物理的現実についての簡単な知識の獲得（身近な社会的事象や事物等について簡単ではあるが自分なりの知識を形成）
8 両親やきょうだい，他の人々に対して自らを情緒的に関連づけることの学習（他者の模倣，同一視など）
9 善悪の判断の学習と良心の発達（善悪の観念が快・不快から，さらには賞罰から区別されていく）

Ⅱ 児童期（だいたい6歳～12歳）
1 通常の遊びに必要な身体的技能の学習
2 自分自身の健康さと健全さを気づかう態度の形成
3 同じ年ごろの友達とうまくやっていくことの学習
4 適切な社会的性役割の学習
5 読み，書き，計算の基礎的技能の形成
6 日常生活に必要な知識の獲得
7 良心および道徳性と価値尺度の形成
8 個人的自立性の獲得
9 社会的な集団や組織に関する態度の形成

Ⅲ 思春期（だいたい12歳～18歳）
1 同じ年ごろの同性および異性との新しい，より成熟した関係の形成
2 男性的あるいは女性的な社会的役割の獲得
3 自らの身体的条件の受容とその効果的利用
4 両親，その他の大人からの情緒的独立
5 経済的自立に関する自信の獲得
6 将来の職業の選択とそれへの準備
7 将来の結婚および家庭生活への準備
8 一人前の市民として必要な知的技能と知識の形成
9 社会的に責任のある行動を望み獲得すること
10 自らの行動を支配する価値観，倫理観を獲得すること

Ⅳ 成人前期（18歳～30歳），Ⅴ 成人後期（30歳～55歳），Ⅵ 老年期の発達課題 省略

①特性－因子理論

　特性－因子理論は，マッチング理論ともいわれ，初期の職業指導運動を支えた理論である。個人の能力・適性などの特性を理解し，その特性に適した職業を選択することをねらいとする。この理論の代表は，パーソンズ（Parsons, F.）である。彼は，①自己の適性，能力，興味，希望，資質，限界，その他の諸特性についての明確な理解（自己理解），②さまざまな仕事に関して，その仕事に求められる資質，成功の条件，有利な点と不利な点，報酬，雇用の機会，将来性などに関する知識（職業理解），③両者の事実からの合理的な推論，の3つの過程を経て賢明な職業選択が行われるとしている。

　特性－因子理論は，合理的で科学的であるが，人間と職業の結びつきについては，業務遂行能力を重視し，両者の関係を固定的・静態的・一時的にとらえており，心理的・価値的・発達的要因を軽視しているといえる。

②精神分析的理論

　精神分析的理論は，内面的要因を重視した考え方であり，キャリア発達は，環境との相互作用の中で，幼少時において構造化されるとしている。例えば，ブリル（Brill, A.A.）は，フロイトの快楽原則と現実原則を結びつけ，両者の調整と妥協によって職業選択がなされるとしている。また，ボーディン（Bordin, E.S.）は，職業選択の行動は，抑圧された欲求や衝動を社会的に承認させる昇華作用としている。ロー（Roe, A.）は，初期決定論を主張している。この理論は，幼児期における家庭環境や親の養育態度や職業が成人後の職業行動の規定要因となるという説である。精神分析的理論は，このように心理的な発達による人格形成の過程の中に職業選択を位置づけている。

③職業的発達理論

　職業的発達理論が，キャリア発達の理論面において出現してくるのは1950年代である。キンズバーグ（Ginzberg, E.），スーパー（Super, D.E.）らが，この理論の先駆者であった。特に，スーパーは，それまでの諸科学の知見や成果を学際的に活用して，職業的発達理論を構築し，人間と職業との関係性に基づいた職業的発達は，個人と社会の相互作用の中で自己概念が形成され，現実的

な吟味を経て，職業選択に結びつくとしている（表2-2）。

彼の理論は，自己概念論，職業的発達段階論，職業的成熟論から構成されており，理論的な枠組みを構築するために，以下の3つの命題が設定されている。

① 職業選択は，継続的な発達過程である。職業選択において，人は自己概念を実現する方法を選択する。

② 自己概念は，成長，探索，確立，維持，下降という生活段階の中で発達する。その発達過程は，自我の分化，同一化，役割演技，現実吟味，自我と現実の統合（折り合い・妥協）の過程である。

③ 自己概念は，職業に置き換えられることによって職業的自己概念となるため，多くの人にとって職業はパーソナリティ構造の中心的な位置を占める。

キャリア発達は，職業的発達とほぼ同義語であるが，職業的発達よりもやや拡大された概念であり，自己と生き方との関係性の発達をあらわし，生涯にわたる社会的活動や社会的役割の発達を意味する。したがって，進路指導においては，進路（職業）選択を学校卒業時の一時的な出口指導としてとらえるのではなく，生き方の指導にまで拡大して，社会的職業的な自己実現が可能になるように，望ましい生き方の指導を行い，キャリア発達を育成することが本質的な機能として求められる。

スーパーの理論の特徴は，人間の生涯にわたる職業との関係を展望しながら，自己概念を明確化し，自己概念を職業に結びつけていることにある。わが国の現在の産業構造・就業構造・就労形態・青少年の職業行動・雇用情勢（非正規雇用者の増加）・ITや人工知能などの高度な技術革新による仕事の変化から考えると，1950年代のアメリカの中流階級の職業生活から導き出されたスーパーの「職業生活の諸段階」説は，モデルとしてとらえるべきであろう。職業的発達は，生涯を通して発達していくが，個人差・地域差あるいは時代的・社会的・文化的・経済的な背景によって，キャリア発達のパターンは異なるといえる。しかし，基本的には，進路指導やキャリア教育の理論的根拠を与えてくれるのが，職業的発達理論であり，進路指導やキャリア教育の分野における理論的・実証的研究，それに基づく進路指導の実践が期待される。

表 2-2　職業生活の諸段階（スーパー，1957；日本職業指導学会，1960 より作成）

① **成長段階 Growth Stage（誕生～14歳）**
　自己概念は，学校と家庭における主要な人物との同一視によって発達する。欲求と空想がこの段階の初期において支配的である。興味と能力は社会参加と現実吟味の増大に伴い，この段階で一層重要になる。この段階の副次段階は，
　空想期（4～10歳）　欲求が中心で，空想の中で職業的役割を演じる。
　興味期（11～12歳）　興味が職業希望を形成するうえで重要となる。
　能力期（13～14歳）　能力の重要性に気づき，能力の視点で職業希望が現実的に考慮される。

② **探索段階 Exploration Stage（15～24歳）**
　学校生活，余暇活動，アルバイトにおいて，自己についての吟味が行われたり，職業上の役割を試したりして，職業上の探索が行われる。この段階の副次段階は，
　暫定期（15～17歳）　欲求，興味，能力，価値観，進学機会，雇用機会などのすべてが考慮されて，暫定的な職業希望が形成される。それが空想や話し合い，学校の教育課程（Course），仕事などの中で試みられる。
　移行期（18～21歳）　職業に従事するか，専門的訓練に入るかして，そこで自己概念の実現を試みる。現実的な要因が一層重視される。
　試行期（22～24歳）　自己に適する職業をみいだし，それを生涯の職業として取り組むことが試みられる。

③ **確立段階 Establishment Stage（25～44歳）**
　自己に適する職業に従事して，その分野で長期的な地位を築くための努力がなされる。この段階の初期において若干の試行が見られる場合がある。その結果，職業分野を修正する場合があるが，試行なしに確立が始まる場合もある。特に専門職の場合がこれである。この段階の副次段階は，
　修正期（25～30歳）　自分に適すると考えた職業が不満足なものだとわかり，その結果，生涯の仕事をみいだすために1～2回職業を変更することとなる。関連性のない職業の連続に意義をみいだす場合もある。修正してからそこでの自己の確立をめざす。
　安定期（31～44歳）　自己のキャリア・パターンが明確になるにつれて，職業生活を安定させるための努力がなされる。多くの人にとって，この時期は創造的な時期である。

④ **維持段階 Maintenance Stage（45～64歳）**
　仕事の世界において，ある地位をすでに築き，この段階での関心はその地位を維持することにある。新しい職業分野の開拓や転職はほとんどなく，すでに確立された職業上の地位の維持がなされる。

⑤ **下降段階 Decline Stage（65歳以後）**
　身体的，精神的な衰えが進むにつれて，職業活動は低下し，引退の準備をする。周囲から見守る立場や役割になる。この段階の副次段階は，
　減速期（65～70歳）　引退（定年）の時期であり，ときには維持段階の後期に当たる。仕事のペースは遅くなり，職務上の責任は軽くなり，ときには衰えた能力に合わせて仕事の内容が変化する。多くの人は常勤的な職務の代わりにパートタイムの職務に従事する。
　引退期（70歳前後）　引退の年齢については，人によって個人差がある。しかし，職業活動からの完全な引退はいずれやってくる。

II 環境論および グループ・ガイダンス理論

[1] 環境論

　児童生徒の人格形成に関しては，生活環境が重要な影響をもっている。人格の形成に影響を及ぼす学校や家庭，地域社会における環境要因としては，物質的環境および心理的・文化的環境の要因が考えられる。

　近年の家庭環境をめぐる状況は，家族形態の複雑化，母親の就労率の増加，単親家庭の増加，兄弟数の減少などから，家庭の教育力が低下してきており，基本的な生活習慣の乱れ，社会性および情緒的安定の欠如，問題行動等に結びついていくと考えられる。このような状況から判断して，家庭においては，物質的環境よりも，親の人生観・生活観・社会観，家族の趣味，読書傾向，会話の内容，人間関係などの心理的・文化的環境からの児童生徒の行動や人格形成への影響を一層重視すべきであるといえる。

　地域社会における環境をめぐる状況は，地域社会における人間関係，文化，産業などが環境要因としてあげられる。なお地域社会における環境については，急速に進歩してきたメディア環境を特に注視する必要がある。SNSを含めたメディア環境の急激な変化は，教育上深刻な問題を生じさせている。

　情報社会の進展とともに，これまでのテレビや雑誌等のメディアに加えて，粗暴性，残虐性，犯罪性を助長し，児童生徒に強く影響する映像DVD，ゲーム，有害サイト，SNSなどが青少年の周辺に新たに幅広く存在するようになり，児童生徒への行動面および心理面への影響が深刻化している。こうしたメディア環境によって，未成熟な児童生徒は，現実社会と仮想社会との区別ができなくなり，問題行動を誘発している。しかも，これらによって児童生徒が被害者あるいは加害者になる場合も生じてきており，生活全般におけるメディア環境に関する指導が重大で焦眉な課題になっている。

生徒指導の視点からも，生活環境の物質的側面よりも心理的文化的側面を重視しなければならない状況である。教育的・文化的環境の視点から，家庭，地域社会における教育力および文化力の回復が望まれる。

［2］ グループ・ガイダンス理論

学習指導要領では，特別活動の目標として，社会性の育成の重要性をあげ，集団とのかかわりにおいて生徒指導を実践することが強調されている。グループ・ガイダンス（集団指導）は，集団経験や集団参加を促進し，児童生徒の基本的欲求の充足，社会性の育成，人格的・情緒的・知的・技能的発達をめざすものである。

指導の機能としては，集団内でのモデリング，集団内での葛藤の解決，集団圧力による行動の統制，集団内の体験に伴う情動などによる欲求満足機能，発達促進機能，診断機能，矯正機能などがある。方法としては，訓話，対話，討論，ロール・プレイング（役割演技）などをあげることができる。

この分野の理論としては，カートライトとザンダー（Carthright, D. & Zander, A.F.）らによるグループ・ダイナミックスをあげることができる。これは，集団の成員の行動法則を明らかにする科学であり，教師生徒間の関係，学級・学校の雰囲気，教師のリーダーシップ，価値観・態度の形成などの学校現場の諸問題の解決の糸口を与えている。集団に対する所属意識や連帯感を高めることになり，同時に児童生徒の人格形成や社会性を育成していくことにもなる。したがって，生徒指導の活動を計画・立案・指導・実践していく場合においては，グループ・ダイナミックスに関する知識をもつとともに，指導方法に配慮しながら開発的，予防的な生徒指導を行うことが期待される。

なお，具体的な指導の場としては，学級（ホームルーム）活動，生徒会活動，部（クラブ）活動，学校行事などがあり，それぞれの場において，指導内容や方法を工夫することが求められる。

Ⅲ カウンセリング理論

[1] 臨床的カウンセリング（特性−因子論的カウンセリング）

　ウィリアムソン（Williamson, E.G.）によって提唱され、訓練を受けた専門家によって心理測定を行い、個人を客観的に理解することによって、その個人の将来の可能性について診断がなされ、それを踏まえた援助をめざすものである。特性−因子論的カウンセリングともよばれている。方法的には、解釈・情報提供・賞賛・忠告・説得などが中心であり、特に修学・進学・職業選択に関する課題に適用されてきた。ウィリアムソンとダーレイ（Williamson, E.G. & Darley, J.G.）らは、カウンセリングの過程を次の6つに分けて提唱している。

　①分析──個人を理解するために資料を収集する。
　②総合──収集された資料をまとめる。
　③診断──問題を明確化し、その原因を発見し、資料に基づいて進むべき方向と行動を提示する。
　④予測──将来的にどのような方向に進むかを予測する。
　⑤相談──診断と予測に基づいて相談をする。
　⑥追指導──カウンセリングの過程で学んだことを生活で適用しているかを評価する。

　臨床的カウンセリングでは、人間を知的で理性的な存在とみなすために、クライエント（相談者）の論理的・認知的側面が重視されるが、心理的情緒的側面は軽視されがちになる。また、クライエントへの知識・情報の提供と診断に重点が置かれ、カウンセラーの働きかけが強くなり、教育的で指示的要素が強いのが特徴である。

[2] 来談者中心カウンセリング（非指示的カウンセリング）

　ロジャーズは、それまでの教育的で指示的な「忠告、説得」を中心にしたカ

ウンセリングの方法に疑問をもち，忠告や説得を与えることは援助にならないと批判した。そして非指示的カウンセリング（のちに，来談者中心療法）を提唱し，今日まで多くの支持を得てきている。

この立場は，クライエントの発達や適応を促進するために，クライエントの内在的な潜在力によって，非指示的に問題の解決を進めていく方法である。具体的には，カウンセラーは，自分の考えや指示を示さず，温かい人間関係の中で，それらをクライエントの言葉や感情に反映させることによってクライエントを受容し，その内面の世界を共感的に理解することを重視している。

なお，このカウンセリングでは，肯定，共感，自己一致がカウンセラーの態度として求められる。ロジャーズの理論は，人間は自己成長，健康，適応への衝動をもっているという仮説を前提にしており，クライエントは自分自身で解決策を見つける能力がある，としているのが特徴である。

[3] 開発的カウンセリング

開発的カウンセリングは，危機に直面していない健全な児童生徒も対象にして，彼らの可能性を確かめ，能力が発揮できるように発達を促進することを目的としており，ブラッカー（Blocher, D.H.）によって提唱された。治療的カウンセリングは，問題をもつ児童生徒や，不適応の児童生徒に対しては適切であるが，問題のない児童生徒に対しては必ずしも適切ではない。

したがって，開発的カウンセリングは，児童生徒の問題行動への適用はもちろんのこと，学業指導，進路指導への援助など，生徒指導の活動全般において活用が期待されている。学校入学時から卒業までに，児童生徒一人一人の潜在的な能力や可能性を引き出し，それらを伸長することに適切であるといえる。

[4] 行動的カウンセリング

行動的カウンセリングは，クルンボルツ（Krunboltz, D.），およびソアセン（Thoresen, C.E.），ベーカー（Baker, R.D.）らによって提唱されたカウンセリングである。行動的カウンセリングの理論的基礎は学習理論であり，対人関係

の問題，情緒的問題，意思決定の問題を解決する方法を学習することが目的となる。行動的カウンセリングは，比較的軽い問題行動・適応障害をもつ児童生徒を対象とし，適切な行動を学習させることがねらいとなる。方法としては，面接法，言語的方法が用いられる。

この分野で，特に注目すべき理論として，自己効力感がある。提唱者であるバンデューラ（Bandura, A.）によれば，ある行動に対する期待について，個人がその事態への対処行動を成功のうちに実行できるという確信を効力期待とよび，個人によって知覚された効力期待を自己効力感という。高い自己効力感をもつ者は，努力や注意を発揮し，結果的に高度の遂行達成を行うことになる。逆に，低い自己効力感をもつ者は，その状況を実際よりもむずかしいものとして考え，実行の質の低下やストレスを生じさせるとしている。

この理論は，教育，医療，福祉などの幅広い分野に応用されており，生徒指導・進路指導・キャリア教育においても，児童生徒が経験や体験活動を積み重ねることによって活用することができる。つまり経験や体験活動によって成功感・自己効力感を高めることになり，学習意欲や学力向上，進路選択に結びつくことになる。また発達課題の達成も忘れてはならない。発達課題を達成すれば，自己効力感をもつことになり，社会的適応に結びつく。

さらに，グループ・カウンセリングとして，構成的グループエンカウンターと交流分析をあげることができる。構成的グループエンカウンターは，自分はどんな人間であるか，いかなる人生を歩みたいかを考える機会を提供するものである。ファシリテーター（促進者）がリーダーシップをとり，グループに課題を与えることによって，心と心のふれあいをめざしている。そのねらいは，人間関係のあり方を体験し，そこで自己のアイデンティティを確立し，自己開示することにある。方法は，一般化されており，専門的な知識がなくても実施できることから，リーダーシップ研修などの育てるカウンセリングとして開発的に用いられ，多くの実践例がある。

バーン（Berne, E.）によって提唱された交流分析は，イド，自我，超自我を「子どもの私」「大人の私」「親の私」に置き換え，「子どもの自我状態」「大

人の自我状態」「親の自我状態」とよび，この自我状態を用いて，言葉や行動などのやりとりを分析するものである。将来の生き方に気づかせ，望ましい方向へ行動を変えさせることができるために，生徒指導・進路指導・キャリア教育の活動においても活用が可能である。

なお，それぞれのカウンセリングは，人間観，目的，方法，適応症が異なるため，問題の性質などを考慮しながら用いることが望ましい。なぜならば学級崩壊，不登校，いじめ，不適応などの問題は，特定の方法では対応できないからである。またカウンセリングには効用と限界があることを理解し，活用方法については十分熟知する必要がある。カウンセリングの活用については，他の教員，専門家および保護者と連携をとりながら行うことが重要となる。

COLUMN

ピア・カウンセリングとは

　共通した悩みをもつ人々が，お互いに助け合うカウンセリングの方法である。教育，福祉などの場で実践されている。ピア・カウンセリングでは，本人のことを最もよく理解しているのは，本人自身であるという前提に立っている。専門家の指導はなく，ルールに則して，仲間同士で個別の面接，グループ・カウンセリング，電話，メールなどによって心の交流が行われる。このように，専門家によるカウンセリングや心理療法とはまったく異なったものであり，自己を客観的に理解し，仲間との一体感を体験することによって，自然発生的な効果を生み出すことをねらいとしている。

演習問題

❶　人格は，いかに形成されていくかを考察しなさい。

❷　自分の児童期から今日までを振り返り，ハヴィガーストやスーパーの発達課題を，どの程度達成したかを説明しなさい。

❸　キャリア発達の意味を詳しく調べなさい。

第3章

生徒指導・進路指導・キャリア教育の理念と性格

横山 明子

　知識基盤社会においては，児童生徒は，社会の中で一人一人が自立し，自分らしく生きていくことを望んでいる。一方で，青少年のいじめ，不登校や非行・犯罪，高校中退，また早期の離転職など就労に関する問題も多い。このような問題が起こる前に，どのような支援が考えられるのであろうか。これが，生徒指導・進路指導・キャリア教育の課題である。

　本章では，生徒指導・進路指導・職業指導・キャリア教育の理念や意義を取り上げ，それぞれの役割と基本的性格，教育課程での位置づけについて明らかにする。

I 生徒指導の理念と性格

[1] 生徒指導の意義

　新しい知識や情報が，情報通信技術を中心とした科学技術の発展により，社会のあらゆる分野で重要性を増している知識基盤社会では，児童生徒の生活環境や教育環境が著しく変化している。このような社会に生きていく児童生徒は，将来，主体的に自分らしく生きていくことを望んでいる。そこで，このような児童生徒に求められているのは，どのようなことなのであろうか。

　これまで，最終的な教育の目標が，社会的・職業的に自立できるようにすることであることから，「社会化」が重要視されてきた。この「社会化」とは，自分の生まれ育つ社会の中で，その人が社会にふさわしい一員として適応できるように，自分の行動様式をつくり上げていくことである。そして，社会化の観点から，思春期や青年期には，一生涯にわたる自立のために準備をし，将来にわたって一生涯通用するような行動様式を身につけることが必要であり，そのための重要な契機が，進路や職業の選択と決定であるといわれてきた。

　しかしながら，現代のように次々と新しい科学技術が生み出され，社会と産業構造の変化が激しい状況下においては，青年期までの学校教育を通して育成された行動様式だけでは不十分であり，卒業後も自分の置かれている状況に応じて，常に新しい行動様式を身につけていくことが必要である。

　そこで，常に新しい行動様式を獲得するためには，一生涯にわたって，常に人間としての生き方とあり方を自ら問い直して自覚を深めることが大切である。また，健康と確かな学力を基本として，常に新しい知識や情報を求める意欲と柔軟な発想，積極的に社会にかかわる態度，さらに，いかなる環境においても，進路を自己決定でき，その進路を実現していく実行力が求められている。この力は「21世紀型スキル」とも深く関連している（p.64コラム参照）。

[2] 生徒指導の役割

　これらのことを踏まえたうえで，生徒指導とは，次のように考えられる。
　生徒指導とは，児童生徒一人一人が心身ともに健康であることを基本として，充実した学校生活を送り，一生涯にわたって社会の中で自己実現できるように，自分の得意な分野を中心として個性の伸長を図り，将来の社会の中で適応できるように，人間関係調整能力やコミュニケーション能力などの社会的資質を高めることを支援するための教育活動である。
　さらに，児童生徒には，自己指導能力の育成が求められている。自己指導能力とは，自分自身のさまざまな特徴と自己が置かれている状況について洞察を深め（自己理解），その自分自身をありのままに認め受け入れて（自己受容），自分の目標を明らかにし，その目標達成（自己実現）のために自発的に自律的に自分の行動を決断して実行できるような能力である。
　そのうえで自己実現ができるためには，教科指導や特別活動や，進路相談の際に，情報を収集・選択し，自ら進路を選択・決定していく力を育成することが必要である。
　ここで大切なことは，特にこの時期の児童生徒は，対人関係のトラブルだけではなく，さまざまな精神的問題を抱えがちであることに目を向けることである。したがって，生徒指導は，単に児童生徒の問題行動に対処する治療的支援や予防的な支援にとどまるのではなく，児童生徒の個性や長所を伸ばすような開発的な支援を，日常的に積極的に行っていくことが求められるのである。
　その際には，次の3点を考えることが特に重要である。
　①児童生徒に自己存在感を与えること。
　②共感的に理解し合える人間関係を育成すること。
　③児童生徒に自己決定の場を与え自己の可能性の開発を援助すること。
　日々の個別指導と学級活動などの集団指導の中で，児童生徒一人一人の存在や考えをお互いに尊重し，人間関係を大切にしつつ自分の役割を十分に果たすことにより，自己肯定感すなわち自信を高められる働きかけを行うことである。

[3] 生徒指導の基本的性格

生徒指導の基本的性格には，次のようなことがあげられる。

1 生徒指導は，すべての児童生徒を対象とするものである。

　生徒指導は，すべての児童生徒が社会に適応し，自己実現をしていくための支援であることから，問題行動を起こした児童生徒だけを対象として指導を行うのではなく，すべての児童生徒に対して行っていく必要がある。

2 生徒指導は，個別的かつ発達的な教育を基礎とするものである。

　日常の生徒指導は，学校全体や学級活動を単位として行われるが，基本的には，一人一人の児童生徒に対して，その児童生徒の生育歴や学校生活での適応状況を考慮しながら，個別的にきめ細かに，生涯発達的観点に立って，児童生徒の発達を長期的に継続して支援していくことが必要である。

3 生徒指導の基本は，生徒理解である。

　生徒指導を行う際に最も大切なことは，本人の能力や性格，意欲や態度，友人関係，家庭環境などを多面的に総合的に理解していく「生徒理解」である。

　この「生徒理解」には，児童生徒が自分自身の特徴や自分を取り巻く生活環境を理解する「自己理解」と，児童生徒を支援する側が児童生徒の行動や内面や児童生徒を取りまく環境を含めて理解する「生徒理解」がある。このうち「自己理解」は，独自の見方にとらわれ自身を客観的にみることができない場合があるため，教育相談などの際に，教師から生徒にありのままの姿を伝えることが必要である。なお，教育相談や日常の教育活動の中で生徒理解を行う際には，児童生徒は多くの悩みを抱えて不安が高いため，彼らの言葉を傾聴しながら彼らの気持ちに寄り添う受容的な態度が大切である。

　さらに，心理テストなどの客観的資料を用いることも非常に有効である。これらのテストの結果は，児童生徒の考え方や心理的な状況を反映するため，普段の学校生活ではわからない内容を知ることができる。ただし，これらの資料を用いて児童生徒の評価を行う時には，あくまでも社会的な要請との関連で評価基準を明確にして評価していくことが大切である。なお，この客観的資料は

学級集団の状況を知るために有効である場合も多く，学年全体や学校全体の教職員間で情報共有を行うこともある。

また，これらの客観的な情報は，児童生徒の状況の診断や評価のみに利用されるばかりではなく，本人にフィードバックすることも大切である。その際に，児童生徒がその情報の正しい見方を学習することは，児童生徒自身の主観的な見方を補正し，自己理解を深めることにもつながる。

4 生徒指導は，具体的，実際的な活動として進められるべきである。

生徒指導には，以下の①～⑥に示す6つの支援があり，児童生徒の発達や生活実態に即して指導を行うことが望ましい。

①学業向上のための支援──児童生徒の学業が達成できるように支援することである。その際，教科の知識や技能を高めると同時に，自分で課題を見つけ，自ら学び，主体的に学習できるように学習意欲の向上や，問題解決する資質や能力も育成できるようにする。このことは確かな学力と深く関連しており，進路や職業の選択，高校中退の問題とも深くかかわっている。

②個人的適応のための支援──児童生徒の反社会的行動や非社会的行動への支援や，望ましい基本的生活習慣の育成のための支援である。児童生徒個人に対する教育相談と，特別活動などの集団活動の指導を中心として行われる。

③社会性育成のための支援──児童生徒の集団や社会の一員としての適応をめざし，コミュニケーション能力や道徳的な意識の向上などの社会的資質を高めるための支援である。教科学習や道徳，特別活動などの集団活動で，さまざまな役割を経験していくことが有効で，学外での社会的活動の経験も大切である。

④進路や職業選択と決定のための支援──単に将来の進路先を考えることにとどまらず，生涯発達の観点から自己実現をめざした進路を選択できることを支援する。そのためには，児童生徒が自分の特徴と価値観などを自己理解し，自分が取り巻く社会や職業世界の職業理解を行い，就職や進学について，具体的に進路をどのように決定していくかを支援していく。これが，進路指導である。

⑤余暇についての支援──課外や休暇時の計画立案や余暇時間の有意義な過ごし方についての支援である。児童生徒は幼いころから，インターネットを利

用しているため，ネット利用に関するモラル教育も重要である。

⑥健康・安全についての支援——心身ともに健康で安全な生活が送れるようになるための支援である。具体的には，性的な問題やエイズなどの病気の予防，喫煙や薬物の有害性の意識の向上，生活習慣病などを引き起こさないための食生活の管理，睡眠確保のための時間管理などの日常生活に関する支援である。さらに，犯罪の予防観点から，インターネット利用も含めて安全意識や安全行動についても教育が必要である。

5 生徒指導は，統合的な活動である。

4で示した生徒指導の6つの具体的な支援は，独立した教育活動ではなく，相互に深く関連しているため，教科指導・道徳・特別活動・総合的な学習の時間などの学校教育全体を通じて，横断的に実践すべき教育活動である。さらに，現在のあり方や生き方だけではなく，将来にわたって自分の可能性と将来展望の支援も必要である（後者については，進路指導・キャリア教育・職業教育として重要な教育活動であるため，II〈p.65〉で述べる）。

6 生徒指導は，個別指導と集団指導を通して行われる。

生徒指導においては，児童生徒がさまざまな悩みを抱えているため，児童生徒一人一人に対応する個別指導が基本である。しかし学校生活は，集団活動で過ごす時間が多い。学業向上を目的とした進学や職業の選択の支援のように，児童生徒の個別の支援に重点が置かれることもあるが，授業を受ける時間も集団教育活動と考えることができる。また，道徳・特別活動・総合的な学習は，特に集団活動がほとんどである。したがって，これらの教育活動において，メンバー間の相互作用を利用しながら相互理解を深め，お互いの自由を尊重しつつ，集団としての規範や規律を学んでいくことが大切である。

また，問題を抱えている児童生徒がいる場合，通常は当該児童生徒のみを対象として支援が行われることが多いが，そのような児童生徒の生活態度や行動は，その児童生徒を取り巻く周りの児童生徒との相互作用によるところが多い。したがって，周りの児童生徒にも働きかけ，学級集団の中での人間関係を調整する必要があり，児童生徒全員にとって学級の生活が快適な教育環境になるよ

うに支援していくことが肝要である。このような教育活動の機会に，児童生徒自身が学級の中で良好な人間関係を結ぶためのアイディアを考え，自分のよさに気づき，いくつかの役割を果たせるような開発的な支援を行うことができる。

さらに，自己指導能力や社会性育成のためには，集団におけるさまざまな経験が大きな役割を果たすと考えられる。集団の中での自己と他者との相互作用，すなわちコミュニケーションを通じて，児童生徒は自分と社会との関係を考え，集団の中での自分の役割を認識し，自身の行動について意識を高められるようになる。また，インターネットなどの交流において良好な人間関係を築いていくことを通し，自分の適性や可能性を考えていく経験が得られるのである。

7 生徒指導は，組織的に運営される。

生徒指導は，学校全体の教育計画を明確にして，すべての児童生徒を対象として，学校の教育活動全体で組織的に行われる。日常の生徒指導は主として担任が担うが，児童生徒が抱えている問題の内容によっては，学級担任だけでなく，教科担任，課外活動を指導する教師など，さまざまな教師がかかわって行われる。特に，担任一人で解決することが難しい場合には，学校内で生徒指導主事や進路指導主事，学校カウンセラーなど専門的な職員の協力が必要であり，学校全体の教職員が連携していくことが必要である。

また，児童生徒の問題を解決していくためには，児童生徒の抱えている問題について，特に保護者の理解が必要となる。学校教育における指導だけでなく，家庭での教育も必要であるため，保護者との情報交換や連携が重要である。

さらに，児童生徒の抱えている問題がかなり深刻な問題であったり専門的な支援が必要である場合には，医療機関や教育センター，児童相談所，ハローワークや発達障害支援センターなどの外部機関との連携が有効である。

[4] 教育課程と生徒指導

教育課程は，生徒の将来の社会的・職業的自立，すなわち主体的な生き方を育むために，児童生徒の人間的成長と，そのために必要な態度と能力の育成が共通の目標とされ編成されている。したがって，生徒指導は教科指導と並行す

る教育活動の一領域ではなく，教育課程全体で行われることが必要である。さらに，教育課程編成と教育方法の決定は，児童生徒の年齢的な特徴やその能力に応じてなされており，教育目標や教育内容に応じて，科目間連携を目的として，カリキュラム・マネジメントをする必要がある。このことは，教育課程全体で生徒指導の機能を生かすことにつながる。

1 生徒指導と教科指導

　教科学習（授業）においては，各教科，特に基礎的基本的な学習内容の定着が基本であるが，加えてコミュニケーション能力などの社会性や自己肯定感を高めることが大切である。そのためには，児童生徒が生き生きと学習に取り組めるような学習意欲向上への取り組み，学業不振に伴う不適応の改善，自分の特徴（得意分野）に応じた個性を伸張することなどが求められている。

　各教科の具体的な指導では，「主体的・対話的で深い学び」をもたらすような教育方法によって学び，①授業の場に居場所をつくる，②わかる授業をめざして主体的な学習態度を養う，③共に学びあうことの意義と大切さを実感させる，④言語活動を充実させ，言語力を育てる，⑤学ぶことの意義を理解させ，家庭での学習習慣を確立させることが課題である。

　さらに，このような学習を推進するためには，教科間での連携を図って指導を行うことと並行して，学級の生活環境の改善や，学習活動の条件の整備に関する指導が大切となる。このうち，学級の生活環境の改善に関する指導とは，特に学級内の人間関係調整に関する指導であり，この指導の中で児童生徒は学級集団の中で友人関係を築くことを通して，生徒は互いに尊重し合うことができるようになるのである。学級の中で良好な人間関係が結べてこそ，学習意欲が向上し，学習が促進されるのである。また，教育活動の条件の整備についての指導として，例えば，学習計画の立て方や図書館の利用方法，学用品の選び方など，さまざまな学習を快適に行うための支援も大切である。

　以上のように，生徒指導と教科教育は密接にかかわっており，両者が相互に機能してはじめて，学習のための資質の向上が促され，それと同時に社会性の育成がなされることになる。

2 生徒指導と道徳

　道徳教育については，小学校は平成30年度から，中学校は平成31年度から，特別の教科「道徳」が，道徳的な心情，判断力，実践意欲と態度，道徳的価値の自覚及び自己の生き方についての考えを深め，道徳的実践力などの道徳性を養う一領域として教育課程に位置づけられた。ただし，道徳教育は道徳科の授業時間内で完結するのではなく，教育課程内である各教科や特別活動や総合的な学習の時間と密接に連携し，教育課程外のすべての教育活動において行われる。また，教科化されたことで評価を行うことになったが，指導要録には数値的評価ではなく記述によって示すことが義務づけられた。

　児童生徒は，教化科された道徳を通じて集団規範や社会的規範を身につけ，現実の社会や学校生活の中でどのように振る舞っていくべきかという社会性を身につけ，それによって非行やいじめなど生徒指導での課題が解決されることが期待されている。さらに，人間としての生き方の自覚を促すことは，キャリア発達を促す進路指導とキャリア教育とも深く関連している。

3 生徒指導と特別活動

　特別活動の目標は，集団や社会の形成者としての見方や考え方を働かせながら，さまざまな集団活動に自主的実践的に取り組み，互いのよさや可能性を発揮しながら集団や自己の生活上の課題を解決することを通して，資質や能力を育むことをめざすことである。小・中学校の学級活動・高等学校のホームルーム活動では，個別の指導も行われるが，さまざまな集団活動を通じて，お互いが共感的人間関係を結ぶ中で自己理解を深め，自分が果たすべき役割を考え，自己を尊重することを学び，集団を円滑に運営することを学ぶ機会となる。

　生徒会活動・児童会活動・クラブ活動（小学校）では，日常的に生活する学級集団とは異なるメンバー，すなわち異年齢集団での自治的な活動であり，自分たちが抱えている学校生活における問題を自発的に解決したり，学校行事を企画したりすることなどを通してさまざまな役割を担い，よりよい人間関係の構築と自主性な態度を学ぶことができる。

　さらに学校行事は，どの学校においても多彩で創造的な取り組みが行われて

いる。なかでも体育的・文化的行事の場合には，生徒が企画の段階から参加することが多く，特に高等学校では自らが企画を決定し，自主的に運営することが多い。そのような活動は学校生活を楽しく豊かに充実したものにすると同時に，その経験を通して児童生徒は自発性や自主性を身につけ，集団規範などを学んでいくことができるのである。このように，特別活動のさまざまな活動は，生徒指導が実践される場として重要な役割を果たしていることがわかる。

4 生徒指導と総合的な学習の時間・総合的な探究の時間

総合的な学習の時間（小中学校）・総合的な探究の時間（高校）では，探究的な見方・考え方を働かせ，横断的総合的な学習を行うことを通してよりよく課題を解決し，自己の生き方を考えていくための資質・能力を育成することが目標である。具体的教育活動については，特に実社会や実生活にかかわる課題を発見・探求しながら，横断的・総合的に学ぶ活動が重視される。学校外での情報収集・自然体験・ボランティアなどの地域社会との連携し，協働学習によって行われることが多く，このような学習を通して，自分の果たす役割や社会に参画する態度を身につけ，自己の生き方を考える契機となる。

このように，総合的な学習の時間・総合的な探究の時間はまさに生徒指導の理念と深くかかわっており，児童生徒の実態に即しながらさまざまな分野についての教育を通して，生徒指導でめざす児童生徒の人格の発達がなされる。

COLUMN

21世紀型スキル

21世紀に必要な力として，2009年から欧米の企業がスポンサーになり，「21世紀型スキルの学びと評価プロジェクト（Assessment and Teaching of Twenty-First Century Skills Project〈ATC21S〉）が始まった。そこでは，①思考の方法（Ways of Thinking），②仕事の方法（Ways of Working），③仕事のツール（Tools for Working），④社会生活（Skills for Living in the World）の4領域について，10スキルが提唱されている。これは，市民性や人生とキャリア設計も含まれ，「生きる力」に「ＩＣＴ活用の情報リテラシー」を加えたものに相当する。

進路指導・キャリア教育の理念と性格

[1] 進路指導・キャリア教育の意義

　「働くことは社会参加としての職業従事である」とエリクソン（Erikson, E. H.）が述べたように，自分の卒業後の進路を選択して職業に就くということは，職業やそれを取り巻く社会の中で，また自分の生活のよりどころとなる家庭を含めて，他者と共に活動していこうということを意味している。このような，将来の生き方とあり方を考えるための進路指導は，これまでは生徒指導の一環として行われてきた。しかしながら，単に自分の能力や希望などと進学先や就職先をマッチングして進路を決定するような指導では，卒業後の進路先での不適応や高校中退などの進路選択とかかわる問題が起こってきた。

　また，職業と産業の世界が複雑になり，学校で学ぶ内容と職業との対応関係が従来よりも明確ではなくなってきている。一方，職業の意義については，経済的な理由よりも，自立した個人として自分を最大限発揮して生きていくという自己実現を強く求めたり，社会的貢献を望む生徒が増加しているなど多様化してきている。したがって，進路や職業はさまざまな条件を十分考慮に入れて選択する必要があり，進路指導は単に進学先や就職先を決めることへの指導だけでは不十分であることから，一生涯にわたって生き方や働く意味を考えることの支援，すなわち，キャリア発達の育成を目的とするキャリア教育の重要性が増してきている。

　さらに，産業構造の変化が激しい現在において，そこで働く個人に対し「エンプロイヤビリティ（雇用されうる能力）」がいかに備わっているかということが問題とされるようになっている。エンプロイヤビリティを高めるためには「コンピテンシー（課題遂行能力）」，すなわち，ある職種に対する専門的な知識や能力だけでなく，コミュニケーション能力や周囲の人々との協調性，何事

にも熱心に取り組む態度などが重要視されている。そのため，特定の職業についての知識や能力の育成だけではなく，意欲的に仕事に取り組む人材が求められ，職業や勤労に対する考え方や職業選択を契機とした社会化に必要な能力や態度を育成していくことが必要である。

スーパーが提唱したように，自分のキャリアを職業やそれ以外のさまざまな役割との関係でとらえ，生涯発達的な観点から一生涯にわたって主体的に自分のキャリアを切り開いていけるようにすることが，非常に大切なのである。

[2] 進路指導・キャリア教育・職業教育の役割

「キャリア」とは，個々人が生涯にわたって遂行するさまざまな立場や役割の連鎖，およびその過程における自己と働くこととの関係付けや価値付けの累積である（キャリア教育推進に関する総合的調査研究協力者会議，2004）。すなわち，私たちが学業，職業，市民生活を送る中で，さまざまな役割を担い，その連鎖を通してさまざまなことが形成される。これが「キャリア」である。

さらに，このキャリアの概念に基づく，キャリア発達とは，過去・現在・未来に続く時間軸の中で，幼児期から思春期・青年期，さらに成人期，そして老人期といったそれぞれの時期において，自分自身と社会との相互関係を保ちつつ自分らしい生き方を展望し，実現していく力の形成の過程である（菊池，2008）。このことをふまえた「キャリア教育」とは，「児童生徒一人一人のキャリア発達を支援し，それぞれにふさわしいキャリアを形成していくために必要な意欲・態度や能力を育てる教育」である。したがって，キャリア教育は学校教育だけに留まるものではなく，就学前教育から初等・中等教育を経て，高等教育やその後の継続教育に至るまで，一生涯続くのである。キャリア教育の小学校・中学校・高等学校の目標を，**表3-1** に示す。

さらに，キャリア教育においては，社会的・職業的自立のためにその基盤である，次のような4つの基礎的・汎用的能力を育成することが目標とされる。

①人間関係形成・社会形成能力――多様な他者を理解し，相手の意見を聴いて自分の考えを正確に伝えることができるとともに，自分の役割を果た

表3-1 キャリア教育の具体的目標
（キャリア教育の推進に関する総合的調査研究協力者会議，2004）

小学校（進路の探索・選択にかかる 基盤形成の時期）
- 自己および他者への積極的関心の形成・発展
- 身のまわりの仕事や環境への関心・意欲の向上
- 夢や希望，憧れる自己のイメージの獲得
- 勤労を重んじ目標に向かって努力する態度の形成

中学校（現実的探索と暫定的選択の時期）
- 肯定的自己理解と自己有用感の獲得
- 興味・関心等に基づく職業観・勤労観の形成
- 進路計画の立案と暫定的選択
- 生き方や進路に関する現実的探索

高等学校（現実的探索・試行と社会的移行準備の時期）
- 自己理解の深化と自己受容
- 選択基準としての職業観・勤労観の確立
- 将来設計の立案と社会的移行の準備
- 進路の現実吟味と試行的参加

つつ他者と協力・協働して社会に参画することができる力
②自己理解・自己管理能力——自分と社会との相互関係を保ちつつ，今後の自分自身の可能性を含めた肯定的な理解に基づき主体的に行動すると同時に，自らの思考や感情を律し，進んで学ぼうとする力
③課題対応能力——仕事をする上でのさまざまな課題を発見・分析し，適切な計画を立ててその課題を処理し，解決することができる力
④キャリアプランニング能力——「働くこと」の意義を理解し，自らが果たすべきさまざまな立場や役割との関連を踏まえて「働くこと」を位置付け，多様な生き方について，自ら主体的に判断してキャリアを形成していく力

一方，これまで行われてきた進路指導は，生徒の一人一人が，自分の将来の生き方への関心を高め，自分の能力・適性等の発見と開発に努め，進路の世界への知見を広くかつ深いものとし，やがて自分の将来への展望を持ち，進路の選択・計画をし，卒業後の生活によりよく適応し，社会的・職業的自己実現を

達成していくことに必要な自己指導能力の伸長をめざして，教師が計画的，組織的，継続的な指導・援助していくことである。そして，進路の選択・計画をし，進路選択後の生活によりよく適応し，進歩する能力を伸長するために，まず生徒が望ましい職業観・勤労観を明確化できるようにし，さらに進路選択に必要な能力や態度といった，主体的で実践的な選択力を育成することをめざすことが教育活動である。このことから，従来の進路指導の定義や概念と，前述のキャリア教育との間に大きな差異は見られないと考えられ，主として中学校・高等学校において現在まで行われてきた進路指導は，キャリア教育の中核的な教育活動として位置づけることができる。今後は，常にキャリア教育が提唱する一生涯のキャリア発達の視点を持ちながら，進路指導を行っていくことが大切である。

　また，キャリア教育と同時に職業教育の必要性が求められているが，キャリア教育の目的が，基礎的・汎用的な能力の育成が主眼になっていることに対して，職業教育の目的は，一定または特定の職業に従事するために必要な知識・技能・能力・態度といった，プロフェッショナル・キャリア（ワーク・キャリア）を育成する教育であり，キャリア教育を基盤として，特に職業高校や専門学校，高等教育の中で推進される教育活動である。

［3］ 進路指導・キャリア教育の活動

　これまで主に中学校から高等学校で行われてきた進路指導の4つの具体的な目標と，そのための6つの活動内容は，次のようになる。
　①進路選択への関心を高め，職業観・勤労観を育成すること
　②自己の将来像（進路）を具体化できるようにすること
　③進路設計の具体的計画を立て，活動を行うことができるようにすること
　④進路の選択・決定後にその環境に適応し，自己実現を図っていくこと

■1 個人理解のための指導・援助の活動

　児童生徒が自分の興味や関心，能力と人格，態度などのさまざまな側面について自己理解を深めることと，指導や援助を行う教師側からの児童生徒理解で

ある。自己理解を行うための援助には，各種の適性テストがよく利用される。しかしながら，自己理解のためには，周りからの働きかけと交流が重要な役割を果たすと考えられる。特に自分の適性を理解するためには，教科学習や特別活動など，日常のさまざまな教育活動が重要な契機となる。

2 進路情報に関する指導・援助の活動

職業や就職，将来進学する学校や進学のための，具体的な情報や収集方法と活用の仕方を知るための援助である。情報収集にあたっては，就職の場合は，教師や先輩からの情報をえたり，求人情報をインターネットから得ることができる。一方，進学の場合にも，インターネット上に掲載されている学校案内を参照したり，オープンキャンパスに参加したりすることも有効である。

このような情報によって児童生徒は，今後の学校生活の計画や職業生活の将来像について，より現実に即して考えられるようになるであろう。

3 啓発的経験に関する指導・援助の活動

児童生徒がさまざまな経験に基づき自己発見をし，自分の具体的な進路を考えるための援助である。進学の場合には学校訪問やオープンキャンパスで体験授業を受けたり，在学生から今後の学校生活について具体的な話を聞いたりすることができる。また，児童生徒は職場体験や本格的なインターンシップ，ボランティアなど，直接社会とかかわる活動を経験することにより，自分の特性や社会で求められていることを学ぶことができる。

これらの活動を行う際には，活動の意義を知るための事前指導と，実習後に体験の内容を振り返り，実習で得たことが将来の進路とどう結びつくかを考える事後指導が重要である。

4 進路相談に関する指導・援助の活動

教師が児童生徒の状況に応じて，進路決定に必要なガイダンスを行う活動である。進路に関する悩み相談も多様化しており，例えば進学先について保護者と意見が合わないなどの他に，自分が将来したいことやどこへ進学してよいかわからないなどの漠然とした悩みを訴える児童生徒も多くなっている。

このような児童生徒の場合には，単に進学先や就職先の選択を目標とするの

ではなく，本人の考えを共感的態度で傾聴し，自分の意思を明確にできるような教育相談を行っていくことが大切である。

5 進路先の選択と決定に関する指導・援助の活動

進学や就職などの進路決定に必要な具体的な情報を提供し，入試や採用試験までの具体的な計画の作成，必要な手順についてのガイダンスなどである。教員から社会人として働くことの意義を伝えたり，外部講師による最新の職業知識や社会で求められる人材像を児童生徒に伝えたりすることにより，職業に関する不安を軽減し，就労への意欲を高めることができる。

6 卒業後の追指導——適応と進歩に関する指導・援助の活動

進路先に進んだ後の援助である。進路先で適応できているかを把握し，うまく進路先に適応できなかった場合には，進路再選択の援助を行うことが必要となる。進学後の進路変更や中退，就職の場合には早期の離退職の問題の背景には，身近に相談相手がいない場合も多いため，送り出した側の教師等が相談者としての役割を担うことが必要である。

[4] 進路指導・キャリア教育と教育課程

今後，特にキャリア教育の目標を達成するために，これまで以上に，教科指導，中核的な役割を担う特別活動，道徳，総合的な学習の時間などのすべての教育活動を充実させ，連携させながら推進していくことが必要である。

1 進路指導・キャリア教育と教科指導

キャリア教育が，前述の基礎的・汎用的能力の育成をめざしていることから，すべての教科指導の中でこの能力の育成のための指導がなされる。特に，さまざまな教科の中で，主体的・対話的で深い学びの学習方法により学んだ児童生徒は，この力が向上することが期待されている。加えて，児童生徒には，各教科の学習においては得意分野についての自己理解が深まること，社会との相互関連の学習においては職業理解が深まるであろう。

例えば，教科教育おけるキャリア教育は，中学校・高等学校の保健体育や家庭（技術家庭）においては，人間の健全な発達と生活の営みを総合的にとらえ

させ，生涯にわたる健康管理や生き方について，生活を創造する能力と実践的な態度を育成することができる。中学校の社会科や高等学校の公民においては，社会状況を知り，その中での自分の役割について自覚を育て，価値観を形成する一助となることが期待できる。

　この他にも，総合学科における学校設定科目の「産業社会と人間」の科目の目標は，「産業社会における自己のあり方生き方について考えさせ，社会に積極的に寄与し，生涯にわたって学習に取り組む意欲や態度を養う」ことであり，就業体験等の体験的な学習や調査などの探求的な学習を行いながら，キャリア教育を展開させていくことができる。

　このように，さまざまな教科の中にキャリア教育の視点を入れて教育を行っていくことは，現在の学校生活に目標をもてずにいる児童生徒にとっても，学校教育での学びの意義を考える重要な契機となり，自身の長所や将来の生き方，働くことの意義をより深く考えていくことができるようになるであろう。

2 進路指導・キャリア教育と道徳

　道徳教育の中では，道徳性を養うことと同時に，道徳的価値および人間としての生き方についての自覚を深めることが目標としてあげられている。このことは，キャリア教育の目標と重なっており，働くための価値観や人間としての生き方やあり方の自覚を深める重要な契機になる。したがって生徒指導と同様に，進路指導・キャリア教育にとっても相互補完的な関連を持っている。

3 進路指導・キャリア教育と特別活動

　特別活動は，同年齢集団だけではなく，異年齢集団での集団活動もあることから，基礎的・汎用的能力をさらに伸ばすことができる。また，学級活動（高校はホームルーム活動）の内容に，一人一人のキャリア形成と自己実現として，①学校生活と社会的・職業的自立の意義と理解，②主体的な学習態度の確立と学校図書館等の活動，③社会参画意識の醸成や勤労観・職業観の形成，④主体的な進路の選択決定と将来設計があげられている。

　そのため，特別活動では，進路指導とキャリア教育の実践の場としてさまざまな教育活動を行うことができ，さらに学級活動では，さまざまな教科教育や

道徳，学校行事などを通して学んだことを振り返り，その中で得られたことや自分の成長について，日常の教育活動を記録して蓄積するためのキャリア・パスポートを用意し，それを活用することが求められている。このキャリア・パスポートを小学校から高校まで作成していくことによって自分のキャリア発達の軌跡を振り返り，そのうえで将来めざすべき自分の姿を考えることができる。

また学校行事においては，職場体験活動やアカデミックインターンシップなどを通して，進路や職業について具体的に考えたり，働くことの意義や将来の生き方についての見通しを考えることができるであろう。その際には，将来の進路設計を援助するために教育相談も行われる。

4 進路指導・キャリア教育と総合的な学習の時間・総合的な探究の時間

小学校から高校まで一貫して，探究や見方・考え方をもとに，横断的・総合的な学習を行い，自己の生き方を考えるということが目標の一つであることから，この時間は，まさに進路指導・キャリア教育と深くかかわっている。

具体的には，自分がかかわる実社会や実生活の中から解決すべき問題を見つけ出し，それについて主体的・協働的に取り組みながら，問題解決を図っていくような学習が展開される。児童生徒は，このような実践的な学習活動を体験することによって，積極的に社会に参画しようとする態度が形成され，自己の社会的役割と将来像についての知見を深めることができるであろう。

演習問題

❶ 知識基盤社会で求められ人間像について考察しなさい。
❷ 学校生活における問題を考え，生徒指導の役割について考察しなさい。
❸ 自分の進路選択を振り返り，進路指導・キャリア教育の意義を考察しなさい。

第4章

児童生徒理解の方法・技術

野々村　新

　児童生徒の自己実現を援助する生徒指導や進路指導・キャリア教育の目的を十分に達成するためには，まず，児童生徒自身が自己とは何かを理解すること，すなわち自己理解を図ることが前提となる。そして，この自己理解を図るためには，教師が一人一人の児童生徒の自己形成の程度や特徴，傾向などを的確に把握すること，すなわち児童生徒理解が不可欠である。また児童生徒理解によってはじめて，個々の児童生徒に対する指導の目標を明確に設定することが可能となる。

　本章では，こうした観点から，生徒指導・進路指導・キャリア教育の実践を支える児童生徒理解について，その観点，理解すべき内容・側面，理解のための方法等を取り上げる。

I 児童生徒理解の意義と内容

[1] 児童生徒理解の意義

　生徒指導や進路指導・キャリア教育の目的は，個々の児童生徒が身体的・精神的な健康を維持しながら，学校生活をはじめとするさまざまな生活場面への適応を高め，その個性を伸長するとともに，将来の職業・社会生活に必要な能力を獲得し，自己実現を達成するよう指導・援助することである。

　こうした生徒指導・進路指導・キャリア教育の目的を実現するためには，教師は，個々の児童生徒がどのような特徴や傾向をもち，あるいは長所や短所をもっているか，また，どのような環境に置かれているのかを的確に理解・把握することが不可欠である。それによってはじめて，教師は，各児童生徒に対する指導目標や指導内容を明らかにし，適切な指導方法を選択することができるのである。

　また，特に進路指導・キャリア教育においては，個々の生徒が主体的に，合理的な進路の選択決定を行うためには，生徒が自己の進路適性や将来の希望，自分が置かれている環境などを理解しておく必要がある。そのために教師は，個々の生徒の諸特性や環境条件などを的確に把握し，それらによって得られた情報・資料を生徒にフィードバックすることによって，生徒の自己理解や自己概念の形成を援助することになる。

[2] 教師の児童生徒理解と児童生徒の自己理解

　上述のように児童生徒理解の意義・目的を把握すると，児童生徒理解には次のような2つの側面が存在すると考えられる。

❶ 教師が行う児童生徒理解

　一般的に「児童生徒理解」とよばれる側面であり，教師が個々の児童生徒の

諸側面を表す情報・資料を収集することによって，効果的な指導方法の選択や，児童生徒の人格形成ならびに能力開発を個別に援助することを意味する。生徒指導・進路指導の出発点として位置づけられるものである。

2 児童生徒が行う自己理解

教師が児童生徒理解のために収集した情報・資料を児童生徒にフィードバックするなどの援助や適切な方法を用いることによって，個々の児童生徒が自己の諸側面を的確に理解する側面である。児童生徒は自己理解を行うことによって，自己についての客観的評価を高め，望ましい自己概念を形成し，自分自身を望ましい方向へ成長させることができるようになるのである。

児童生徒理解におけるこれらの2つの側面は，相互に有機的に関連し合っているものである。すなわち，教師が行う児童生徒理解は，児童生徒の自己理解を有効に援助する役割をもつ。そのため，個々の児童生徒についての個人資料を整備し活用することと，それらの情報・資料を児童生徒に適切にフィードバックすることのために，教師は慎重な配慮を行う必要がある。

[3] 児童生徒理解の内容

的確な児童生徒理解のためには，児童生徒のどのような側面について情報・資料を収集し，理解を進めればよいのであろうか。三川（1991）は，図4-1に示すように，身体的側面，心理的側面，社会的側面の3つに分類している。

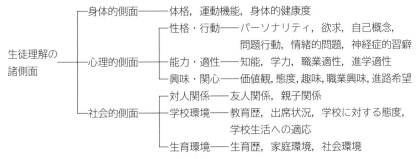

図4-1 児童生徒理解の内容 (三川, 1991)

①身体的側面——身体的側面の特徴は，他の側面とは異なり現れ方が客観的であるため，外部からの観察によって把握しやすい。そのため日常生活における観察のほか，健康診断やスポーツ・テストの記録などによって容易に理解することができる。

②心理的側面——生徒指導や進路指導においては，一般的に心理的・個人的な側面を理解し，必要な特性を望ましい方向に発達させることに重点が置かれている。こうした側面の内容は多岐にわたるが，大きくは「性格・行動」「能力・適性」「興味・関心」の3つの内容に分けて考えることができる。なお，この3つの内容をまとめて「進路適性」とよぶことも多い（p.94 コラム参照）。

③社会的側面——児童生徒の生活する場として，その児童生徒を取り巻くさまざまな社会的環境は，児童生徒の発達に大きな影響を与えている。児童生徒理解を深めるためには，児童生徒が所属する学校内外の集団における対人関係，家庭環境（経済的状況，親の教育的関心，児童生徒に対する家族の期待や関心など），社会的環境（教育的諸条件，地域社会の実態など）などを理解することが大切である。

II 児童生徒の個人資料の収集と活用

[1] 児童生徒理解のための方法の原理

1 客観的理解と共感的理解

教師が児童生徒の諸側面を理解しようとする際に，①客観的理解と②共感的理解の2つの方法原理が考えられる。

①客観的理解

客観的理解とは，主観的理解と対比されるものであり，できるだけ児童生徒との間に心理的距離を置いて冷静に，多面的に児童生徒を把握して，一般的に

認められている基準に照らして把握された事実を解釈して理解することをいう。

前述の身体の側面や環境条件などについては，適正な方法によって正確な情報・資料が収集されれば，客観的理解も比較的容易に行うことが可能である。しかし，心理的側面の理解については困難を伴うことも少なくない。とりわけ，後述する観察法や面接法などを用いる場合は，さまざまな要因によって誤った理解に陥ってしまうことがあるので留意する必要がある。

②共感的理解

共感的理解とは，端的にいえば，児童生徒の立場に立って話を聴き，児童生徒がどのように感じているか，考えているかを，児童生徒自身の身になって感じ，理解することである。つまり，教師は自分の考えや価値基準に基づいて児童生徒の感情や考え方をとらえるのではなく，児童生徒の感情や考え方をありのままに，児童生徒の内的準拠枠（frame of reference）に即して把握し，それを共有することを意味する。

結局，共感的理解には，児童生徒を一人の人間として尊重し，その感情や考え方を受け入れて共有しようとする気持ちが前提として必要なのである。こうした尊重と受容を伴った共感的理解は単なる理解にとどまらず，信頼感と親和感に裏打ちされた望ましい人間関係を形成する契機ともなる。そして，教師から自分の感情や考えを理解され，受容されたとき，児童生徒は，「自分の気持ちを本当にわかってくれている」と感じ，自分自身でも自己の感情や問題を直視し，それに対処していくことができるようになるのである。

以上のように，児童生徒を正しく理解し，児童生徒との間によい人間関係を形成するためには，教師は，児童生徒を客観的に理解するとともに，共感的に理解するよう心がける必要がある。

2 一般的理解と個別的理解

吉田（1992）は，児童生徒理解を，理解の対象という観点から，一般的理解と個別的理解に区分している。

一般的理解とは，例えば，各発達段階に見られる身体面・心理面・社会面の諸特徴について知ること，登校拒否や非行などの問題を抱えた児童生徒の心理

やその指導法について理解すること，あるいは，自校の児童生徒の実態や特徴について理解することなど，ある集団に見られる一般的・平均的な傾向・特徴（法則性）についての理解のことである。

　一方，個別的理解とは，個々の児童生徒の身体的・心理的・社会的特徴などについての理解のことである。生徒指導・進路指導における児童生徒理解は，例えば，不登校児の類型やそれぞれの特徴，一般的な経過，指導・援助の方針，不登校児の内面的な心理などについての一般的な知識がなければ，眼前の不登校児の理解は容易になしえないであろう。この意味で，一般的理解は個別的理解の基盤をなすものといえる。

[2] 児童生徒理解のための方法

　児童生徒を理解するための方法としては，さまざまなものがある。このうち検査法については次項で詳述されるので，ここでは，観察法をはじめとするおもな方法についてその概要を述べることにする。

　なお，中谷（2002）も指摘するように，以下に取り上げる児童生徒理解の方法も，それ単独で用いるよりは，他の方法と併用することによって，より多面的で的確な児童生徒理解に近づきうるといえよう。児童生徒理解の方法は，それぞれのねらいや特徴が異なっており，また限界もあるため，教師は各々について熟知するとともに，その技術に熟達しておくべきである。

■1 観察法

①観察法の意義と方法

　児童生徒の外面的な行動を客観的に観察することによって，その個人の心理的側面を理解することを目的とする観察法は，児童生徒理解を行ううえで最も基本的な方法である。しかし，これは単に観察することを意味するのではなく，それを記録し分析して明確な理解を行い，得られた情報・資料を児童生徒にフィードバックするといった一連の過程が含まれている。

　観察法には，統制状況において行われる実験的観察法と，相手が自発的に活動している状況でのありのままの行動を観察する自然観察法とがあるが，児童

生徒理解においては，一般的に自然観察法が用いられる。

②自然観察法

自然観察法は，偶然的観察法と組織的観察法とに大別される。

偶然的観察法とは，教室内における学習活動，休み時間や放課後における遊びなど日常生活における行動をありのままに観察し，そこから一般的傾向を把握しようとする方法である。

一方，組織的観察法は，観察すべき行動や場面，時間帯，手段，記録方法や判断基準などをあらかじめ明確にしたうえで観察を行う方法である。組織的観察法は，偶然的観察法に比べて，多くの時間と労力を要するものの，信頼性の高い有用な情報が得られやすい方法である。

③観察における理解を誤らせる要因

観察法によって児童生徒の行動を理解する場合に，上記のような方法を用いても，なおかつ教師の主観が強く働き，観察が一面的，一方的なものになってしまうことも少なくない。そのような誤った理解や判断を生じさせる要因にはさまざまなものがあるが，おもなものを**表4-1**にまとめる。

これらの要因の影響から完全に逃れることは容易ではないが，教師はこれらの要因による影響の危険性を十分に認識するとともに，事実をありのままに見つめ，冷静に，断定的態度を避け，受容的態度をもって客観的な理解を行う配慮を忘れてはならない。

2 面接法

①面接法の意義

面接法は，教師と児童生徒が直接に対面し，主として言語的コミュニケーションを通して，児童生徒についての情報収集と理解を深めるための方法である。

児童生徒の顕在的な行動傾向や生活習慣といった比較的客観的な事実は，観察法や後述する調査法などによってある程度明らかにされるが，感情や欲求，価値観，進路意識などの内面的な側面の理解については，この面接法が適している。回答があいまいである場合には，さらに深くつっこんで質問することができて，他の方法を用いる場合よりもより詳細な情報を得ることができる。

表 4-1　観察における理解を誤らせる要因

● ステレオタイプ（stereo-type）
　複数の情報の中から自分にとって意味のあるものだけを受け入れ，しかも情報のうち関心のある部分だけを単純なカテゴリーに振り分けてしまう。一種の固定観念であり，レッテルを貼って理解したつもりになること。

● 初頭効果（primary effect）
　「第一印象」とも呼ばれる要因であり，最初に得た情報や判断と一致するような形で，それ以後の情報を受け入れたり判断したりしてしまうこと。

● ハロー効果（halo effect）
　何かよく目立つ優れた（悪い）特徴をもっていると，その人の他のあらゆる側面についても肯定的（否定的）に見てしまう傾向である。例えば，教師は，学業成績の優れた生徒について，性格その他あらゆる側面で好ましい生徒であろうと判断するような傾向が見られる。

● 寛容効果（generosity effect）
　ある人に対して抱いている好き・嫌いの感情を，その人に対してもつ認識と一致させようとする傾向である。例えば，好意をもつ相手については，そのさまざまな側面を実際以上に高く評価することなどである。

● 対比効果（contrast effect）
　自分がもっている属性や特徴を基準にして，それとの比較で他者を理解・判断・評価してしまう傾向である。例えば，同一人物であっても，几帳面な人からはルーズと見なされ，逆にルーズな人にはやや几帳面とみなされるようなことなどである。

②面接の方法

　面接法には，自由面接法と標準化面接法の2つの方法がある。

　自由面接法は，面接者の質問方法や評価の方法が自由になされるものである。この方法の長所としては，教師が自由に質問することができるので，理解したいと思う特徴や側面をさまざまな面から掘り下げて追求することができる点である。しかし，主観的な評価がなされやすいという短所もある。この方法を用いる場合には，事前に各種の情報を用意し，何を理解するかを明確にしたうえで，質問の幅をできるだけ限定し，重点的に質問を行う必要がある。

　標準化面接法は，上述の自由面接法の欠点である評価の主観性を排除するため，質問の内容や方法などを事前に明確にし，一定の様式をつくり，より客観的な評価をめざす方法である。この方法は，多くの児童生徒を限られた時間内で効率よく面接するのに有効である。

③面接を行う際の留意事項
　a）教師と児童生徒との間に，ラポール（rapport），すなわち信頼感と親和感に満ちたよい関係が形成されていること
　両者の間に相互の信頼関係が形成されていれば，互いに防衛的な態度をとることなく自由に意思の交流も図ることができ，また，児童生徒は不安や緊張を感じることなく，自己の内面を開示することになるのである。
　b）傾聴（active listening）の態度をもつこと
　教師は児童生徒の言葉に積極的に耳を傾け，その背後にある感情や気持ちを感じ取ろうと努めなければならない。このことを傾聴という。児童生徒が，「自分の話をよく聞いてくれている」「自分のことを理解しようとしている」と感じることによって教師への信頼と親しみを覚え，より自己を開示することになる。
　c）教師は，児童生徒が言葉以外に表情や話し方，身振りや姿勢などの非言語的な形で表現していることを把握すること

3 調査法

　調査法は，児童生徒の表面に現れにくい行動や観察不能な行動，あるいは児童生徒の意見や態度などに関する情報・資料を得ようとする場合に，あらかじめ準備した質問項目を印刷した調査用紙に回答してもらう方法である。
　生徒指導や進路指導・キャリア教育において，個々の児童生徒の生活習慣，趣味や特技，悩み，交友関係，進路意識，進路希望，家庭環境や家族の児童生徒に対する期待・要求などを理解するうえで，この調査法が適している。

4 児童生徒の作品の利用

　児童生徒が感じたことや考えていることを書きつづる学級回し書きの「随筆ノート」，保護者と児童生徒が書き記す「親子日記」，児童生徒の書いた作文や日記などによって，児童生徒理解を進める方法である。これらを利用することにより，日ごろの様子，不満・要望，悩み，将来の希望，興味・関心，価値観，人生観，職業観，自己概念，また，家庭・家族や学校・教師に対する気持ちなど，実に多くの側面を知る手がかりを得ることとなる。
　ただし，これらのうち特に作文や日記には，倉戸（1992）も指摘するように

プライバシーの尊厳にかかわることもあるため,公表は慎重にする必要がある。
　ところで,服部（2000）が指摘するように,「総合的な学習の時間」の評価のあり方に関連して,アメリカやイギリスで研究が進められている「ポートフォリオ（portfolio）」評価も注目されている。すなわち,児童生徒の学習ノート,テスト,レポート,作文,日記や創作品,さらには写真や動画保存メディアなどの記録物を児童生徒別のファイルにとじ込んで保存し,評価の資料として用いる方法である。2016年12月の中央教育審議会答申「幼稚園,小学校,中学校,高等学校及び特別支援学校の学習指導要領の改善及び必要な方策について」において,子どもたちの資質・能力がどのように伸びているかをポートフォリオ等を通じて,子どもたち自身が把握できるようにしていくことが述べられており,わが国でも実施されているが,評価法としてさらに研究が進められることが期待されている。

5 事例研究法

　事例研究法は,児童生徒と環境の相互関係を明らかにし,究極的には問題の形成要因を解明しようとするものである。つまり,児童生徒の問題は何かを明らかにしたり,その発生原因を把握するために用いられる。そのために,複数の関係者がチームを組み,児童生徒の問題（事例）について情報・資料を収集し分析・検討して,その児童生徒にふさわしい適切な指導の一助にするのである。
　犬塚（2004）は,専門家でも対処が困難な事例が増加しているため,事例に関係する学校・家庭・地域の人たちが知恵を出し合い,情報交換が行われる場が求められていることから,児童生徒理解をめざした事例検討会の必要性を強調している。また,関係者が意見交換し合うことで,児童生徒の思いがけない面を発見できたり,教師のその児童生徒とのかかわり方の特徴などが逆に浮きぼりになって,より一層の児童生徒理解と教師自身の指導能力の向上につながることも期待される（沢崎,1988）。

6 自己分析法

　生徒指導や進路指導の究極的目標の1つに,自己指導能力の育成や自己指導的態度の育成があげられる。自己指導のためには,児童生徒が,自己を取り巻

く環境条件についての理解とともに，自己についての理解が不可欠といえる。

自己分析法は，明確に意識していなかった自己の諸側面を意識化したり，漠然としていた自己理解の内容を明確化することにより，児童生徒が，理想ではなく，現実の自己を追求し，それを是認して自分を取り巻く環境への適応力を高めることによって自己指導能力を身につけていくことをめざすものである。

自己分析の方法には，特に固定した方法は見られないが，系統的自己分析と随時的自己分析に区分される。系統的自己分析とは，ある期間定期的に自己分析をし，「本当の自分とは何か」や自分の生き方や自己存在感などを追求していく方法であり，随時的自己分析とは，期間を定めずに随時行う方法である。

7 社会測定的技法

家族・友人・教師などの他者による理解・評価によって個々の児童生徒の自己理解を促し，また，教師の児童生徒理解を深めるための方法として，社会測定的技法（sociometric technique）がある。社会測定的技法にはおもな技法として，ソシオメトリック・テスト（sociometric test）とゲス・フー・テスト（guess-who test）がある。

①ソシオメトリック・テスト——モレノ（Moreno, J. L.）が考案したテストである。集団のメンバー内に存在している牽引－反発（好き－嫌い）という感情の流れを調査し，その結果をもとに，集団の構造や人間関係のあり方などを明らかにする方法を用いる。学級内のスター，孤立児，きらわれ者，周辺児などの把握と，学級内の人間関係の改善に役立てることができる。

②ゲス・フー・テスト——ハーツホーン（Hartshorne, H.）らが考案したテストである。児童生徒の行動や態度などを理解する場合，その児童生徒を熟知しているクラスメートから情報を収集する方法を用いる。児童生徒は学級内での日常的な接触を通して相互理解・評価を行っているため，このテストによって，教師の児童生徒理解や児童生徒の自己理解を補うことができる。

8 児童生徒を理解する方法を利用する場合の留意点

上述した方法以外にも，児童生徒に関する生育史調査，学校で実施する身体計測，健康診断，また，家庭訪問などの方法がある。児童生徒理解の方法には，

さまざまなものがあるが，それらを利用する際の留意点をあげておく。
① 観察法，後述する検査法，調査法などのように，外部から何らかの基準に基づいて児童生徒を理解する方法（客観的理解の方法）と，面接法や児童生徒の作品を利用する方法などのように，内面に降り立って共感的に理解する方法は，相補的なものであるため併用することが望ましい。
② 児童生徒理解の方法を用いる際には，理解すべき内容に即した方法を採用するとともに，単一の方法に頼ることなく，複数の方法を組み合わせて理解を深め，正確なものにする必要がある。
③ 児童生徒の理解は単一の学年に限定することなく，継続的に実施することによって，これを発達的に理解することが望ましい。前述の中央教育審議会答申（2016年12月）では，学年，さらには小・中・高等学校と学校段階を超えて持ち上げることまで見通したポートフォリオ的教材（キャリア・パスポート）の導入と活用が示され，児童生徒の発達に即した生徒指導・進路指導の充実が期待されている。

［3］ 個人資料の整備と活用

■1 児童生徒理解の結果の処理

個々の児童生徒についてさまざまな結果（情報・資料）が収集されたときに，それらを①わかりやすく，見やすく，利用しやすくするための工夫（例えば，グラフ化，プロフィール化）を行う，②結果をよく吟味し，それが将来まで役立つか否かによって選別し，必要なものを記録にとどめる，ことが必要である。

■2 情報・資料の整備と保存

個々の児童生徒について収集された情報・資料は，適切に整理して今後の指導に有効に活用できるよう，各学校において工夫する必要があり，収集した教師だけでなく，広く関係者全員が活用できるように整備し保存すべきである。

ただし，児童生徒のプライバシー保護のために，指導関係者以外の目にふれることのないよう配慮が必要でありかつ，個人情報保護の観点や集団守秘義務の観点に立った，適切な運用が求められる。

3 情報・資料の活用

収集・保存された情報・資料は、深く的確な児童生徒理解のために活用するとともに、児童生徒に対する今後の指導上の重点を明らかにするためにも活用されるべきである。さらに教師の児童生徒理解に基づき、児童生徒の自己理解や自己伸長、自己指導能力の向上を図るように活用することが大切である。

そのためには、情報・資料のいくつかを教育的配慮のもとに、児童生徒にフィードバックする必要がある。

児童生徒理解におけるアセスメントと心理検査の活用

[1] 児童生徒理解のための方法の原理

前項でも述べたように、児童生徒理解にあたって各種の心理検査が使用されることは多い。生徒指導や進路指導において心理検査は最も古くから用いられてきたが、単に心理的特徴や問題の原因を明らかにするだけではなく、援助や指導方法を策定するアセスメントとして捉える必要がある。

アセスメントのためのツールとして使用される心理検査は、生徒指導や進路指導の担当者のみならず、児童生徒にとっても価値のあるものであり、それを効果的に活用することは生徒指導・進路指導の目標達成のためには不可欠である。

[2] 心理検査の意義と特徴

心理検査に関しては従来から多くの定義がある。そのなかで、タイラーとウォルシュ（Tyler, L.E. & Walsh, W.B., 1979）の定義は、心理検査の特徴を明確に表現している。すなわち「心理検査とは、個人の行動の一部を標本として取り出すように設計された標準事態のことである」。この定義から、渡辺（1991）は、心理検査について次のような特徴が類推できるとしている。

①個々の検査は，人間の行動の一部に焦点を当てている。それぞれの検査は，人間の行動（例えば，知的，社会的，職業的行動等）のどれか一部の，しかもそのサンプルといえる部分を取り出そうとするもので，換言すれば，どの検査も人間の行動のごく一部しか抽出できないのである。
②心理検査は，行動のある部分について多くの人に共通する標準事態から構成されている。言い換えれば，心理検査は，多くの人にとって標準事態である事柄を提示することによって，個人差，すなわち集団との比較で個人の特徴を把握することを可能にしている。また，大半の心理検査は，心理測定の技術を用いて結果を数量で表現することによって，個人間の比較を一層理解しやすいものにしている。多くの児童生徒と同一の条件下で，同一のルールで把握できる，という意味で客観性が高い利点をもつ。しかし，この特徴は同時に，その条件下での個人の状態しかとらえられないという，心理検査の限界をも意味する。
③心理検査の結果は，提示された課題とか項目に対する児童生徒の反応であるから，児童生徒の自己表現の一形態である。

[3] 心理検査の目的と役割

　個々の心理検査はその特徴によって，実際の活用法，すなわち利用すべき対象やその実施の目的，時期が決定される。

　他方，活用法の工夫によっては，1つの検査結果が複数の目的で使用しうることも事実である。検査結果が児童生徒の貴重な自己表現であること，そして，学校現場の時間的制約を考えると，1つの検査を1つの目的のためだけに用いるのではなく，複数の目的を達成できるように，活用方法を考えることは意味がある。そこで，心理検査のもつ上述のような特徴から，中村（2000）は，心理検査を用いたアセスメントは次のような目的と役割を果たすことができると指摘している。

　①リレーションの形成——心理検査は，生徒と教師との間のリレーション（感情交流），特にラポールを成立させる手段として有効である。

②生徒の自己理解の促進——心理検査の重要な役割の1つは，生徒の自己理解能力を伸長することである。検査結果から生徒は自己の特徴を発見することに加えて，自分を新しい角度から見直す機会と新しい枠組み，さらに社会全体の中での一個人として位置づけて自分を見つめる方法も情報も得られ，自分に対する視野を拡大することができる。そのためには，検査結果を生徒にフィードバックすることとその方法が重要となる。

③短時間で多面的な情報の収集——検査の利用によって教師は，できるだけ多面的な観点から生徒を理解することにより，指導・援助の方向性を早い時期に見いだすことができる。

④深層心理の解明とカタルシス——投影法などの検査を用いることによって，他の生徒理解の方法では生徒自身が気づかない抑圧された感情や問題点を引き出すことができる。また，生徒は自己の深層を知ることによってカタルシス（catharsis, 浄化）を経験することにもなる。

このような心理検査の目的・役割に加えて，さらに，興味検査や適性検査などのように，検査結果だけでなく検査の問題が1つの情報の役割をもっている。

また，進路指導で用いられる検査を受検することによって，生徒は進路選択について考える機会が与えられ，それについて関心をもち，考える意欲とその手がかりを得る，といった刺激的な役割も考えられる。

[4] 生徒指導・進路指導のためのおもな心理検査

心理検査をその測定対象から分類したものを，以下にまとめる。

1 生徒指導で用いられるおもな検査

①知能検査

知能検査は，知能という精神機能の個人的特徴を科学的・客観的に測定するための道具である。ここでは個別知能検査と集団知能検査について概説する。

a）個別知能検査

個別知能検査の長所は，次の2つである。第1は，個々の被検査者の特性に合わせて検査者がていねいにかかわれることである。時間制限を設けない課題

表 4-2　おもに生徒指導で用いられる心理検査（日本大学通信教育部，2000 更新・修正）

	テスト名	特　徴	適用年齢
知能検査	田中ビネー知能検査	全般的な知能発達水準の測定（精神年齢，知能指数：IQ）。個別式	2 歳～成人
	WISC-Ⅳ　知能診断検査	全検査 IQ と 4 つの指標の合成得点	5 歳～ 16 歳 11 月
	京大 NX 知能検査	全体的な知能水準の測定および，知能の内部構造の診断（知能偏差値，IQ，評価段階）。学習にかかわる知的能力の測定（偏差値，段階点，IQ，教科期待値）。集団式	5 歳～成人
	東大 A-S 知能検査（H 版・H 版 2 型）	学齢別問題構成，A 式 B 式併用。知能のタイプと総合的レベルを測定（偏差 IQ，プロフィール，段階，A 式偏差値，B 式偏差値）。集団式	H 版： 　小 4 ～中 3 年 H 版 2 型： 　中 1 ～ 3 年
	教研式新学年別知能検査（サポート）	学年別問題構成，認知・記憶・拡散思考・集中思考・評価の能力面から総合的・分析的（IQ，知能偏差値）。集団式	学年別 小学校 中学校 高校
性格検査	YG 性格検査	12 の性格特性（抑うつ性，劣等感等）の測定。質問紙法	小学生～成人
	MMPI 新日本版	心気性，抑うつ，無気力などの 10 の精神医学的症状の測定。質問紙法	15 歳以上
	CMI：コーネル・メディカル・インデックス	身体面・精神面の自覚症状を測定。質問紙法	14 歳以上
	P-F スタディ	攻撃性，自我防御機能の測定。欲求不満場面の絵に対する連想。投影法・質問紙法	児童～成人
	SCT（文章完成法）	パーソナリティの有機的な全体像の把握。刺激語から連想して文章を完成。投影法・質問紙法	8 歳以上
	内田クレペリン精神作業検査	性格診断・職業面での適性や態度の測定。連続的な加算作業。作業検査法	中学生～成人
親子関係	親子関係検査	親の養育態度を拒否，支配，保護，服従，矛盾不一致など 5 領域 10 型から診断。質問紙法	幼児～中学生
友人関係	ソシオメトリック・テスト	選択，排斥，周辺，孤立などの集団における人間構造を測定。質問紙法	小・中・高校生

が多く，反応の遅い被検査者でも不利益を被らない。検査者と被検査者とのラポールが形成されやすく，そのため十分に能力を発揮させることができる。第2は，各課題に対する被検査者の精神的な状況も観察できることである。なぜその答えにいたったかの洞察がなされるため，結果だけでなく，思考のプロセスもアセスメントできる。

わが国における代表的な個別知能検査には，ビネー式知能検査の流れを汲む田中ビネー知能検査と，ウェクスラー（Wechsler, D.）が開発した知能検査のWPPSI，WISC，WAISがある。また，学習障害（LD）をケアする目的で開発されたK-ABC心理・教育アセスメントバッテリーなどもある。

b）集団知能検査

上述の個別知能検査は，個人を多面的にしかも深くとらえることができるという点で優れているが，一人の被検査者への実施に時間がかかりすぎるという難点がある。

植松（2003）は，集団知能検査の長所として，①一度に大勢の被検査者に実施できる，②検査者には特別な訓練を必要としない，③検査者の習熟度の違いによる誤差は少ない，といった点をあげている。

学校現場で学力との相関関係をみるためによく利用されている検査に，教研式新学年別知能検査（サポート）がある。

②性格検査

性格検査は，個人あるいは集団の情緒性，適応能力，興味，態度，欲求などの特徴を明らかにしてアセスメントに活用する心理検査である。さまざまな種類の検査があるが，用いる課題材料により質問紙法，作業検査法，投影法の3つに分類される。

a）質問紙法

質問紙法は，多くの質問項目に対して所定の回答方式（例えば，「はい」「いいえ」「どちらともいえない」）に基づく回答を求め，その回答結果から被検査者の行動やその傾向を理解する方法である。

教育や産業などの場面でよく使用されている検査にYG性格検査がある。ほ

かに EPPS 性格検査，ミネソタ多面的人格目録（MMPI）などの検査がある。また，児童生徒の学習や対人に関する不安傾向を測定するための検査として，不安傾向診断検査，顕在性不安尺度（MAS）などがある。児童生徒の身体的・精神面の自覚症状を明らかにするための検査には，CMS 検査がある。

b）作業検査法

作業検査法は，被検査者に一定の作業を課し，その作業の経過や結果に基づいて性格特性をとらえる性格検査である。

生徒指導や進路指導において，最も広く使用されている検査は，内田クレペリン精神作業検査である。これは横に並んだ 1 桁の数字の隣同士を連続的に加算する作業を課すもので，一種のスクリーニング・テストとして企業等の採用試験で利用されることも多い。

c）投影法

多様な解釈や反応が可能な多義的（あいまいな）刺激を被検査者に提示して，被検査者が自由に行った解釈・反応に現れている特徴をもとに，欲求・感情・態度などをその深層面までも把握する方法である。

投影法には，視覚的な刺激に対する解釈・反応を求めるロールシャッハ・テスト，TAT（絵画統覚検査），P-F スタディ，言語的刺激を用いる文章完成法（SCT），自由に被検査者に表現させてアセスメントする描画テスト（バウム・テスト，HTP テストなど）がある。

③その他の検査

a）社会測定的技法に関する検査

・ソシオメトリック・テスト，ゲス・フー・テスト（p.83 参照）

b）行動・社会性に関する検査

・新版 S-M 社会生活能力検査：社会生活に必要な基本的生活能力（身辺自立，意志交換，集団参加，自己統制など）の発達程度を測定する検査。

・生徒理解のための多面調査（Multi），生徒理解のための総合調査（STEP）：生徒の日常生活における主体的態度，適応感，悩みの実態などを把握し，指導・援助のあり方を求める調査。

c）親子関係に関する調査
・親子関係診断検査：子どもの個性を理解するうえで重要な手がかりとなる親子関係を診断するとともに，親子の人間関係の改善の手がかりを得る検査。

2 進路指導で用いられるおもな検査

進路指導において利用される心理検査には，**表4-3** のようにさまざまなものがある。以下にそのおもな検査を紹介する。

①適性検査

適性とは，ある職務や学業，芸術活動などでの将来の成功の可能性を予測する手がかりとなる個人の諸特性を意味する。適性検査は，この適性の有無・程度を測定する検査であり，進路指導における生徒理解でよく利用される適性検査には職業適性検査と学業適性検査がある。

職業適性検査には，多様な職業分野の中から適性の高い分野を判定する一般職業適性検査と，特定の職務への適性の有無や程度を測定する特殊職業適性検査がある。前者については，厚生労働省編・一般職業適性検査（GATB）がその代表的な検査である。GATB は制限時間内にできるだけ速く正確に問題を

表4-3　おもに進路指導で用いられる心理検査

テーマ	心 理 検 査 名	発 行 所
適　性	厚生労働省編一般職業適性検査 SG 式一般職業適性検査 SDS キャリア自己診断テスト SG 式進路適性検査 DSCP TK 式キャリアデザイン（高校生用） TK 式 CPSA 進路（適性）自己理解調査	雇用問題研究会 実務教育出版 日本文化科学社 実務教育出版 田研出版 田研出版
興　味	VRT 職業レディネス・テスト SG 式興味検査 VPI 職業興味検査（大学生用）	雇用問題研究会 実務教育出版 日本文化科学社
性　格	YG 性格検査 内田クレペリン精神作業検査 M-G 性格検査 東大式エゴグラム TEG	日本心理テスト研究所 日本精神技術研究所 図書文化社 金子書房

解くことが求められる最大能力検査である。紙筆検査と器具検査で構成され，9種類の適性能が測定される。また，適性能に関する評価に基づいて適性職業群との照合が行われ，種々の職業に関する一般的な能力の側面を把握することができる。後者においては，事務的職業適性検査や機械的職業適性検査がある。

学業適性検査は，上級学校での学習に必要な知的能力等をもっているかどうかを判定する検査と，大学等の多様な学部・学科の中から最も適性の高いものを判定する検査に大別できる。

②進路適性検査

進路適性検査は，能力・適性などの能力的側面と性格・興味，価値観などの非能力的側面の両面から生徒が自己の特徴をとらえ，それと進路（進学・就職）との関連づけを行うことによって，進路や進路選択への関心・意欲を高めたり，望ましい進路の選択決定を行うことを促すために用いられる検査である。そのおもな検査に，次のようなものがある。

a) 職業レディネス・テスト（労働政策研究・研修機構）：中・高校生のための職業レディネスを捉えることを目的として開発された検査であり，職業趣味を測定するA検査，基礎的志向性を測定するB検査，職務遂行の自信度を測定するC検査で構成されている。このうち，A検査とC検査は職業に関連した興味や自信を捉えることから，職業志向性を測定しているとされている。

b) VPI職業興味検査（労働政策研究・研修機構）：大学生・成人を対象に，160個の職業名に対して興味の有無を回答させた結果に基づき，ホランドの職業興味の6領域に対する興味のレベルを測定する検査。

c) 教研式学年別進路適性診断システム（PASカード）（吉田辰雄ほか）：中学生が自己理解情報と進路情報に基づいて進学・就職に関する適性を把握するとともに，教師が進路相談を進めるための基礎資料を得るための検査。

d) SG式進路適性検査（DSCP）（相談と検査の研究会）：高校生対象の進路設計のための情報システムであり，進路意識への啓蒙を行うことを目的とする検査。

e) R-CAP for teen（リクルート）：価値観・興味・志向のデータをデータベース化し，生徒の検査結果とのマッチングを図り，職種と学問の適応度を測定する検査。
f) TK式キャリアデザイン（野々村新）：進路適性，能力（理科的・文科的）を測定し，望ましい進学・就職の選択決定について生徒の自己理解を促すとともに，教師の適切な指導・援助を促すための検査（高校生用）。

[5] 心理検査利用上の留意点

　心理検査は，適正に実施されなくてはならない。検査によっては特別の訓練を必要とするものもある。したがって，教師には，事前準備として実施方法の学習が必要である。実施にあたっても，①あらかじめ児童生徒にその検査の目的を十分に理解させ，検査に臨む態度を整えさせ，かつ，結果の秘密保持について確実な保証を与えておく，②望ましい検査場所を設定する，③疲労の少ない，平静な気持ちで受検できる時期および時間帯を設定する，④受検時の児童生徒の心身の状態を把握し，それを検査結果の解釈の参考とする，などの点に注意する必要がある。

　心理検査は完全でも万能でもない。教師は，検査の結果を過信することなく，観察などの他の方法によって収集された情報・資料と関連づけて，総合的に児童生徒を理解することが肝要である。

COLUMN

進路適性とは

　進路指導において生徒の自己理解や教師の生徒理解を行うにあたり，生徒の進路の選択決定と深いかかわりのある「進路適性」を理解することが重要であるといわれている。このことは，以前の中学校学習指導要領の「学級活動」の指導項目（3）「学業生活の充実，将来の生き方と進路の適切な選択に関すること」に例示されている具体的な指導内容の1つに，"進路適性の吟味"が，および高等学校学習指導要領に"進路適性の理解"が示されていることからもうかがい知ることができる。平成29年改訂の中学校学習指導要領および平成30年改訂の高等学校学習指導要領では「進路適性」の用語は見当たらないが「自己の興味・感心や適性」を把握する必要性が明記されている。つまり，進路適性を吟味・理解することは，生徒が自己を生かし，より適切な進路を選択決定するうえで不可欠のこととされているのである。

　進路適性とは，将来において期待できる可能性としての能力といった，狭義の適性を意味するのではなく，それに加えて，知能や学力を含めた能力的側面と，興味・関心，意欲，性格，職業観，価値観などを含んだ人格的側面からなるものである。

　このような進路適性の理解の深化を図ることは，生徒がより適切な進路を選択決定するうえで欠くことのできないものである。

　そのために，教師は，平素から観察法，調査法，検査法および相談などによって生徒の進路適性を的確に把握・理解するとともに，これらの機会を通じて個々の生徒が自己の進路適性を検討・吟味し，より客観的・現実的な自己理解を図ることができるよう指導・援助する必要がある。

演習問題

❶　生徒指導・進路指導における児童生徒理解の意義と必要性を述べなさい。
❷　自己理解と児童生徒理解の関係について考察しなさい。
❸　心理検査（標準化検査）のもつ意義を述べなさい。

第5章

生徒指導・進路指導・キャリア教育の組織と運営

島袋　恒男

　生徒指導・進路指導・キャリア教育は，学習（教科）指導とならび学校教育の大きな柱である。特に近年，暴力行為，いじめ，不登校などの問題行動の多発傾向や若者の無気力や社会参加できない「ニート」の増加などの問題が指摘されるにつれ，学校教育における生徒指導と進路指導・キャリア教育の理解とその実践が，より重要な教育機能として位置づけられてきている。そして生徒指導・進路指導の目標を設定し，指導計画を立案し，具体的な企画を実践していくには，校務分掌としての組織と運営が明確になっている必要がある。

　本章では，生徒指導・進路指導・キャリア教育の校内組織，その管理運営，年間指導計画等について取り上げ，またそれにかかわる管理職の役割，生徒指導主事・進路指導主事の役割，および学級（ホームルーム）担任の教師の役割等，および，進路指導・キャリア教育における家庭・地域・関係機関との連携・協力の意義について取り上げる。

Ⅰ 生徒指導・進路指導の校内組織

[1] 校務分掌間の連携・協力

　校務分掌とは，学校教育における教育を効果的にあらしめるための教師の役割分担を担う分業体制のことを指している。**表 5-1** は，学校内の校務分掌の組織図の一例を示したものである。特に学習指導のあり方を担う教務部とそれを直接的に支える生徒指導部・進路指導部の役割は重要になる。

　生徒指導部は，学校生徒指導として「一人一人の児童生徒が自己の諸特性を正しく理解し発達上の諸問題を主体的に解決して，現在および将来の生活の中で十分な自己実現ができるように教師が組織的，計画的，継続的に指導・援助する教育活動」という役割のもと，また，進路指導部も「生徒の個人資料，進路情報，啓発的体験および相談を通して，生徒自ら将来の進路の選択・計画をし，就職しまたは進学して，さらにその後の生活によりよく適応し，進歩する能力を伸長するように，教師が組織的，継続的に指導・援助する教育活動」という考え方のもと，多様な役割が求められている。

　生徒指導は，おもに児童生徒の現在の発達上の諸問題の解決に視点が当てられるのに対して，進路指導は，社会・職業に関する理解や体験を通して児童生徒の将来のあり方に焦点を当てている，という点で立場の違いはあるが，両者は児童生徒の将来の自己実現をめざしているという点では，大きな共通の教育目標を共有しているといえる。したがって，生徒指導（部）と進路指導（部）は特に密接な連携・協力が求められ，相互理解と相互協力という有機的な協働が求められる校務分掌といえる。例えば，福岡県立城南高校（2002）のドリカムプランに見られる進路指導は，1年生—進路調査の年，2年生—進路へ向けての行動の年，3年生—進路実現の年，となっているが，そのなかには自己理解，社会性の発達，自己実現という目標の達成も見られ，進路指導・キャリア教育

第 5 章 ■ 生徒指導・進路指導・キャリア教育の組織と運営

表 5-1　校内運営組織の例 （都立 K 高等学校）（吉田，1992 一部修正）

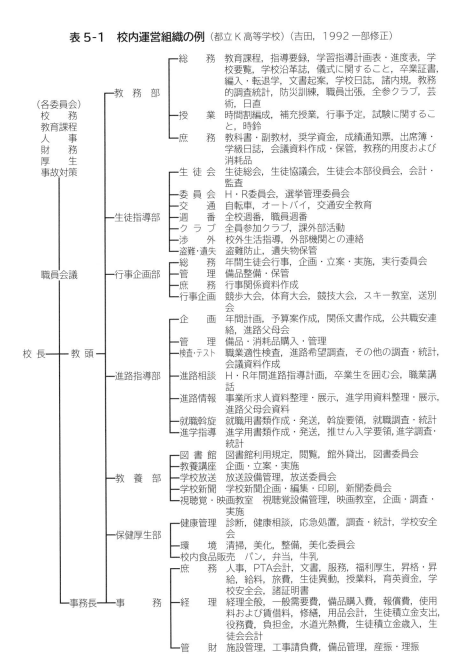

と生徒指導が一体となって生徒が発達していく姿が浮かび上がっている。

　生徒指導部内の教員構成の一例としては，生徒指導主幹，生徒指導係の教師，教育相談担当の教師，各学年の生徒指導担当の教師，特別活動担当の教師等によって構成され，必要に応じて校長・教頭などの監督・指導のもと，進路指導主幹，保健主事，養護教諭，校医，保護者会，スクールカウンセラー等が連携・協力する。生徒指導・進路指導・キャリア教育の目的の達成には,他の部（係）との連携・協力と支えが必要になる。特に，生徒指導部と進路指導部は，学校教育目標を具現化していくカリキュラム作成と学習指導を担う教務部と，健康教育を担う保健厚生部との連携・協力が大切になる。

　生徒指導部・進路指導部と教務部および保健厚生部との連携・協力として，次の事項をあげることができる。

（1）教務部との連携・協力

　①学校の教育目標や年度の重点目標の設定，教育課程の編成など，②時間割や生活時程表の作成，登下校時の設定など，③各種学校行事（PTA行事などを含む）の企画・運営など，④出席簿や指導要録の記入・管理・活用など

（2）保健厚生部との連携・協力

　①個々の児童生徒に関する身体上・健康上の資料の活用など，②健康診断および健康相談の計画・実施など，③清掃，校内美化および安全点検の指導や管理など，④保健室の運営および救護態勢の整備など，⑤購買委員，保健委員および給食委員の指導など，⑥特別活動の指導の内容に関連した各種の指導など

[2] 生徒指導の校内組織とその役割

　生徒指導部の役割は，個々の児童生徒の生徒指導に焦点化する指導というよりは，むしろ学校，学年全体の生徒指導や特別活動等の企画・推進にあたり，学習指導をより効果的なものにしていく点にある。生徒指導の実施に際して，文部科学省（2010）は，「全教職員の共通理解を図り，学校としての協力体制・指導体制を築く」とともに，「家庭や地域社会及び関係機関等との連携・協力

を密にし，児童生徒の健全育成を広い視野から考える開かれた生徒指導の推進を図ることが重要」と提言している。また，文部省（1981）は，生徒指導部のおもな役割として，①生徒指導についての全体計画の作成と運営，②資料や情報，あるいは設備などの整備，③学校内外の生徒の生活規律などに関する指導，④教育相談，家庭訪問，父母面接などを含む直接的指導，⑤学級担任・ホームルーム担任その他の教師への助言，⑥外部諸機関・諸団体・諸学校との連携・協力，⑦生徒の諸活動（特別活動の全般，ボランティア活動など）の指導，をあげている。生活指導の年間計画の作成方法と内容について，樺澤（2004）は，

(1) 前年度の学校評価の中で，生徒指導に関する成果と課題を把握する。
(2) 今年度の指導課題を，学校教育目標の実現と学校の実態との関係で整理する。
(3) 今年度の指導体制をチェックする。

　①基本方針の設定，②組織の確立（スクールカウンセラー等外部からの支援体制も重視する），③生徒指導部会の計画的運営，④指導・生徒の日常的な把握，⑤教科領域等と生徒指導の関係，⑥学校行事と生徒指導の関係，⑦個別指導計画，⑧PTA行事との関連，⑨地域社会における行事（交通安全運動や地域行事）との関連，⑩校外行事，⑪生徒指導の評価

の重要性を指摘している。

効果的な生徒指導を実践していくには，生徒指導部はさらにその組織が細分化されて役割分担を行うのが一般的であり，**図5-1**（p.100）に生徒指導の組織例を示し，そのおもな役割をあげる。

(1) 校内生徒指導係
　　①生徒心得に関する指導，②清掃区域の割り当て，清掃用具の管理，③校内全体の清掃状況の把握・管理
(2) 校外生徒指導係（補導係）
　　①学校内外の補導の企画・運営，②外部諸機関・諸団体との連絡，③非行を起こした生徒の指導
(3) 安全指導係
　　①学校内外の安全指導の企画・指導，②交通安全指導・災害時の指導に関

する年間指導計画の立案・改善
(4) 教育相談係
　①学校相談室の管理・運営，心理検査の実技研修会等の運営，②学級・ホームルーム指導用資料の作成，生徒・父母との面接
(5) 生徒会および学校行事指導係
　①生徒会関係の指導（委員の指導，クラブ・顧問部会の企画，掲示物等PR関係の指導，部室管理の指導），②行事関係の指導（文化祭，体育祭，新入生歓迎行事，送別会等の校内大会，防災訓練，生徒総会等の企画指導）

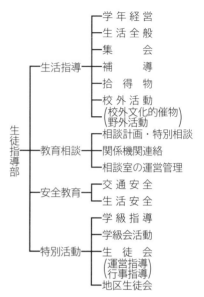

図 5-1　生徒指導の組織と役割
(高野，1991)

[3] 進路指導・キャリア教育の組織構成とその役割

■1 進路指導部の職務

　進路指導は，学校の教育活動全体を通じて，教師が組織的・継続的に指導・援助するという教育活動を企画し・実践するために，学校内には進路指導部が設置されている。その組織・運営の中心的役割は，進路指導主事（主任）が担当している。進路指導部に期待される大きな職務は，

①学校全体の教育目標の達成に向け，校長の監督のもと進路指導計画を立案し，具体的・実践的な進路指導を推進していくこと。

②そのために関係する教職員間（他の校務分掌）との連絡・調整を行い，必要に応じて指導・助言することといわれている。さらに進路指導部の職務として，以下の点があげられる。

③進路指導・キャリア教育において，特に専門的知識や技術を必要とする面（例えば職業適性検査の計画）の担当者となるとともに，学級担任，ホー

ムルーム担任の教員などが行う指導への援助・助言を行う。
④生徒理解への個人資料の収集の企画,整理,解釈,活用の推進者となる。
⑤進路情報の収集,整理,活用の推進者となる。
⑥相談室,資料室等,進路指導・キャリア教育関係の施設・設備の管理や運営に当たるとともに,必要に応じて進路相談係を担当する。
⑦職業安定所(ハローワーク),上級学校,事業所をはじめ関係諸機関との連絡に当たる。

以上を踏まえて,進路指導の特徴を次のように指摘できる。
①進路指導・キャリア教育は,個々の生徒の将来の「生き方」や「人生設計」をめぐる教師の指導である。
②進路指導・キャリア教育は,個々の生徒の職業的発達を促進する教育活動である。
③進路指導・キャリア教育は,個々の生徒の能力・適性等の的確な把握とその伸長を図りつつ進められる教育活動である。
④進路指導・キャリア教育は,学校の教職員間の協力的指導体制によって運営される教育活動である。
⑤進路指導・キャリア教育は,それぞれの学校が生徒の家庭や地域社会および関係諸機関との連携・協力のもとに運営される教育活動である。そしてそのためには,生徒理解への努力,進路情報の提供,啓発的体験の促進,進路相談の促進,就職・進学の援助,追指導の実施,などの具体的な進路教育・学習が学校教育の中で実施されることになる。

なお,進路指導部の組織はさまざまな係によって構成され,分業体制がとられているのが一般的である。**図 5-2**(p.102)はその一例を示している。

2 進路指導・キャリア教育における家庭・地域・関係機関との連携

学校の進路指導・キャリア教育の目標達成は,生徒の進路目標に具体性を与え進路目標に現実感・実感を与えて進路達成・キャリア発達を促進するという意味で,また開かれた学校づくりとの関係で家庭・地域・関係機関との連携・協力が重要になってくる。

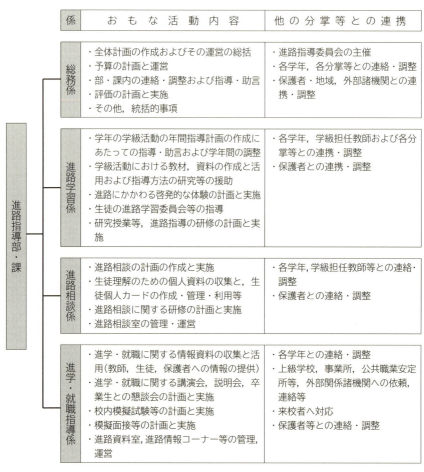

図 5-2　進路指導部・課の組織とその活動内容の例（文部省，1983）

①家庭との連携

　学校教育は家庭教育に支えられていることは多くの人が認めることである。子どもの将来のあり方に対する保護者の考えや態度は，子どものキャリア発達や現在の学習意欲等に大きく影響する。また家庭の理解と協力なくして学校の進路指導・キャリア教育は十分な成果を上げることは難しい。そして学校との連携・協力を通してキャリア教育のあり方や進路情報および子ども理解を深

め，家庭での教育を広げ・深めていくことになる。
　国立教育政策研究所生徒指導研究センター（2011）は進路指導・キャリア教育に関する家庭の役割を発達段階（学校段階）に対応して次のようにまとめている（就学前省略）。
- 小学校──"将来の夢"などについての家庭での会話や家事の手伝いなどを通して，将来の夢や希望を育むとともに，集団生活に参加しようとする意欲・態度を養う（基本的生活環境の確立（早寝，早起き，朝ご飯，挨拶等），家事手伝いなど家庭での役割分担，学校教育への協力・参加）。
- 中学校──家庭での役割と遂行，保護者や身近な大人の職業等の理解を通して社会の一員としての自覚を高めるとともに，将来の生き方や希望を育む（家庭での役割分担，自分自身の生活の管理，職業体験や保護者などの仕事に関する会話，将来設計や進路希望についてのアドバイス，学校教育への協力・参加）。
- 高等学校──社会の一員としての自覚と参加，保護者や身近な大人の生き方（キャリア）の理解を通して，将来の生き方と当面する進路の明確化と実現への努力を援助する（家庭の一員にふさわしい役割の分担・遂行，将来の生き方に関する希望と実現のための家庭生活や進路設計についての話し合いや励まし）。

　家庭との連携・協力の構築には，PTA 研修講座，学校通信の発行による啓発活動，家庭訪問，面談などの方法がある。

②地域との連携

　家庭との連携とともに地域のキャリア教育活動も子どものキャリア発達にとって重要である。地域の生活や職業および地域での人間関係の構築は，将来の産業社会への参加と職業世界の理解への礎として位置づけられる。
　先に同じく国立教育政策研究所生徒指導研究センター（2011）はキャリア教育に関する地域の役割を発達段階ごとにまとめている（就学前省略）。
- 小学校──地域の行事への参加や職場見学など学校を中心とする地域とのかかわりを通して，自分と地域とのつながりついて理解を得させる（まち

探検，自然体験，農業体験，町内会・子ども会活動，地域清掃，環境活動，職場見学受け入れ，職業人の出前講座）。
・中学校——職場体験や地域の行事への参加を通して，地域の一員として自覚を得させるとともに，将来の生き方，進路を考えさせる契機とする（農業体験，ジュニアリーダー活動，地域ボランティア活動，職業人の出前授業，5日間の職業体験受け入れ，マナー講座，大学体験等）。
・高等学校——インターンシップや地域行事への責任ある参加など異年齢の人々との交流や社会参画の機会を通して地域の一員としての自覚を高めさせるとともに，リーダーシップやコミュニケーション能力を養わせる（地域ボランティア活動，職業人の出前授業，キャリア・カウンセリング支援，インターンシップ受け入れ，社会人との意見交換，マネジメント講話，専門学校・大学との連携）。

また地域との連携・協力の構築には，教育委員会やハローワーク，都道府県・市町村の労働関係部局等の支援が必要になる場合が多い。これに関してはキャリア教育コーディネーターを活用する地域・学校もみられる。

③労働関係機関・企業との連携

進路指導・キャリア教育に関係する外部関係機関との連携・協力はほかにも，ハローワーク，事業所（企業），上級学校がある。ハローワークや企業との連携・協力は前述の「②地域との連携」の中にもみられる。職場見学やインターンシップの多くは，学校・教育委員会とハローワーク・企業との連携で実施されることになる。従来学校の進路指導・キャリア教育にとって，ハローワークは主に生徒の就職活動への支援が中心であった。しかし，進路希望者の増加によりその役割が弱くなりつつある。その代わり，学校での職業講話やインターンシップ等のキャリア教育の展開にその役割を移しつつある。また生徒の進路発達の順序性・系統性の理解や発達段階に応じたキャリア教育の構築のためには，校種間の相互理解・連携・協力も大切になる。

II 生徒指導・進路指導・キャリア教育における教師の役割

[1] 校長・教頭の役割

①学校の教育活動を有機的に把握し教育課程の編成に責任を果たす

　学校教育の責任者としての校長・教頭の役割について，学校教育法は，「校（園）長は校務をつかさどり，所属職員を監督する」「教頭は，校長を助け，校務を整理し，及び必要に応じて児童の教育をつかさどる」ことが記されている。

　ここでいう校務とは，学校教育目標の実現に向けての学校運営上の必要な一切の教育活動のことを指している。具体的には，①学校教育の管理，②教職員の管理，③児童生徒の管理，④施設・設備の管理，⑤その他の学校運営の管理，ということになるが，その中心となるのは学校教育課程の編成である。児童生徒の「生きる力」を深く理解し，そのために学習指導と生徒指導・進路指導・キャリア教育を有機的に把握し，教育目標達成に向けての教育課程の編成に責任を果たすことが学校経営者としての校長に第1に求められている。そして教頭はそれを補佐する役割がある。

②リーダーシップを発揮し支援体制づくりをする

　校長・教頭には学習指導への理解・助言とともに，生徒指導・進路指導・キャリア教育に対するより一層のリーダーシップが期待されるようになってきている。有村（2004）は，生徒指導における校長・教頭のリーダーシップと支援体制づくりとして，①教師の資質の向上，②コラボレーション機能の充実，③学校内外のリソース（援助資源）のシステム化，および④スクールカウンセラーや心の相談員の役割や機能についての理解と活用，を具体的に提言している。また，永岡（2001）も学校教育における児童生徒の「やる気」と「思いやり」の心の育成を重視する立場から，校長のリーダーシップとして，①教育目標の達成に向けて教職員の意識を高め，校務処理の組織と機能の改善を図る，

②経営組織条件の合理化や能率化の具体策を進める，③教職員それぞれの専門性と得意性をもとに学校教育の組織体制と管理運営の改善を図っていくこと，を提言している。これらは，特に学習指導と生徒指導・進路指導・キャリア教育の強化に関係する。

[2] 生徒指導主幹の役割

　生徒指導主幹は，中学校，高等学校に配置されており，また，小学校でも生徒指導を担当する主任や係が置かれている場合が多い。学校教育法施行規則（第52条の2）には，「①中学校には，生徒指導主事を置くものとする。②生徒指導主事は，教諭をもって，これに充てる。③生徒指導主事は，校長の監督を受け，生徒指導に関する事項をつかさどり，当該事項について連絡調整及び指導，助言に当たる」と規定されており，生徒指導部の中心的役割を担う（図5-3）。
　有村（2004）は，生徒指導主幹の職務上の役割と資質を，次のようにまとめている。

1 生徒指導主幹の職務上の役割

①校務分掌上の生徒指導の組織の中心として位置づけられ，学校における生徒指導を組織的，計画的に運営していく責任をもつこと。
②学校における生徒指導を計画的かつ継続的に運営するため，分担する校務に関する全校の教師間の連絡調整に当たること。
③学校における生徒指導の，特に専門的な技術や知識を必要とする面の担当者となるとともに，生徒指導部の構成部員や学級担任の教師，その他の関係組織の教師に対して助言を行うこと。
④必要に応じて，児童生徒や家庭，関係機関などに直接働きかけ，問題解決に当たる役割を果たすこと。
⑤地区の生徒指導主幹の連絡協議会などに積極的に参加し，そこで得た情報を学校の教師に伝え，生徒指導の効果を上げること。

2 生徒指導主幹の専門的な資質

①生徒指導の意義や課題を十分に理解しているとともに，他の教師からはも

ちろん，児童生徒からも信頼される人間性をもっていること。
②学校教育全般を見通す視野や識見をもち，生徒指導に必要な知識や技能を身につけているとともに，向上をめざす努力と研鑽を怠らないこと。
③生徒指導上必要な資料の提示や情報の交換によって，全教師の意識を高め，共通理解を図り，全教師が意欲的に取組みに向かうようにする指導性をもっていること。
④学校や地域の実態を理解し，それに即した指導計画を立て，実際の指導にあたって創意工夫を働かせ，よりすぐれた展開ができること。
⑤児童生徒を取り巻く最近の社会環境は激しく流動し，現代の青少年の心理も大きく揺れ動いていることを的確に把握し，それを指導に生かしていく態度をもっていること。

[3] 進路指導主幹の役割

　進路指導主幹とは，校長の監督を受け，学校の進路指導に関する企画・立案（指導法，教育相談，情報の収集・整理）を行い，当該事項について関係職員との連絡・調整および指導・助言を実施するものである。進路指導主事は，1972年学校教育法施行規則（第52条の3）の改定により，従来の職業指導主事が進路指導主事と変更され，「①中学校には進路指導主事を置くものとする。②進路指導主事は，教諭をもって，これにあてる。校長の監督を受け，生徒の職業選択の指導その他の進路の指導に関する事項をつかさどり，当該事項について連絡調整及び指導，助言に当たる」ことが規定された。現在は進路指導主幹と称され，進路指導部の中心的役割を果たすことになる（図5-4）。
　進路指導主幹の具体的な職務は，次のように理解されている。
①校長の学校経営方針の進路指導に関する事項について校長を補佐する。
②学校における進路指導・キャリア教育を組織的，計画的，継続的に運営していく組織者である。
③分掌間や関係職員間の連絡調整を行う。
④必要に応じて，関係職員に対して指導・助言を行う。

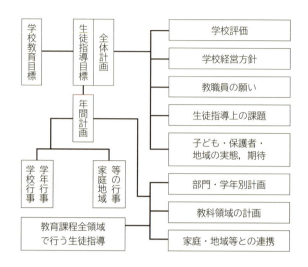

図 5-3　生徒指導の年間計画の例

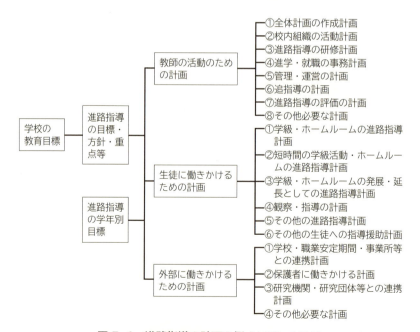

図 5-4　進路指導の計画の例（文部省，1983）

⑤生徒理解のための情報収集の企画,整理,解釈,活用を行う責任者である。
⑥進路情報の収集,整理,活用を行う責任者である。
⑦進路指導室等の施設,設備の管理,運営に当たる。
⑧公共職業安定所（ハローワーク），上級学校,事業所等,学外関係諸機関との連絡・調整に当たる。

[4] 学級（ホームルーム）担任教師の役割

1 学級（ホームルーム）担任教師の役割

　通常は学級（ホームルーム）活動や特別活動を通して,学校全体の生徒指導・進路指導・キャリア教育の目的・方針をしっかり受け止め，そのもとで生徒指導主幹・進路指導主幹の指導・助言を受けて,指導に当たる。つまり,学級（ホームルーム）担任は，学校全体の生徒指導・進路指導を具体的・個別的な形での整理や統合を行い，さらに深化させていくことが求められている。また必要に応じて，学級担任は，スクールカウンセラーや教育相談員との連携・協力が必要になる。学級（ホームルーム）活動における生徒指導・進路指導・キャリア教育のあり方については，中学校学習指導要領および高等学校指導要領に記されている（pp.224-235参照）。

　従来,生徒指導は問題行動が発生したときの事後指導のイメージが強かった。しかし，生徒指導は児童生徒の主体的な「生きる力」を育てていくという，積極的な意義が強調されるようになり，個の成長やあり方を尊重する姿勢が重視されるようになってきた。北村（2001）は，学級経営における生徒指導の形として，担任教師による「生徒指導」と「学習指導」の関係の有機的結合の必要性を特に強調し，**図5-5**（p.110）に示すように，生徒指導と学習指導との関係の2つのあり方を提案している。並列型は，学習指導の過程に生徒指導が組み込まれる場合であり，基盤型は生徒指導を基盤として学習指導が成立するというとらえ方である。そして，生徒指導と学習指導の関係を明確にすることによって，児童生徒に「自己決定と安定感」を学級の中で育成し，個々の児童生徒の自己指導力を育てることができると説明している。そのためには児童生徒

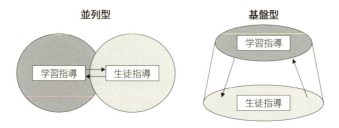

図 5-5　生徒指導と学習指導との関係 (北村, 2001)

と教師の「共感的理解」が重要な役割を果たすと考えられている。

2 学級（ホームルーム）担任教師に求められる資質・能力

　生徒指導・進路指導・キャリア教育に当たる教師の資質として，菊池（2000）は，「今日を生きる充実感」と「明日への期待，将来への夢」をもち合わせていない現代の子どもに対処するために，「学習意欲」と「社会性」の育成を図る教師の生徒指導力として，次のように整理している。

　①ありのままの子どもの姿を認め，生徒の声に耳を傾ける教師。

　②どんな子どもでも「その子のよさ」を認め，自己実現の道筋を具体的に支援できる教師。

　③常に生徒に寄り添い，授業や諸活動に生徒とともに行動する教師。

　④生徒や保護者，同僚にも自分を開き，共に理想に向かう教師。

　⑤個や集団の「荒れを予測」し，適切な対応を講じる教師。

　⑥校内研修に積極的に参加し，共通理解・共通行動に基づいて実践する教師。

　また，進路指導における学級担任・ホームルーム担任の役割として，次のように教師のあり方をあげることができる。

　①生徒に直接的に働きかける立場を自覚し，それに取り組む姿勢を確立する。

　②学級・ホームルーム経営に進路指導の目標・方針などの具体策を明記し，その具現化に努める。

　③学級・ホームルーム活動における進路指導や進路相談を充実する。

　④平素から生徒理解や生徒の自己理解が十分行われるようにする。

　⑤進学・就職などへの援助を適切に進める。

⑥家庭（保護者）との連携を十分に図る。
⑦進路指導主事や学年担任との密接な連携が図れるようにする。

[5] スクールカウンセラー，キャリア・カウンセラーの役割

1 スクールカウンセラーの役割

　児童生徒への個別の生徒指導や進路指導の実践には，学級担任・ホームルーム担任の役割が重要であるが，問題によっては担任の力量を超える場合も少なからずある。その場合は，より「心や発達の専門家」であるスクールカウンセラー（教育相談員）との連携・協力を通して問題解決を図る必要性が出てくる。
　心理教育援助サービスモデルとして，日本教育心理学会（1996）は，学校でのカウンセリングを，次のように分類している。

①1次的教育援助：すべての子どもを対象として，多くの子どもが直面しそうな課題を予測して行う「予防的援助」と，子どもの一般的な適応能力開発をサポートする「発達促進的援助」。
②2次的教育援助：学習・発達面，人格・社会面，進路面などで問題をもち始めた子どもや，問題をもちそうな子どもへの援助。
③3次的教育援助：重大な問題を抱えた特定の子どもが，自身の問題に対処し学校生活に適応できるよう援助すること。

　一般的にはスクールカウンセラー（教育相談員）は，おもに治療的カウンセリングとしての3次的援助の実践が期待されているが，必要に応じて予防的カウンセリングとしての2次的援助や，開発的カウンセリングとしての1次的援助にもかかわることが期待されている。もとより「スクールカウンセラー」制度は，いじめや不登校の増加に見られる「心の発達」の問題の顕在化とその解決に向けてスタートした。学校における「スクールカウンセラー活用事業」は平成7年にスタートし，平成13（2001）年度から制度化されたという経緯がある。その効果的な活用として，樺澤（2004）は活用内容と活用方法を，次のように整理している。

●活用内容　①児童生徒，保護者へのカウンセリング，②教師へのコンサル

テーション（児童生徒のケース中心），③教育プログラムの策定（講演会，研修会，授業研修会等），④危機管理（自殺企図，非行，暴力，家出等危機介入や予防），⑤システム構築（校内体制づくり，問題解決プロジェクト等）

●活用方法

①組織的活動：スクールカウンセラー事業として，基本的に校長の指揮監督のもと，校内では生徒指導部と連携し協議会に参加し，その企画，運営等に協力する。個別指導では，教育相談係と連絡をとり，教育相談室等の運営にスクールカウンセラーとして支援する。

②コンサルテーション：教師の抱える児童生徒の問題に効果的に解決できるよう専門的な援助を行う。これらのコンサルテーションを通して，教師の専門性を支援し，教師の実践的指導力を高めていく。

③教育プログラムシステム構築：指導に直接かかわる教師の指導力や指導体制の充実を図るために学校教育へのコンサルテーションを行う。

2 キャリア・カウンセラーの役割

スクールカウンセラーは，おもに臨床心理士や精神科医等が担い，その職務の内容もおもに生徒指導に関係している。スクールカウンセラーがキャリア・カウンセリング（進路相談）を担当する場合もあるが，多くの場合，進路指導部の進路相談係，担任教師がキャリア・カウンセリングに当たる場合が多い。時に進路指導の専門家，キャリア・カウンセラー（日本キャリア教育学会資格）の指導・助言を求めていくことになる。生徒の進路達成に向けての自己概念，職業観，進路設計などの自己実現の領域がキャリア・カウンセリングの対象領域となる。

本間（2001）は，生徒の主体的な進路選択の能力を育てる担任教師のキャリア・カウンセリングのあり方を次のように整理している。

①学校生活に適応できるように援助する。②学習活動や進路学習，進路の選択決定への動機づけを高める。③将来の進路目標を明確にし，具体化していく。④心理検査や学力検査などの自己情報を整理させ，適切な自己理解の深化を図る。⑤進路希望と現実との調和の仕方を学ばせる。⑥進路情報の収集の仕方や

活用について援助するとともに，適切な進路情報を提供する。⑦職業や職業生活についての正しい理解と望ましい職業観，職業観の形成について援助する。⑧進路計画の立て方やその実現のための方法を身につけさせる。⑨進路を達成するための障害となっている問題に気づかせ，解決に向けて援助する。⑩進路先への適応に関する問題に気づかせ，対処できるように援助する。

COLUMN

生徒指導・進路指導と心の発達

　生徒指導は児童生徒の「社会性」の育成，進路指導は「目的意識」の育成に焦点を当てている。では，生徒指導・進路指導は，具体的に心の発達とどのようにつながっているだろうか。

　かつてシュプランガー，E. は青年期の価値観の発達により「生の形式」が確立され社会参加が可能になることを説いた。価値観は青年の社会参加を方向づけるが，それは①利（利益）を重視する経済的人間，②真（真理）を重視する理論的人間，③力（権力）を重視する権力的人間，④愛を重視する社会的人間，⑤美を重視する美的人間，⑥善を重視する宗教的人間，に分類された。

　ところで，『価値意識の理論』（1966）を著した見田は，上記の価値観を人の意識の世界（心）を組み立てる2つの軸（次元：心理学的特性）によって成立することを示した。**図**(p.114)はそれを表し2つの次元の組み合わせで，人の重視する価値観に違いのあることがわかる。2つの軸の1つは，時間的パースペクティブ（将来展望）であり，その発達によって人は自分の将来のあり方を意識し，現在のあり方を考え，欲求や目的を満足させていく。他の1つは社会的パースペクティブとよばれ，他者や社会との関係で自己のあり方を考え欲求や目的の満足を図る。この時間的パースペクティブと社会的パースペクティブの発達により，より多くの価値観を吟味できるようになり，選択肢（生の形式）も広がっていく。それが「豊かな心」の一例である。反対にそれらが育たず，現在中心・自己本位の心になると「苦を避け快のみ」を求める刹那主義が顕著になるという。自己中心性・心が育たないとはその状態を指している。生徒指導における「社会性」の重視，進路指導における「目的意識」の重視とは，児童生徒の社会的パースペクティブと時間的パースペクティブを発達させることに関係しており，たくましく「生きる力」とは，この2つの心理学的特性を育て，価値観（心）を育成することにつながっている。

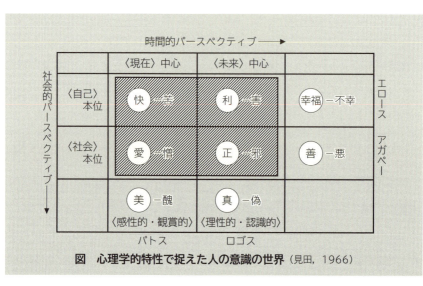

図　心理学的特性で捉えた人の意識の世界（見田，1966）

演習問題

❶　生徒指導と進路指導・キャリア教育に共通する教育目標を整理し，まとめなさい。

❷　あなたが在学中，体験した学校全体での生徒指導・進路指導・キャリア教育の例を思い出し，まとめなさい。

❸　あなたが在学中，特に感銘を受けた生徒指導・進路指導・キャリア教育の特徴を思い出し整理し，まとめなさい。

第6章

教育相談・進路相談の方法・技術

篠﨑 信之

　生徒指導は対象となる児童生徒の規模により，集団指導と個別指導に分けられる。本章で扱う相談活動は，おもに個別指導の代表である。最初に，相談の意義と必要性について述べる。次に，教育相談を取り上げる。まず，その定義，外部機関における相談活動と比較した場合の特徴，目的について検討する。そして，相談の機会を4つに分けて，その特徴について取り上げる。また，1回の面接の展開と注意点についてまとめる。最後に教育相談を踏まえたうえで，進路に特化した相談である進路相談（キャリア・カウンセリング）について，その定義，位置づけ，目的を確認し，計画についてふれながら，実際の活動における注意点を指摘する。

I 相談の意義と必要性

　生徒指導は，対象となる児童生徒の規模により集団指導（一斉指導）と個別指導に分けられるが，本章で扱う2つの相談活動は，個別指導に該当するものである。なお，個別指導というと，1対1の指導というイメージが浮かびやすいが，必ずしもそうとは限らず，小集団に対してなされる活動も含まれる。

　教師をはじめとする学校内スタッフは多忙である。効率性を考えると，個別の相談活動よりも集団指導が優れているのは当然である。それでは，なぜ相談活動が必要なのだろうか。以下の4点にまとめてみた。

　第1に，相談活動は，生徒指導がめざす児童生徒の自己指導能力の育成に大いに寄与するからである。自己指導能力とは，自己受容・自己理解および，それらを基盤にした目標の確立・遂行などの能力のことである（文部省，1988）。その育成のためには，自己存在感（自分はかけがえのない存在であるという感覚）や，共感的な人間関係を体験することが大切である。（同上）。児童生徒の感覚としては，多数の中に埋没しがちな集団指導と較べると，1対1の，あるいは小集団での相談活動は，この2つの体験を得るよい機会になる。

　第2に，児童生徒の問題・性格・能力・家庭背景を含めた環境などは，一人一人大いに異なっているという事実も見逃せないことである。相談活動によって，それぞれの条件に適したきめ細やかな指導・援助をすることが期待できる。

　第3に，児童生徒理解に大いに役立つということである。普段の児童生徒の行動観察や，心理検査結果も大切だが，個々の児童生徒とやりとりをしながら得ていく情報はそれらを補う貴重なものとなる。特に，表現力に乏しい児童生徒の話や，ただでさえ言語化しづらい内面の問題について，せかすことなくじっくりと理解していくことは大切であろう。このことは，なんらかの指導をした後に，個々の児童生徒がそれをどのように受け止めたか，変わったかを確認す

る際にもあてはまる。この場合，児童生徒自身の声で指導・援助のフィードバックを得られるということになる。

最後に，相談活動は集団指導と較べるとプライバシーを保護しやすい，ということがあげられる。一般的に，悩み事は人前ではおおっぴらにしたくないものである。プライバシーが保護されているという安心感が得られると，児童生徒は悩みを口にしやすくなり，それだけである程度救われるだろうし，具体的解決策も見いだしていきやすくなる。

教育相談の特徴

[1] 教育相談の定義

教育相談の定義としては，『中学校学習指導要領解説（特別活動編）』（文部科学省，2008）にある次のものが知られている。

> 教育相談は，一人一人の生徒の教育上の問題について，本人又はその親などに，その望ましい在り方を助言することである。その方法としては，1対1の相談活動に限定することなく，すべての教師が生徒に接するあらゆる機会をとらえ，あらゆる教育活動の実践の中に生かし，教育的配慮をすることが大切である。

このような活動が行われうる場としては，学校のほか，教育相談センター，児童相談所，精神福祉保健センター，医療機関，少年センターなど，教育・福祉・医療・警察関連にわたり，さまざまな機関がある（以下「外部機関」と総称する）。本章では，学校で行われる教育相談に限定して話を進めたい。

[2] 学校での教育相談と外部機関における教育相談の違い

さきに教育相談は，学校だけではなく，外部機関でもなされうるとした。お

もに『生徒指導の手引』(文部省,1981)を参考に,以下に外部機関における教育相談と比較した場合の学校での教育相談の特徴をあげたい。

　第1に,学校では外部機関と違い,教育相談だけが本来の目的ではないということである。このことは,学校関係者は自らが取り扱える限界を知り,必要であれば外部機関との連携をとっていく必要があることに通じる。

　第2に,児童生徒が来るのを待つしかない外部機関とは異なり,学校では積極的に児童生徒に働きかけることが可能である。後述の教育相談の目的の見地からすると,予防的・開発的教育相談は外部機関では非常に困難だが,学校ではそうではないということになる。

　第3に,教育相談の担当者と児童生徒の間にある程度の人間関係がすでにできているということも,学校ならではの特徴である。担当者,児童生徒の両方についていえることだが,お互いに相手の情報をある程度知っているということである。このような利点と同時に,「先生に問題があることを知られたら内申書に悪く書かれるかもしれない」というような不安を児童生徒がもつ可能性があることも理解しておきたい。

　第4の特徴としては,教育相談の対象となる児童生徒だけではなく,ほかの児童生徒の存在(あるいはほかの児童生徒への影響)も考慮しなければならないということである。例えば,不登校の児童生徒に対して,まずはその児童生徒が出席しやすい学校行事や授業科目への出席を認めた場合,ほかの児童生徒が不満を抱くおそれがある。また,いじめの場合,いじめる児童生徒といじめられる児童生徒が同一環境にいることになる点に注意しなければならない。

　一人の児童生徒に複数の人間が,さまざまな機会でかかわれるのも,学校ならではの特徴である。例えば,担任がある児童生徒の主たる相談相手だとしても,ほかのスタッフも十分に児童生徒の成長に貢献することができる。担任以外の教師は,その児童生徒の授業中の様子を注意深く観察することだろう。養護教諭やスクールカウンセラーが,共感的に接するということもあるだろう。このような活動には,相互の信頼関係に基づいた担当者間の情報共有や連携が不可欠である。言い換えると,関係者がチームとして援助することが求められ

る。このようなチームとしての取り組みは，近年ますます重視されている。たとえば，教育相談等に関する調査研究協力者会議（2017）は，気になる児童生徒の事例を早期から組織として洗い出して検討するためのスクリーニング会議を定期的に実施することを提言している。そして，解決すべき問題のある事例については，支援・対応策を検討するためのケース会議の実施を求めている。

　複数の人間が関与しうるということは，児童生徒の側から見てみると，それぞれ立場・個性が違ったスタッフの中から相談相手を選ぶことができるということになる。例えば，異性の担任に言いづらいことは，同性のスタッフに相談するということもあるだろう。このようなことは，相談担当者の数が限られる外部機関ではなかなか望めないことである。

　最後に，学校は，必要がある場合，家庭や外部機関への連絡・協力要請を行いやすい立場にある，ということも特徴としてあげられる。

[3] 教育相談の目的

　次に，教育相談がめざす目的，ないし機能について取り上げる。これらは，①治療目的（治療的機能），②予防目的（予防的機能），③開発目的（開発的機能）に分けられることが多い。

①治療目的――現在何らかの問題をもつ児童生徒に対して，児童生徒が問題解決を行うのを援助するためということである。問題の中には，いじめに代表される対人関係の問題，不登校，校内暴力，精神障害などさまざまなものがある。問題によっては，さきに述べた外部機関に児童生徒を紹介しなければならない場合もある。その場合でも，「外部機関に任せたからよし」とするのではなく，外部機関と連携をとる必要がある。また，児童生徒および保護者に対しては，学校側としても配慮している姿勢を示し，決して「学校から見捨てられた」という思いを抱かせないことが大切である。

②予防目的――児童生徒に問題が生じないように予防する（あるいは，問題が大きくならないうちに児童生徒が問題解決するのを援助する）ということである。例えば，登校を渋り始めたり，学習意欲をなくしてきた児童生徒

に対して介入するというものである。この目的を達成するためには，児童生徒がそれまでと違った様子を見せていないか観察する力が求められる。

③開発目的──児童生徒の個性・長所の伸長を積極的に援助するということである。ここでは，児童生徒が苦しんでいる問題の解決を援助するというのではなく，児童生徒の発達を促進することがめざされる。例えば，児童生徒がより自分に適した進路を見いだす援助をする，より適切な自己主張の仕方を身につける援助をする，といったことが具体的活動になるだろう。

便宜上，教育相談の目的を3つに分けたが，実際問題として，この三者ははっきりと区別できないこともあるし，相互に影響を与え合っているものでもある。例えば，開発的教育相談によって自分のやりたいことがしっかりと自覚できた児童生徒は，非行などの問題を起こすことは考えにくい。この意味では，開発目的は予防目的と重複しているといえる。

3つの区別が明確ではないからといって，区別をつける意味がまったくないわけではない。最大の意味は，教育相談イコール治療目的を担うもの，という思い込みをなくすことであろう。

[4] 教育相談の方法・技術

教育相談を実践するにあたっての，個々のカウンセリング理論・技法については，第2章にゆずる。ここでは実際に児童生徒に接する機会と，その代表的なものとして，教育相談室における活動について述べたい。

■1 教育相談の機会

教育相談は，「『いつでも，どこでも，だれでも』の考え方が基本であり，教育相談を進める場も，それを選ばないのが原則」（文部省，1990）ではあるが，その機会は大きく次の4つに分けられている。

①チャンス相談

「偶然の機会をとらえての相談」または「チャンス相談」とよばれるものがある。文字どおり，廊下ですれ違った際や児童生徒がたまたま職員室に来たときなど，偶然児童生徒と出会った機会をとらえて話をすることである。前記の

3つの目的を念頭に置くと，すべての児童生徒に対してさまざまな「声かけ」がありうることがわかるだろう。それは，暗い表情をしている児童生徒に状態をたずねる語りかけかもしれないし（治療あるいは予防目的），部活動を熱心に行っている生徒に対する励まし（開発目的）かもしれない。

　チャンス相談は，以下の3つの相談と違ってあらかじめ相談に適した状況が用意されたうえでの相談ではない。つまり，個室などプライバシーが保護される環境で，椅子に座りながらゆったりと行われるものとは限らない。したがって，プライバシーの保護が必要となる話題の場合（特にほかの児童生徒が周囲にいる場合），話が短時間で済みそうにない場合などは，別の相談の機会をあらためて設定したほうがよい。チャンス相談はごくさりげない活動であるが，相談の機会の中で最も頻繁に生じるものであり，軽視できない。また，チャンス相談で話しかけられた児童生徒にとっては，自己存在感や，教師に対する親しみや信頼を感じる機会として貴重なものである。

②呼び出し相談

　呼び出し相談とは，偶然の機会を利用するチャンス相談と異なり，意図的に特定の児童生徒を呼び出して面接する場合のことである。「問題を起こした児童生徒を呼び出す」というような，治療・矯正的イメージをもっている人が多いかもしれないが，気がかりな児童生徒を呼び出すというような予防目的，進路に関する情報を個別に提供するというような開発目的でなされることもある。

　呼び出し相談の場合，児童生徒側に主導権がないため，児童生徒に緊張感・嫌悪感をもたらす危険性がある。そこで，呼び出し方にも十分な配慮が必要となる。具体的には，①面接の目的，②面接日時，③面接場所，④大まかな所要時間などについて，あらかじめ伝えておくとよい。面接日時については，一方的に伝えるのではなく，児童生徒の都合を聞いて調整する。こうした伝達について，ほかの児童生徒を介したり，ほかの児童生徒がいる前で行うのは，当の児童生徒がからかわれたり，噂になる可能性があるので，避けなければならない。また，呼び出しに応じて児童生徒が面接に来たとき，いきなり本題に入るのではなく，まずは来てくれたことをねぎらうような配慮が欲しい。

③定期相談

定期相談とは,児童生徒全員に対して定期的に行う面接のことである。担任教師が受け持ちの児童生徒一人一人に対して,各学期に1回程度実施するのが通例とされる。「教育相談週間」などと称して,年間計画に組み入れている学校も多い。事前準備として,あらかじめ児童生徒にアンケートをしておき,児童生徒の関心事や気がかりなことなどを把握する工夫もできる。

定期相談は,ある意味,強制的に面接を受けることを児童生徒に要求するものである。しかし,それは悪い意味だけをもっているわけではなく,「だれかに相談したいが,自分から求めるのには抵抗がある」というような迷いがある児童生徒にとっては,絶好のチャンスとなる可能性がある。その結果,問題が大きくならないうちに予防できることもあるだろう。だからといって,「問題をほじくり出す」という態度で定期相談を行う必要はなく,現在できているところを誉める,今後の目標を考えさせるといった,開発的意味合いで行うだけで十分である。そのようにして児童生徒との間に信頼関係をつくることが,次の自発相談のように児童生徒が必要に応じて相談を求めてくることの土台づくりとなる。定期相談は,制度的には機械的かもしれないが,決して気を抜くことができないものであるといえるだろう。

④自発相談

自発相談とは,児童生徒が自発的に求めてきた場合の面接のことである。相談の申し込みは,申し込み票を教育相談室の前などに置かれた箱の中に入れることでなされるかもしれないし,チャンス相談の際に口頭でなされるかもしれない。ほかに,児童生徒が担任教師に電話をかけてくるなど,いろいろな可能性が考えられる。児童生徒が相談を求める相手は,担任の教師かもしれないし,部活動の顧問,養護教諭,スクールカウンセラーなど,さまざまに考えられる。さきに外部機関との比較のところで述べたように,児童生徒が相談相手を選べるのが,学校ならではのよさである。

一般に,相談をもちかける相手に対して,児童生徒はある程度の信頼を寄せていると思われるが,切羽詰まって相手を選ぶ余裕がない場合も考えられる。

また，他愛のない悩みを打ち明け，相手の出方を待ってからほんとうの悩みを語ることもある。したがって，相談を受ける側としては，細心の注意を払う必要がある。時間が十分とれない場合には，無理に決着をつけようとせず，別の機会を設けるなどして相談を継続させるのがよい。

　文部科学省の資料（文部省，1990；文部科学省，2010）に従い，教育相談の機会を4つに分けて解説してきた。いずれも，児童生徒にとっては学校生活の大部分を占める授業時間外の活動である。しかし，授業時間も，教育相談を支える重要な時間である。児童生徒は授業時間中の教師の言動からその人間性を判断することが多いし，教師の側からすると，授業中に個々の児童生徒と濃密にかかわるのは確かにむずかしいが，**表6-1**（p.124）のようにすると，教育相談の姿勢を生かすことができる（東京都教育相談センター，2004）。

2 教育相談室における相談活動

　ここでは，前述のどの機会であるかはこだわらず，教育相談室における教師と児童生徒の1対1の相談活動の大枠について，時間の経過順にまとめたい。

　相談を始めるにあたって，まずは児童生徒が教師に信頼感・安心感をもっていることが重要である。授業中やチャンス相談での交流など，普段の人間関係でそのベースをつくっておくことが大切である。さらに，相談開始時のちょっとした気遣いで，信頼感・安心感を一層深めさせることができる。

　まず，両者の座る位置はどうだろうか。基本的には真正面で向き合うのは気詰まりになるので避けたほうがよい。斜めに座ったり，90度の角度で座ると，圧迫感が減ってくる。相談をする前に，児童生徒の気持ちになったつもりで，児童生徒が座ることになる椅子に座ってみるとよい。距離が近すぎないかとか，視線の先に目障りなポスターが見えないかなどをチェックするのである。

　相談に臨む児童生徒の態度はどのようなものだろうか。この検討には，カウンセリングの一種である解決志向ブリーフセラピーの考え方が役に立つ（詳しくは森，2000；森・黒沢，2002など）。解決志向ブリーフセラピーでは，カウンセリングを受けに来るクライエントを，①カスタマー（customer），②コンプレイナント（complainant），③ビジター（visitor）と分けて考える。カスタ

表 6-1　教育相談の姿勢を生かした授業の視点リスト (東京都教育相談センター, 2004 より抜粋)

展開	教師の言動	具体例
授業前	授業改善の意欲をもつ	一人一人の子どもの声を授業改善に生かす。
	一人一人を思い浮かべて指導案をつくる	一人一人の活躍する姿をイメージして。
開始時	一人一人を観察する	一人一人と目を合わせながら，正確な名前を呼ぶ。
	適切な授業開始の場をつくる	始鈴と同時に子どもの気持ちの切り換えを促す。
授業時	授業への興味・関心を高める	子どもが注目しているかを確認する。
	子どもに合った説明をする	子どもが興味・関心のある事柄を取り上げて説明する。
	一人一人に応じた発問をする	子どもの反応を取り上げた発問をする。
	一人一人が生きる指名をする	だれもが活躍できる工夫をする。
	子どもの発言を十分に聴く	発言は最後まで熱心に聴く。
	子どもの発言をつなげる	他の人の意見を聞いて，考えを深めさせる。
	子どもの質問に正対する	その場で応じきれない質問は，「はぐらかさない」「一緒に調べる」。
	一人一人に応じた机間指導をする	励まし，達成感をもたせる。
	向上心を高めるために発言や作品をほめる	一人一人のよいところを取り上げ，努力点や長所をほめる。
	子どもの立場に立った板書をする	子どもの発言を生かして板書をする。
	心を込めて答案や作品を扱う	作品の扱い……細心の注意を払って，大切に。
	子どもたちのために叱る	罰を与えるのではなく，なぜ叱られたかを考えさせ責任をとらせる。
	学習の意欲を高める評価をする	よくなった点を評価する。(個人内評価)
終了時	子どもの視点で授業を振り返る	学習した内容を自己評価させる。
	授業時間を厳守する	時間を守る大切さを教える。
授業後	個別のフォローをする	わからなかった子や，作業が終わらなかった子に時間を与える。
	次回に生きる指導記録の作成	他の教師と情報交換し，次の授業に役立つ内容を書き留めておく。
授業形態	一人一人が達成感をもつ習熟度別授業を展開する	一人一人に応じた指導をし，わかる喜びをもたせる。
	充実感が得られる体験的な学習を展開する	一人一人の子どもが，大人からほめられる（感謝される）場を設定する。

マーは，問題を認識しており，自分が変わる必要があると思っているタイプである。相談への動機づけが最も高い。コンプレイナントは，問題があるのはわかっているが，変わる必要があるのは自分ではなく他人だと思っている。「部内がまとまらないのは後輩の態度のせいだ」と不満を述べる上級生はこのタイプである。ビジターとは，問題意識がなく，ほかの人から言われたので仕方がなく相談に来ているタイプである。三者の中で最も相談に対する動機づけが低い。

それぞれに対して適切なコンプリメント（compliment：ねぎらい，賞賛）を与えると，安心感や相談への動機づけを高めることができる。なお，ここでは児童生徒との相談について書いているが，「自分の子どものことで学校に呼び出されて仕方がなく来た」（ビジター・タイプ）というような保護者に面接する際にも有効であることはいうまでもない。

児童生徒が安心して話せるようになるには，プライバシーの保護（いわゆる守秘義務）について説明しておくとよいだろう。ただし，実際問題として，相談に当たった教師が完全に守秘義務を遵守するのはむずかしい場合や，そうしてしまうと児童生徒への援助が不十分になってしまう場合がある。さきに述べたように，教育相談はチームとして動くことがありうるからである。チームの中では，ある程度，児童生徒に関する情報を共有することが求められる。

こうした学校での状況を鑑みて，従来の守秘義務（「個人内守秘義務」）に対し，「集団守秘義務」（あるいは「チーム内守秘義務」）という考え方が注目されている。すなわち，「援助チームの中では，必要と判断した情報交換はしっかり行い，共有した情報はチーム内で秘密を守る」（長谷川, 2001）ということである。チーム内で情報を共有する場合は，この集団守秘義務の考え方について児童生徒に説明し，了承を得ておくのが望ましい。

さて，実際に相談活動が行われている際には，まさに児童生徒一人一人の事情に合わせて，種々のカウンセリング法が用いられることになる（第2章参照）。いずれの方法を使うにしろ警戒をしておきたいのは，問題解決をあせるあまり，一方的な指導になっていないかということである。前記のように，1回の相談

で無理に問題解決を図るのではなく、相談の継続も念頭に置かねばならない。「少なくとも相談活動はマイナスではない」ということが伝えられただけでよしとするべきだろう。たとえ問題が解決しなくても、「相談できた（話を聴いてもらった）」「自分に向き合えた」「教師（大人）も捨てたものではないと思った」ということだけで大きな進歩という児童生徒もいるものである。

相談のあとは、なるべく早いうちに記録をとるのがよい。相談中は可能なかぎり避けたいが、どうしてもというときは「君と話したことを正確に覚えておきたいから、メモをとらせてほしい」などと許可をとり、ごく簡単に書く。記録については、①事実と自分の主観的感想・解釈がわかるように書く（例えば児童生徒の生の言葉には「　」をつけるなど）、②特に重要な事項には下線を引くなどの工夫をする、ことが大切である。場合によっては、他のスタッフ（教育相談係、養護教諭、スクールカウンセラーなど）に次回以降の相談担当を代わってもらったり、助言を求めることもあるだろう。

III 進路相談の特徴

[1] 進路相談の定義

進路相談は、次のように定義されている。

　進路相談は、生徒一人一人を対象として、個別相談やグループ相談を通して進路への関心を高め、自己及び現実理解の深化や自己及び現実受容を促し、人生設計やそれに伴う進路選択の能力を伸長して、将来の生活における適応と自己実現がより確実に達成できるように、問題解決能力及び自己指導能力の発達を促すための援助活動である。（文部省, 1977）

ここで進路指導における進路相談の位置づけを確認したい。進路指導の領域は「生徒理解を深める活動と生徒に正しい自己理解を得させる活動」「進路に

関する情報を得させる活動」「啓発的経験を得させる活動」「進路に関する相談の活動（学校進路相談）」「就職や進学に関する指導・援助の活動」「卒業者の追指導に関する活動」の6領域に分けられている（文部省,1977）。進路相談は，これらの活動の中核的な機能をもつものであるとされている。

　本章の冒頭で集団指導に対する相談活動（個別指導）の意義を述べたが，進路相談は，他の進路指導の効果を補佐したり，深めたりするものであるといえる。進路指導は，各教科，特別活動などさまざまな時間に行われるが，これらが進路相談によって補われ，深められ，その結果として，さきの定義に含まれている生徒の能力を伸ばすことが，図6-1に表現されている。

　しかし，実情としては，集団指導においても，進路相談を代表とする個別指導においても，進路決定のための指導が重視され過ぎており，キャリア発達を促す指導が軽視されがちなことが指摘されてきた（キャリア教育の推進に関する総合的調査研究協力者会議，2004）。そのこともあり，本来の進路相談のあるべき姿を示すものとして，キャリア・カウンセリングという言葉も使われて

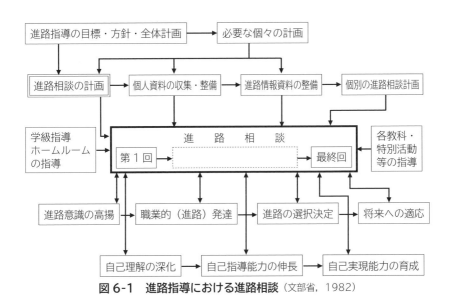

図6-1　進路指導における進路相談（文部省，1982）

いる。キャリア・カウンセリングは，次のように定義されている。

　学校におけるキャリア・カウンセリングは，子どもたち一人一人の生き方や進路，教科・科目等の選択に関する悩みや迷いなどを受け止め，自己の可能性や適性についての自覚を深めさせたり，適切な情報を提供したりしながら，子どもたちが自らの意志と責任で進路を選択することができるようにするための，個別またはグループ別に行う指導援助である。（キャリア教育の推進に関する総合的調査研究協力者会議，2004）

　この定義を先に引用した進路相談の定義と比較してみると，両者の間に大きな差異はないと言えるだろう。ただし，キャリア・カウンセリングという場合は，キャリア教育の視点を意識しやすく，その結果として，本来の進路相談のねらいが達成されやすいと思われる。キャリア教育の視点とは，「社会的・職業的自立を念頭に置きながら，子どもたちの成長や発達を促進しようとする見方を持つこと」（国立教育政策研究所生徒指導・進路指導研究センター，2012）であり，具体的には基礎的・汎用的能力を育てることとされている（同，2012）。

[2] 教育相談と進路相談

　次に，さきに取り上げた教育相談と進路相談の関係について述べる。結論からいうと，進路相談は，教育相談の一部であり，特に進路に関する問題を取り上げる相談活動であるということになる。言い換えると，進路相談は，広義の教育相談の一部であり，そのなかで特に進路に関する問題を扱う相談活動ということになる。進路について直接取り扱わない狭義の教育相談との関係を図示すると，**図6-2**のようになる。

　しいて（狭義の）教育相談，進路相談と分ける意味があるとすれば，
　①校務分掌上や指導援助計画を立てるうえで分けたほうがわかりやすい
　②開発的な機能を多分に含む進路相談という概念を明確にすることで，学校における相談活動の機能は予防・治療だけではないことがより鮮明になる
　③進路相談では，第4章で述べられている進路情報を十分に準備・活用した

り，保護者を含めた三者面談を設定するなど，進路にかかわらない教育相談とは違った活動がある

ということだろうか。ただし，実際の相談場面では，この両者をはっきりと分けるのは困難な場合もある。例えば，親との深刻な対立や，集団の中でうまくやっていけないといった，狭義の教育相談で扱われる問題のために，希望とする進路に二の足を踏んでいる生徒もいるだろう。逆に，将来がまったく見えていないために不安を感じていたり，進学のための勉強にこだわるあまり，友人関係など学校生活の貴重な体験を犠牲にしている生徒もいるだろう。

両者の関係はこうした「問題」でのみ結びつくものではない。例えば，教師がさまざまな場面で自己決定する機会を生徒に積極的に与えることで，生徒が自分の進路について自己決定する自信をつけることが期待できるなど，開発的な意味でも両者は結びついている。

なお，対人関係の悩みなどを打ち明けることよりも，進路に関する悩みを話すほうが生徒としては抵抗が少ないだろう。さきに教育相談の自発相談の項で述べた，「他愛のない悩みを打ち明け，相手の出方を待ってからほんとうの悩みを語る」という生徒などは，まさにこれに当てはまる。このような心理を利用して，進路相談の機能を強調することで，教育相談室への敷居を低くすると

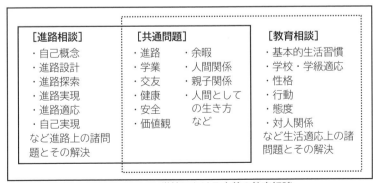

図6-2　教育相談と進路相談との関係 (文部省，1982)

いう工夫も提案されている（加勇田，1998）。

[3] 進路相談の目的

　進路相談の目的も，教育相談の目的と同様に，治療的・予防的・開発的なものとしてとらえることができる。だたし，開発的な機能により重点が置かれる。進路相談の目的は，さきに掲げた定義の中に見られる。それは，①進路への関心の向上，②自己および現実理解の深化，③自己および現実受容の促進，④人生設計やそれに伴う進路選択の能力の伸長，⑤将来の生活における適応と自己実現をより確実に達成するための，問題解決能力・自己指導能力の発達の促進，ということである。

　これらの目的を振り返ると，「卒業後の進学先（就職先）を決定する」という事柄が含まれていないことがわかる。卒業後の進路の決定はあくまでも進路相談を中核とする進路指導を積み重ねた結果であり，直接めざすものではない。

[4] 進路相談の方法・技術

■1 進路相談の機会と計画

　文部省（1993）の資料では，進路相談の機会を教育相談の機会と同様，4つに分けている（ただし「自発相談」の代わりに「随時相談」という用語が用いられている）。教育相談と比較した場合，進路相談では特に次の3点を心がける必要があるだろう。

①保護者との連携をより大切にする必要がある。
②他の進路指導の諸活動を補ったり，深める形で計画しなければならない。
③卒業後の進路決定を求められる最終学年から始めるのではなく，入学時から計画的に行わなければならない。

　①が大切なのは，進路の決定にあたっては，保護者の願いや協力が大きな影響をもつからである。保護者はわが子に対して，家業を継いでほしい（あるいは公務員など特定の就職をしてほしい），地元の大学に通ってほしい，公立の大学に通ってほしい，授業料・生活費などの負担がむずかしいといった，さまざ

まな想いをもっている。それらと生徒の希望の関係について理解する必要がある。定期相談としていわゆる三者面談を組み入れるのは欠かすことができない。

②については，進路相談は「他の進路指導の効果を補佐したり，深めたりするもの」とさきに書いたことと対応している。たとえば，進路適性検査の結果を踏まえて進路相談を行う場合には，当然，検査結果が得られたあとに行うよう計画しなければならない。**図6-3**（p.132）は，集団指導が進路相談によって補われている例を示している。

最後の③は，さきに「進路相談を代表とする個別指導においても，進路決定のための指導が重視され過ぎて」いると書いたことに関係している。本来の進路指導は在学中を通して計画的にキャリア発達を支援するものであり，それは中核である進路相談にもいえることである。

2 進路相談の実際

進路相談の実際場面については，「教育相談室における相談活動」（pp.123-126）も参考にしていただきたい。やはり，普段からの人間関係，および相談時における関係を大切にし，じっくりと話を聴き，最終的には生徒が自分で決定するように援助したい。また，推薦入試合格辞退（就職内定辞退）など，教師側から見ると非現実的な進路を口に出すような場合，一方的に説教したくなるのが人情であるが，まずはじっくり傾聴したい。それにより突然の辞退の申し出が「進学先でついていけないのではないか」という自分の能力に対する一時的な不安にすぎないことがわかるかもしれない。

記録については，教育相談の場合よりも組織的であることが求められることが多い。相談内容に加えて，提供した進路情報（進路適性検査の結果なども含む）の種類，協力機関の連絡先などを定型の進路相談票に記録することが多い。

なお，教育相談のところで，ほかのスタッフとの連携についてふれたが，進路相談もチームの活動としてとらえることができる。中心となるのは，生徒のことを最もよく把握している担任教師であるが，生徒の希望進路により詳しい，ほかの教師や進路指導主事などの協力を仰ぐことも大切である。

進路希望育成の段階	学習の内容	学習まとめ	展開の方法・留意点		
なりたい（希望）	・産業と職業について学習 ・適性検査の実施 ・進路希望調査（第1回）	個人面談	検査結果がすべてではなく、自己理解の動機づけになるよう指導。将来の進路について幅広く考え、夢を持たせるように指導する。	進路への関心の高揚と自己伸長能力	意識化・態度化・能力化
何のために（目的）	・働く目的について学習 ・職業講話の実施と感想文	クラス討論	働くことやその理由について小グループで討論させ、発表させる。教師は雰囲気作りに気を配る。		
なるには（方法）	・職業と資格・免許について学習 ・職場見学の実施と感想文	集団面談	クラスを解体し、希望する就職別にグループに分け、グループ単位で学習させる。教師は適宜アドバイスを与える。	問題解決能力と進路修正能力	
なるべきか（生きがい）	・卒業生の体験発表会の実施 ・求人票の見方の学習 ・進路希望調査（第2回）	個人面談	身近な人の体験を学習させて意識を深めさせる。本人が希望している職業について深く研究しているか確認する。研究不足や考えのあまい者に対しては、面談を繰り返しながら意識を深めさせる。		
なれるか（可能性）	・卒業生を訪問し研究 ・就職模擬テストの実施 ・卒業生の受験報告書の研究	個人面談	希望している職業（事業所）に対し、仕事がやっていけるか、合格の可能性があるか、自ら調べ研究する姿勢を育てるように指導する。相談の際、可能性ばかり考えて消極的にならぬように励まし、意欲を持たせるように努める。	進路の自己決定能力と将来の生活への適応能力	
なろう（意志）	・応募先検討票の活用 ・履歴書の書き方指導 ・模擬面接の実施 ・受験のための学習計画	個人面談	志望の動機がしっかりしているか、面談しながら確認する。応募先について深く調べ、自分に合った学習計画を立てているか確認し、「計画を立てることも大切であるが実践することがさらに重要である」ことを強調する。		
なる（自己実現）	・職場への適応の学習 ・講演（企業の教育担当者）	クラス討論	内定後は緊張がとれ、生活面・学習面ともに気がたるみがちとなる。残りの学校生活を有意義に過ごさせるとともに、就職後の定着を高めるための学習をさせる。		

図 6-3　主体的な進路選択能力の育成をめざした指導における集団活動場面の指導と個別指導
（文部省, 1985；文部省, 2000 より作成）

COLUMN

危機介入（crisis intervention）とは

　自分の半生を振り返ったとき，どの年も例外なく平穏であったという人は，まずいないだろう。だれしもが何らかの波を体験しているだろうし，時にはそれまでの自分とはまったく違った方法で乗り切らざるをえなかった波もあるだろう。このように，それまで安定していた心の状態を揺さぶる状況を，難問発生状況とよぶ。難問発生状況には，家族から離れて長時間学校で過ごす，上級学校へ入学する，就職するといった，発達段階に応じて起こるものと，事故・災害，犯罪被害，友人の自殺など，偶発的なものがある。

　難問発生状況に直面した個人は，まず，それまでに自分が身につけていた方法で対処することになる。しかし，どうやってもうまくいかないという場合もあるだろう。このような状態を危機（crisis）という。

　危機状態の人は，感情的（無力感，怒りなど），身体的（疲労，潰瘍など），行動的（他者との不和，作業能率低下など）な問題に苦しむことになる。この危機状態の期間は通常１週間から６週間程度と考えられており，その後，各人は新しい対処法を身につけてうまく乗り切るか，不健康な状態に落ち着く（最悪の場合は自殺）ことになる。

　危機介入とは，こうした危機状態にある人に対する，短期集中型の援助のことである。具体的な活動としては，①難問発生状況と，状況を悪化させた出来事の明確化（事実だけではなく，本人がそれらをどのようにとらえているかも含めて），②自傷・他害の危険性の評価と防止，③身近な支援者についての検討と利用，④従来の対処法の検討，⑤新しい対処法の提案，といったことが行われる。

　前記のとおり，危機は新しい対処法を身につける機会になるというような，肯定的な可能性も含んでいる。危機介入は，治療的だけではなく，開発的な意味ももつといえよう。

> **演習問題**
> ❶ 集団指導と相談活動との関係について考察しなさい。
> ❷ 教育相談の4つの機会の意義についてまとめなさい。
> ❸ 進路というテーマに関して生徒がもつ可能性のある問題をあげ、分類しなさい。

第7章

学校における生徒指導・進路指導・キャリア教育の計画と実践

高綱 睦美・関本 恵一・千葉 吉裕・横山 明子

　生徒指導と進路指導・キャリア教育は，教科指導，道徳，特別活動などと合わせて学校教育を推進し支える車の両輪の関係にあるといってもいい。この両輪がうまくかみ合って機能している学校では，児童生徒が落ち着いて充実した学習活動に取り組むことができる。

　本章では，児童生徒が夢と希望をもち，目標に向って落ち着いて学習に取り組むことのできる，小学校，中学校，高等学校のそれぞれの生徒指導の計画と実践，およびキャリア教育の計画と実践を紹介する。

　小学校，中学校，高等学校の学校段階によって，それぞれの教育課題は違うが，この課題をそれぞれの学校が互いに理解し合えたとき，小学校，中学校，高等学校の校種の壁を越えた連続した一貫性のある教育が可能になると考える。

Ⅰ 小学校における生徒指導・進路指導・キャリア教育の計画と実践

[1] 生徒指導の計画と実践と課題

　小学校では，生徒指導は子どもたちの日常生活における基本的な生活習慣づくりに始まり，仲間や学級の集団生活への適応，係活動を通して役割意識の習得などをめざして行われている。『生徒指導の手引』（文部省，1981）では，生徒指導の基本的な課題として，以下の5点を示している。

①学校教育や社会生活において，人間関係の改善と望ましい人間関係の促進が強く望まれている

②児童生徒の学校生活への適応や自己実現に関する問題が増大し，その解決についての援助や指導が必要とされてきている

③望ましい基本的な生活習慣の形成に，学校教育も積極的に努力をすることが求められている

④道徳教育の基盤を培うために生徒指導の充実強化が必要とされる

⑤青少年の健全育成の活動に関して，学校も果たすべき役割をもっている

　それを踏まえると，小学校における生徒指導は，児童の自己理解を深め，集団の中で自己を生かし，目標や将来の夢や希望に向かって自らの生き方を考えることができるように教師が指導・援助するとともに，起こりうる可能性もある問題行動への予防的指導も含め，先を見通した生徒指導によって，小学校から中学校・高等学校へと連続性のある発達支援を行っていくことが求められる。

■1 生徒指導の目標

　生徒指導は，具体的に何をめざして指導計画を立てたらよいのか。生徒指導というと問題行動を起こした児童への指導や個別に抱える問題への対応をイメージされやすいが，小学校段階での中心的課題は，①基本的な生活習慣の確

立，②集団生活への適応と仲間との関係づくり，③役割意識の獲得など，子どもたちが学校生活を送るうえで，なくてはならない能力・態度の育成にある。これらの能力・態度を育むために教師は，学校における全教育活動を通して子どもたちに働きかけていく必要がある。

①基本的な生活習慣の確立

この課題は，幼少期のしつけや幼稚園，保育園などでの教育内容とのつながりを考慮し対応する必要がある。特に近年，子どもたちの基本的生活習慣がなかなか身についていない状況が指摘されるなかで，「あいさつをきちんとする」「時間を守る」など小学生になってもできないと嘆くだけではなく，日々の教育活動の中で随時，指導することで，習慣づけていくことが必要である。

②集団生活への適応と仲間づくり

友人関係で悩む子どもが増加するなど，子どもたちにとって仲間づくりがむずかしい状況になってきている現代において，集団生活を基本とする学校教育で最も力を入れるべき項目である。集団生活への適応といっても，まだ小学生は発達的に自我が確立する前の段階である。中学年あたりが自分と他人との違いに気づき始める時期であるため，そのタイミングを逃さず他者とのかかわり方について学ばせていくことが大切である。しかし，最近では発達障害などによって集団生活になじめないという問題を抱えた子どもたちがいることも事実である。そうした特別な教育支援が必要な子どもと出会った場合には，集団生活への適応やその他の側面も含めて専門機関と連携をとり，専門的な教育訓練を受けられるよう配慮するなどの注意が必要である。

③役割意識の獲得

役割意識は，これからますます重視していかなければならない問題である。これまで，ともすると学校教育では，子どもがどうしたいか，どう感じるかを過度に重視して教育を行ってきたところがある。子ども一人一人の希望や思いを大切にすることはもちろん重要であるが，社会で生きていく際，自分の思いどおりにいくとは限らないことがあることを知り，自分が集団の中で何を期待されているのか，また集団の中での自分の役割・責任は何かを認識する力を小

学校段階から徐々に養っていくことも必要になる。

　小学生の子どもたちは，社会的スキルをはじめさまざまなスキルが未発達であり，成長していくうえで問題行動を起こすこともある。その壁を乗り越えることによって心身共に成長できるような経験と，予防すべき問題行動とを教師が明確に意識し，見極めながら子どもたちの指導に当たっていくことが求められる。そして，集団で指導すべき内容と，個々人の発達の視点に立った個への指導の両面から子どもたちに働きかけていくことも忘れてはならない。

2 生徒指導の計画と実践

　では，上記の目標を達成するためにはどのような活動が有効なのだろうか。これまで小学校で行われてきた教育活動の中で考えてみると，係活動や給食の時間，清掃の時間，学級会などの特別活動の時間が，基本的生活習慣を身につけさせるには取り組みやすい時間だろう。清掃の時間を削り，遊びの時間として心を育てようという動きもあるが，清掃活動そのものが問題なのではなく，取組み方の問題であると考えられる。与えられた役割をどのように工夫してこなしていくか，またそのために必要な人間関係や計画性など，子どもたちに身につけさせたい能力がこうした活動でも十分身につけさせられる。ただ，従来のように指示して与えるだけの活動ではなく，子どもたちが自ら意欲をもって取り組めるような仕掛けづくりを教師がすべきであろう。

　また，最近，学校教育に導入され始めているいくつかの活動も，教師は指導方法の選択肢の1つとして把握しておきたい。例えば，人間関係能力を育むための方法として，構成的グループエンカウンター（SGE）やアサーション・トレーニングなどが盛んに行われ，その成果が報告されている。子どもたちを取り巻く社会が人間関係の希薄な社会であるのであれば，学校がそうした場を設け，体験的に人間関係のつくり方を学ばせ，そこで学んだことをさらに日々の学校での活動や家庭での活動に生かしていくことも必要であろう。また，こうした取組みはあくまでも方法の1つであって，それを導入したからといって，何か急激に変化するわけではないことも教師は念頭に置き，何のためにその方法を用いるのか，自分なりの目標を設定したうえで活用することが大切である。

その他，自分に自信がもてず傷つきやすい子どもたちへの指導方法としては，ストレス・マネジメント教育なども取り組まれ始めている。ストレスへの介入方法を教師が身につけておくことも必要ではあるが，予防的視点から子どもたちにストレスとどうつき合うかを学ばせることも，小学校段階の生徒指導として活用されていく取組みの1つである。そして，集団での役割意識を身につけさせるには，教師が学級経営の一環として学級のルールづくりをどのように行うか，またリーダーの育成にどう取り組むかが問われるであろう。リーダーを育てるためには実はフォロワーが育つことが必要になる。そして，学級でお互いを認め合い，リーダーを支えられるようなフォロワーが育つことは，子どもたちに学級での居場所をつくり，自己肯定感，自己有能感をもたせることへとつながっているのである。このような取組みを学びながら，教師が自分自身でどのような学級をつくっていきたいのか，また子どもたちにどのような力を身につけさせたいのか，そのためにはどのような方法が適しているのか，工夫しながら取捨選択していくことが必要であろう。

3 今後の生徒指導の課題

　小学校における生徒指導では，今後ますます基本的生活習慣の確立や人間関係能力の育成などの充実を求められる一方で，性教育や喫煙・薬物乱用の予防に関する教育など，問題行動への予防的指導も求められよう。そしてそれらの取組みも含めて生徒指導を行おうとすると，学校が単独で取り組めることには限界があるのも事実であり，そこで家庭との連携が不可欠になってくる。特に生活習慣などのような態度の変容はなかなか短期間で行うことがむずかしい。結果がすぐに現れる活動ではない小学校段階での生徒指導は，「継続性」が重要なキーワードになってくるだろう。

　さらに，親だけではなく，学校を取り巻く地域との連携も課題である。近年，地域の方々を学校に招き，体験的な学習を共にしていただくような取組みを導入している学校が増えてきた。子どもの親でなくても学校とかかわりをもち，自分たちの育てた子どもであるという意識をもって，地域で過ごす子どもたちを見ていただくことも，子どもたちへの生徒指導の一環である。そしてそのた

めには，何より教師自身が地域へ出かけ，協力していただきたい方々と日ごろから交流をもつことが大切なことだといえよう。

[2] キャリア教育の計画と実践と課題

　平成16（2004）年に文部科学省「キャリア教育の推進に関する総合的調査研究協力者会議」が『キャリア教育の推進に関する総合的調査研究協力者会議報告書～児童生徒一人一人の勤労観，職業観を育てるために～』を出したことによってキャリア教育推進の指針を示して以降，それまで進路指導が明確には位置づけられていなかった小学校においても，キャリア教育という形での「将来に対する見通しをもたせ，考えさせる教育」が関心を集め，取組みが行われ始めた。平成23（2011）年には中央教育審議会答申『今後の学校におけるキャリア教育・職業教育の在り方について』も出され，学校から社会・職業への円滑な移行に必要な力の要素として「基礎的・汎用的能力」等が提示され，基礎的・基本的な知識・技能や，意欲・態度及び価値観と共に，これからの子どもたちに必要な力として明示された。そうした力を身につけさせることをめざしたキャリア教育は，中学校や高等学校で行われていた具体的進路選択を前提とした活動とは異なり，将来の生き方選択に備えた基礎的な能力の習得を目的としている。では，小学校段階だからこそ身につけさせたいことを踏まえたキャリア教育とはどのようなものなのか，すでに取組みを行っている学校を紹介しながら考えてみたい。

■1 キャリア教育の目標

　平成29（2017）年改訂の学習指導要領第1章総則では，「(3) 児童が，学ぶことと自己の将来とのつながりを見通しながら，社会的・職業的自立に向けて必要な基盤となる資質・能力を身に付けていくことができるよう，特別活動を要としつつ各教科等の特質に応じて，キャリア教育の充実を図ること」と明記された。小学校段階で学ばせたいキャリア教育の目標を大きくとらえると「子どもたちが自らの将来を考え，自分自身で進む道を選択し，集団の中で自分の役割を果たしながら生きていく際に必要な力」を育むこととなろう。

第7章 ■ 学校における生徒指導・進路指導・キャリア教育の計画と実践

　そのためにも，特に小学校段階では，将来就く職業を早期に決定させ，その職業に就くための能力を身につけさせるということではなく，将来必要となる社会人として基礎的な能力を身につけさせるとともに，世の中には多様な価値観があることに気づかせ，日々の学びを自分の人生の一部として意味づけられるような力を育てることが重要になってくる。

2 キャリア教育の計画と実践

　次にそうした能力をどのような活動を通して育んでいけばよいのか。小学校でのキャリア教育を実践する際，ます実践する活動領域や目標，評価の観点などを十分検討する必要がある。というのも，「キャリア教育」とはこれまでにないまったく新しい教育活動を指し示す言葉ではなく，これまで行われてきた教育活動を新たな視点からとらえ直すための指針のようなものだからである。基本的な考え方としては，キャリア教育は小学校のすべての教育活動と関連づけて実践すべき活動であるのだが，どのような力を育てることに重点を置くか，また日々の教育活動の中でどの活動と関連づけていくかによって，実践の仕方が変化する。また，キャリア教育の実践において事前の計画が重要であるもう1つの理由は，キャリア教育がつながりを重視する活動だからである。つまり，いま取り組んでいる実践が，将来子どもたちのどのような力となっていくのか，教師自身が先を見通しつつ子どもたち自身が自分で意味づけられるように働きかけていく取組みだからである。では，どのような時間に実践を組み込んだ計画を立てたらよいのだろうか。

　さきの生徒指導の計画でも述べたように，小学校段階における生徒指導，キャリア教育は日々の教育活動と密接にかかわっており，単独で切り離して行おうとしてもうまくいかなかったり，イベント的な取組みで終わったりしてしまう危険性がある。「総合的な学習の時間」や「特別活動の時間」を活用したとしても，あくまでもまとまった時間がとれるこれらの領域は「要」であり，日々の教科における学びがあってこその時間である。日々の学びをまとまった時間で振り返り，意味づけていくことこそがキャリア教育であり，最終目標としては，めざす子どもの姿をイメージしながら各教科など日々の学習時間に結びつ

けた計画を立てることが望ましい。具体的にどのような取組みが可能なのか，キャリア教育の先進校の中でも，教育課程の全体を通してキャリア教育に取り組んでいる愛知県犬山南小学校の取組みの一部を参考に示してみたい。

●**実践例**（愛知県犬山市立犬山南小学校「中間報告要項」より抜粋・編集）
〈特別活動での実践〉
　低学年：家庭にも働きかけ，「お仕事カード」で家族の一員としての仕事を
　　　　　毎日行わせる。
　中学年：係活動を中心に「お仕事手帳」を作成し，毎日の活動の振り返りと，
　　　　　友達や学級のために働きかけたかどうかを自己評価。
　高学年：係活動・当番活動や児童会や通学団の活動を通して，お互いの役割
　　　　　や役割分担の必要性に気づかせる活動などの実施。

〈各教科での実践〉
　社会科：工場や農家，スーパーマーケットでの学習を通して，社会には多く
　　　　　の仕事があることに気づかせる。
　家庭科：働くことの意義を理解させ，責任をもって仕事を分担し実行できる
　　　　　ようにする。
　その他：体育を通して役割を理解させたり，算数で情報活用能力を高めたりする。

〈総合的な学習の時間での実践〉

	中心となる活動	ねらい
3年	障害をもつ人やお年寄りとふれあう	さまざまな生き方やボランティア活動を通して，他者への理解とコミュニケーション能力を高める。
4年	1/2 成人式（自分探しの旅）	10歳になった自分の過去・現在について考えて自己理解をし，自己有用感を実感させ，10年後の自己イメージをもたせる。
5年	名古屋分散学習	施設や職場見学を行い，働いている人の工夫や努力について調べ，働くことの大切さや苦労を知り職業理解を深める。
6年	働く人の話を聞こう	さまざまな職種の人の生き方にふれ，自分の生き方について考え，自分にふさわしい職業や仕事への関心・意欲を高める。

　特別活動や総合的学習での取組みを通して，日々のキャリア教育の活動をつなげ，より系統だったキャリア教育として機能するよう活用する。

3 今後のキャリア教育の課題

①小学校の子どもたちのキャリア発達を促進する視点で指導に当たる

　小学校におけるキャリア教育の取組みはまだ始まったばかりである。これまでは，その成果が小学校卒業時には明確にならないこと，またキャリア教育で育む能力がこれまでの教育目標でいわれてきた能力とそれほど変わりないように見えることから，どうしても小学校段階からのキャリア教育は実践されにくい側面をもっていた。しかし，これからは，子どもたちのキャリア発達を促進するという視点で指導に当たることが期待される。特に，ただ単に夢をもたせ，個々の職業について考えさせるだけではなく，将来を見据えた指導によって子どもたちがいまの学習に対して意味を見いだし，自己肯定感をもち，集団生活の中で自分の役割と居場所を見つけられるよう働きかけていくことこそが，小学校段階のキャリア教育である。このことを認識し，身近な教育活動を通してそれらに取り組んでいく教師の意識改革が望まれる。

　先述の生徒指導で説明した事柄は，ここにおいてキャリア教育と密接につながってくる。今日もこれからも「問題が起きないように」ということだけを念頭に置いて指導するのではなく，これからさまざまな経験を経て生涯にわたる発達をするための基盤をつくるために，指導・援助するのである。

②幼小，小中の学校間の連携が不可欠である

　小学校でのキャリア教育の取組みによって，中学校・高等学校でのキャリア教育の取組み方も変化するだろう。中学校でのキャリア教育の取組みはゼロから始まるのではなく，小学校段階での基礎づくりのうえに成り立つものである。だからこそ，小学校でのキャリア教育が充実すれば，それに伴って中学校・高等学校でのキャリア教育・進路指導も改善する必要が生じ，よりつながりのある取組みへと発展するはずである。そのためにも，発達的視点と，学校間の連携が不可欠になる。

　小学校段階で行ったキャリア教育の記録を中学校へ「ポートフォリオ」としてもち上げ，中学校でそれを生かしたり，小学生が中学校を訪問して進路に対する理解を深めたりするなど，連携のとり方はいくつかあるだろう。新たに導

入される「キャリア・パスポート」を積極的に活用しながら，教科の実践と特別活動や総合的な学習の時間の実践をつなげ，子どもたちが日々の学習を将来の自分の人生と結び付けて考えられるよう，それぞれの学校が有機的にかかわり合い，つながりをもった指導をすることによって，教師間の連携もでき，また地域の支援も受けやすい体制が整えられよう。さらに中学校・高等学校との連携はもとより，今後は幼小の連携により，さらに基本的生活習慣の確立のための指導がますます充実していくことが期待される。児童のキャリア発達の促進のため，学校と家庭，地域間の連携を忘れずに，今後ともキャリア教育に取り組んでいけるよう，まずは教師一人一人の意識を高めることが不可欠であろう。

― COLUMN ―

学級崩壊とは

「学級崩壊」という言葉は 1990 年代末期にメディアを通じて一斉に広がった。そして 1999 年，文部省（現文部科学省）の研究委嘱を受けた学級経営研究会の「学級経営の充実に関する調査研究（最終報告書）」では，「学級崩壊」というよび方に対する危険性を踏まえたうえで，「学級崩壊」といわれるような現象を「学級がうまく機能しない状況」とよび，「子どもたちが教室内で勝手な行動をして教師の指導に従わず，授業が成立しないなど，集団教育という学校の機能が成立しない学級の状態が一定期間継続し，学級担任による通常の手法では問題解決ができない状態に立ち至っている場合」と定義した。ただし，そうした問題が起こる背景には複雑な要因が絡み合っており，単純に何かをすれば解決するという種の問題ではないことも指摘しており，そのうえで，①子どもの社会性・人間関係能力の未熟さ，②学級担任の指導力の不足，③特別な配慮や支援を必要とする子どもの存在，などをその要因としてあげている。

これらの内容を踏まえ，教師はただやみくもに「学級崩壊が起きたらどうしよう」と不安を抱くのではなく，まず，基本に立ち返って自分の学級の状態をきちんと把握し，学級経営を工夫すべきであろう。近年では，特別な支援を必要とする子どもたちに対する援助方法も少しずつではあるが充実しており，また学級の荒れを早期発見するためのツールの開発も進んできている。そうした新しい情報を入手するアンテナを広げ，活用しながら，教師が日々自分自身の学級経営法・指導法を見直し続けることにより，学級崩壊を予防することができるようになるのではないだろうか。

中学校における生徒指導・進路指導・キャリア教育の計画と実践

[1] 生徒指導の計画と実践と課題

1 生徒指導の意義

　学校教育は，すべての生徒の人格の健全な育成を図ることを目的に存在している。教師はあらゆる教育指導を通して生徒の健やかな成長に寄与すべく努力を続けなければならない。中学生の生徒指導，とりわけ問題行動にかかわる事件・事故がマスコミをにぎわわせることがある。かつて昭和50年代に生徒の校内暴力が世間を揺るがしたが，当時とは異なる荒れが，いま中学校に押し寄せていることを否定できない。時代が移り，表面化する問題に変化が生じれば，対処の仕方にも違いが出てくるであろうが，生徒指導には不易な部分がある。そのことを忘れてはならないと思う。

　『生徒指導提要』（文部科学省, 2010）には，「生徒指導とは, 一人一人の児童生徒の人格を尊重し，個性の伸長を図りながら，社会的資質や行動力を高めることをめざして行われる教育活動のことです」と明記している。非行対策に目が行きがちだが，非行対策だけが生徒指導ではない。積極的に生徒のよい部分の発達をめざすところに大きな目標がある。また，学校生活が一生徒のみならず，学級，学年，学校という集団にとってもよい影響を与え，向上をめざすものでなければならない。また，国立教育政策研究所生徒指導研究センターが発行している「生徒指導リーフ」Leaf.1『生徒指導って，何？』には，「学校生活の中で児童生徒自らが，その社会的資質を伸ばすとともに，さらなる社会的能力を獲得していくこと（社会性の育成）」「それら資質・能力を適切に行使して自己実現を図りながら自己の幸福と社会の発展を追求していく大人になること（社会に受け入れられる自己実現）」「そうしたことを願って児童生徒の自発的かつ主体的な成長・発展の過程を支援していく働きかけのことを，生徒指

導と呼んでいます」とある。このような指導を実現するためには，生徒と接するすべての教師がかかわりをもつことが望ましいと考えられる。

　だが，それら生徒指導の本質はつい置き去りにされ，実際の場面では「遅刻をしない」「忘れ物をしない」「ワイシャツの裾を出さない」「スカートを短くしない」「髪の毛を加工しない」などの外面的な指導に終始していることが多い。生徒は学校・学年・学級という集団の組織に属している。当然，組織のルールは守るべきである。ルールを破った場合には指導がなされるべきである。しかし，たえず生徒の違反を見張っているチェックマンにはなりたくない。そこからは生徒の内面の成長は望めないからである。教師は生徒の立場になって考えることによって，生徒の内面を理解し，成長を支援することができる。生徒指導は，指導のテクニックを追究するのではなく，生徒と共に歩もうとする姿勢や人間的なふれ合いやつながりによって左右されるといっても過言ではない。

2 生徒指導の計画

①指導計画作成上の留意点

　学校の教育目標を設定し，学年・学級の指導目標を実現するための生徒指導を組織的，計画的に推進していくためには，学校の基本的な方針や教職員全体の役割分担を明確にする校務分掌としての全体的な計画と，学年，分掌で指導を進める係としての部分的計画の2つを作成することが大切である。計画を立てるにあたっては，全教職員がかかわり，共通理解をすることが必要である。ただし，計画がどんなにすばらしいものであっても，各学校の実態に即していなければ有効に機能しない。それぞれの学校の規模，教職員の構成，生徒の実態，保護者の願い，地域の実態，学校施設・設備の状況などの実情を十分に把握したうえで作成すべきである。また，生徒指導の中心的な役割を果たす学級担任の意見を十分

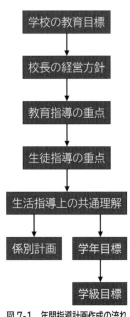

図7-1　年間指導計画作成の流れ

に取り入れ、各学級での指導が進めやすいように配慮しなければならない。

②年間指導計画の作成

年間指導計画は、一般的に生徒指導主事を中心に、生徒指導部で作成されている。その際、「どの係が」「いつ」「どんなねらいで」「どこと連絡をとり」「何を」「どう指導するのか」。「だれが」「どのように提案して」「実施を具体化するのか」。「だれが指導に当たるのか」などを明確にしておくことである。

さらに年間指導計画は、多様性と弾力性をもたせて作成する必要がある。

生徒指導には以下のような、長期的・継続的あるいは短期的な指導期間がある。

ア　年間を通しての指導　　　イ　特定の時期だけの指導
ウ　一定期間継続して行う指導　エ　偶発的な問題に対して行う指導

年間、学期、月、日における配列を考え、だれが対応するのか、予防のための指導か、診断か、治療か、追指導なのか等、ねらいをはっきりさせて指導を進めることが必要である。

③学級での指導計画

学級担任が学級の諸活動を通じて生徒指導を展開していく場合、全体の計画を受けて、学級の１年間の流れを考え、時期に応じた計画を立てることが基本である。そして、学級の生徒の実態に合わせて、生徒一人一人の個性や生き方に対応できるように工夫すべきである。その際、考えなければいけないのは、学年との関連をどうするかである。中学校では学級担任だけでは対応しきれない場合がある。特に「チーム学校」がいわれている今、学年学級経営という視点で考えることを忘れてはならない。

指導計画は、学級の努力目標を実現するためのものである。その意味から、学級の生徒一人一人が学級集団の一員としての自覚をもち、自分たちの手で学級をよくしていこうとする気持ちを育てるような内容であることが望ましい。例として、**表7-1**（p.148）のような基本的構想で計画を立ててみるのはどうだろうか。さらに生徒指導年間指導計画例を示す（**表7-2**，p.149）。

④生徒指導の評価

指導計画は、指導の過程や指導後に常に評価をし、そのつど改善をすること

が次につながっていく。年度末を待たず次の学期から生かせるようにすることがきわめて重要である。また一方では，当面する課題だけでなく，長期的展望に立って進められるよう全体的，長期的視野も忘れないようにしたい。

そのため，次の観点は常に念頭に置いておく必要がある。

①指導計画は，学校教育目標が具現化されるよう，学年目標，学級目標が工夫されているか。

②指導計画は，教科，特別の教科道徳，総合的な学習の時間，特別活動，との関連が図られ，学校全体の中に位置づけられているか。

③学校内，学年間の協力体制が図られているか。

④生徒理解のための諸調査や心理諸検査は効果的に実施され，生かされるよう計画されているか。

⑤生徒の意欲を高め，諸活動を促進するよう配慮されているか。

⑥健康や安全に配慮して計画されているか。

⑦進路指導が学年の発達段階に応じて工夫され，計画されているか。

⑧家庭や地域との連携・協力が効果的に行われるよう配慮して計画されているか。

3 生徒指導の実践上の課題

①学級担任が行う生徒指導

生徒指導は，全教師がすべての教育活動の中で連携・協力しながら粘り強く

表7-1　指導計画の基本的構想

【1学期】 ア　1学期の学級経営の方針 イ　学級目標の設定 ウ　学級目標の実現に向けて，1学期の生徒指導の反省 【2学期】 ア　2学期の学級経営の検討 イ　班活動，係活動などの計画の問題点を具体的に指摘し，改善する ウ　学級目標の実現に向けて，2学期の生徒指導の反省 【3学期】 ア　3学期の学級経営の検討 イ　班活動，係活動などの計画の問題点を具体的に指摘し，改善する ウ　学級目標の実現に向けて，3学期の生徒指導の反省と評価

表 7-2　生徒指導年間指導計画例

第1学期《学期目標：基本的な生活習慣を身につけさせる》

月	目標	指導内容			行事等
		1年	2年	3年	
4	新しい学年計画を立てる	中学生としての自覚をもたせる	中堅学年としての自覚をもたせる	最上級生としての自覚をもたせる	○生活指導の進め方作成　○一斉委員会　○清掃分担区域作成　○離任式　○認証式　○避難訓練　○中央委員会　○家庭訪問　○部活動保護者会　○生徒会紹介　○安全指導　○生徒個人写真撮影
5	基本的な生活習慣を身につける	規則正しい生活習慣を身につけさせる	委員や係活動に積極的に取り組ませる	学校生活に節度をもたせる	○生徒総会　○一斉委員会　○衣替えの指導　○中央委員会　○安全指導　○避難訓練　○移動教室　○連休の過ごし方の指導
6	心身の健康と安全	休み時間の使い方を工夫させる	たくましい心と体をつくらせる	学習環境を整えさせる	○幼小中連絡会　○安全指導　○避難訓練　○一斉委員会　○中央委員会　○運動会　○修学旅行　○学校公開週間
7	1学期の反省と夏休みの計画	反省・計画を綿密に行わせる	個人・集団の一員としての反省をさせる	個人・集団の一員としての反省をさせる	○夏休みの過ごし方と計画　○安全指導　○地域班名簿作成　○避難訓練

第2学期《学期目標：何事にも意欲的に取り組ませ，学校生活を充実させる》

月	目標	指導内容			行事等
		1年	2年	3年	
9	規律ある生活を送る	生活のリズムを整えさせる	2学期の目標を立てさせる	自己の責任を自覚させる	○防災訓練　○衣替え指導　○安全指導　○学校公開週間　○生徒会役員選挙
10	行事に積極的に取り組む	行事の意味を理解させる	集団の一員として自覚をもたせる	個性・能力を発揮させる	○文化祭　○認証式　○安全指導　○一斉委員会　○中央委員会　○生徒総会　○避難訓練
11	自分の行動に責任をもつ	自己の役割を認識させる	男女の特性を理解させ協力させる	積極的な協力を促す	○一斉委員会　○幼小中連絡会　○中央委員会　○避難訓練　○安全指導　○道徳授業地区公開講座
12	2学期の生活を反省し，3学期にそなえよう	学級や個人で反省させる	2学期の成果を確認させる	冬休みの計画を立てさせる	○冬休みの過ごし方と計画　○一斉委員会　○中央委員会　○避難訓練　○安全指導　○生徒会長サミットへの参加

第3学期《学期目標：自分をみつめ，自己の成長を図るようにさせる》

月	目標	指導内容			行事等
		1年	2年	3年	
1	新年の目標と計画を立てる	今年の生活目標を立てさせる	新年の抱負と決意をもたせる	落ち着いた生活をさせる	○避難訓練　○一斉委員会　○中央委員会　○安全指導
2	環境を整える	教室環境を整えさせる	公共物を大切に扱わせる	身の回りを整理させる	○避難訓練　○一斉委員会　○中央委員会　○安全指導
3	生活習慣を定着させ，新しい学年への足がかりをつくる	1年間の反省をさせる	新しい学年の抱負をもたせる	新しい生活への意欲をもたせる	○3年生を送る会　○春休みの生活　○避難訓練　○一斉委員会　○中央委員会　○安全指導

行うものであり，生徒指導部だけや学級担任のみが行うものでも問題が起きたときだけ行うものでもない。生徒指導部で計画し，全教師の共通理解のもと全教師が指導することを基本としている。そのためには，生徒指導部会を定例化し，情報交換を行い，学校内外の諸問題についても検討し，対策を練り，指導に当たるとよい。

しかしながら学校における生徒指導の根幹は，実際には学級での指導にある。この積み重ねが学校全体の生徒指導につながっていくことを理解し，学年の教師と連携をとりながら学年学級経営という感覚で，指導に当たりたい。

学級担任が心がけること
1 朝と帰りの会を大切にする　2 清掃指導，給食指導を大切にする 3 教室の美化を心がける　　　4 生徒全員と会話をするよう心がける 5 教科指導においても，基本的生活態度と学習態度の向上を目標にさせる 6 あらゆる機会をとらえ，正しい行動をとれるようにさせる

②家庭・地域との連携

少子・高齢化社会の中で，保護者や生徒の価値観も多様化し，生徒の姿も変わってきた。凶悪犯罪の若年化も一つの例である。家庭の中にあって保護者として子どもとどのように接したらよいのか戸惑っている例もある。学校が抱えている生徒指導上の問題もこのような家庭状況と関係して生じている場合が少なくない。学校だけで対応していくには荷が重すぎる問題もある。

学校，家庭，地域，関係諸機関が協力をし，歩調をそろえて対応しなければ解決に向かっていかないことは多い。その場合でも，学校からの働きかけが重要な役割を果たす。特にPTA活動は，地域との連携を図るうえでは欠くことのできない存在である。学校からPTA組織を通じて地域に働きかけ，積極的に学校に来てもらう機会を設けるなど，学校の現状を理解してもらう場を設定する。例えば，学校のホームページ，学校だより，学年・学級通信等を通して①学校の方針や現状を理解してもらう，②家庭内で保護者と子どもの対話の材料となる素材を提供する，③PTA活動を助長する配慮をする，④生徒の活躍

や表彰を積極的にPRする，などは可能なことである。

　ボランティア活動や職場体験などキャリア教育の視点からも，地域との連携は欠くことができないものとなりつつある。PTAの会員は地域の住民である。PTAを中心とした地域とのつながりは当然のことで，PTAは地域との架け橋である青少年の健全育成のための諸団体との連携・協力を図ることも，広域生徒指導体制の推進のためには望ましいことである。

[2] 進路指導・キャリア教育の計画と実践と課題

■1 キャリア教育の計画

　中央教育審議会答申『今後の学校におけるキャリア教育・職業教育の在り方について』（2011年1月）によると，キャリア教育とは「一人一人の社会的・職業的自立に向け，必要な基盤となる能力や態度を育てることを通して，キャリア発達を促す教育」と定義している。キャリア教育は「職場体験」等を通して，「働くこと」や収入，資格や就職のための方法を考えるのみならず，「働くことで何を実現したいのか」「社会的存在としてどう生きていくのか」ということまで考えることが必要であり，社会において自分がどのような存在になりたいのかを指導・援助していかなければならない。

　平成29（2017）年の学習指導要領の改訂で，総則に「特別活動を要として，キャリア教育の充実を図る」そのため「組織的かつ計画的な進路指導を行うこと」と示され，学級活動においては内容（3）に「一人一人のキャリア形成と自己実現」が小中高ともに明示された。小学校の学習指導要領には，「進路指導」の文言は見当たらないが，「生き方」という文言は出てくる。学級活動を通して，一貫したキャリア教育を推進していくことが可能になった。児童生徒一人一人の発達を援助するという視点に立ち，教科，領域をはじめ，諸々の活動の関連性や系統性を意識しつつ，小学校からの流れを意識し，組織的・計画的に実施し，かつ評価をする。本来の流れを再認識し，まずは，これまでの進路指導を振り返ってみる必要があるだろう。毎年の繰り返しでなく，前年度をしっかりと評価し，事前に明確な目標を定め，それに沿って実践を進めていく。その上

で結果を厳しい目によって，次年度に生かす努力をしなければならない。これまでの活動を点検し，次年度の改善点を導き出すことを積み重ねることによって，学校としてのめざす方向が見いだせるようになるはずである。また，学校としてのめざす生徒像が明らかになってくる。このようにしてつくり上げられていく学校のビジョンが，キャリア教育の土台をつくり上げていくのである。

2 キャリア教育の計画例

①キャリア教育の全体計画

キャリア教育の全体計画は，学校の教育目標との関連やキャリア教育としての各教育活動の方向性を示すものである。キャリア教育の目標やキャリア教育で育成すべき力（「基礎的・汎用的能力」），学習内容，指導方法や各教科等との関連など位置づけがわかるように作成しなければならない（例：**表7-3**）。

a）キャリア教育の目標

・学校教育目標との関連を図る　・生徒の実態を十分把握する

・職業人としての保護者・地域の願い等を反映させる

b）各学年の重点目標

・生徒の実態を十分把握する　・生徒のキャリア発達の本質を踏まえる

・「基礎的・汎用的能力」の育成を意識して設定された内容とする

②キャリア教育の年間計画

全体計画をもとにつくられた，キャリア教育の趣旨を踏まえた年間全体計画表は，キャリア教育の具体的な展開を示すものである。作成する際には，㋐特別活動，㋑特別の教科 道徳，㋒総合的な学習の時間，㋓カウンセリング，㋔地域・保護者への啓発，などを盛り込む必要がある（例：**表7-4**）。

3 キャリア教育の推進

①キャリア教育推進の視点

中学校でキャリア教育を推進していく場合，以下の点への配慮が大切である。

a）「キャリア発達」を意識した指導・支援

・自分のよさや得意なことを理解できる。

・自分の能力・適性・価値観等について理解ができる。

表 7-3 中学校 キャリア教育の全体計画例（御徒町台東中学校, 2008 に加筆・修正）

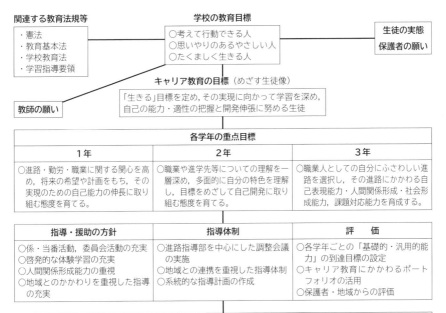

表 7-4　中学校キャリア教育の年間計画例（千葉県教育委員会，2013）

―　<基礎的・汎用的能力>を表す記号 ―
〔人〕人間関係形成・社会形成能力　〔自〕自己理解・自己管理能力　〔課〕課題対応能力　〔キ〕キャリアプランニング能力

月	学級活動	総合的な学習の時間	道徳	教科
4	・いよいよ中学3年生　〔人〕〔課〕〔キ〕 ・学校生活を充実させるために　〔自〕〔課〕 ・悩み，不安，ストレスの解消に向けて〔自〕〔課〕 ・生徒総会を成功させよう　〔課〕〔キ〕	・チームごとのテーマとゴールの設定　〔人〕〔課〕〔キ〕 ・プレゼンテーションまでの計画立案　〔課〕〔キ〕	・望ましい生活習慣 ・強い意志	・社会「二度の大戦と日本」 ・保健体育「体つくり運動」
5	・校外学習の計画を立てよう　〔人〕〔課〕 ・体育祭を盛り上げよう　〔人〕〔課〕 ・進路の選択の準備をしよう①　〔自〕〔課〕	・情報収集，調査活動　〔課〕〔キ〕 ・校外学習（修学旅行）　〔人〕〔自〕〔課〕	・愛国心 ・遵法の精神 ・勤労の尊さ	・国語「敬語」 ・理科「運動とエネルギー」
6	・豊かな人間関係をつくろう　〔人〕 ・進路先を調べてみる　〔課〕〔キ〕 ・生涯を支える健康と安全　〔自〕〔課〕	・プレゼンテーションの準備　〔人〕〔自〕〔課〕〔キ〕	・自主 ・自律 ・友情 ・反省と向上 ・人間愛	・社会「現代社会と私たちの生活」 ・理科「エネルギー」 ・技術 ・家庭「衣服の製作」
7	・夏休みに向けて　〔課〕〔キ〕 ・高校一日体験入学について　〔自〕〔課〕〔キ〕	・プレゼンテーション　〔課〕〔キ〕 ・評価　〔課〕〔キ〕 ・成長エントリー　〔自〕〔キ〕	・自然愛 ・地球愛 ・異性への理解	・社会「人間の尊重と日本国憲法」 ・音楽「有名人へのインタビュー」 ・保健体育「球技」 ・技術 ・家庭「フレームのデザイン」
9	・夏休みの反省と2学期の目標　〔自〕〔課〕 ・進路選択の準備をしよう②　〔自〕〔課〕 ・ボランティア活動　私はこう考える　〔人〕〔自〕 ・思い出に残る学級に　〔人〕〔自〕	・ガイダンス　〔課〕〔キ〕 ・テーマとゴールの設定　〔人〕〔課〕〔キ〕 ・テーマ追求のための計画立案　〔課〕〔キ〕	・生きることの喜び ・差別，偏見 ・望ましい生活習慣 ・遵法の精神	・理科「自然界のつり合い」 ・音楽「合唱の喜び」 ・英語「Let's Talk about Japanese Things」
10	・自分にあった進路先とは　〔人〕〔自〕〔課〕 ・進路の悩みと上手につき合おう　〔人〕〔自〕〔課〕 ・学級の問題点や悩みを解決する　〔人〕〔自〕	・凝縮ポートフォリオの作成自分自身の特徴を選び出して　〔自〕〔課〕〔キ〕	・公徳心 ・生命の尊重 ・集団生活の向上 ・真理の追求	・社会「現代の民主政治と社会」 ・数学「二次関数」 ・理科「化学変化とイオン」
11	・進路最終決定をしよう　〔自〕〔課〕〔キ〕 ・生涯を支える健康と安全　〔自〕〔課〕 ・働くこと，そして生きること　〔人〕〔自〕〔キ〕	・○○ポートフォリオの作成 　一番得意なこと 　進学先で学びたいこと 　伸ばしたい力 　自分の良さ ・面接ワークシートの作成　〔自〕〔課〕〔キ〕	・愛校心 ・他に学ぶ広い心 ・公徳心，社会連携 ・差別や偏見のない社会	・社会「わたしたちの暮らしと経済」 ・保健体育「球技」 ・技術 ・家庭「フレームの製作」
12	・2学期を振り返って　〔自〕〔キ〕 ・充実した冬休みにしよう　〔課〕〔キ〕	・面接練習　〔人〕〔自〕〔課〕 ・志願理由書の作成　〔人〕〔自〕〔課〕	・生命の尊重 ・人類愛 ・勤労の尊さ	・理科「地球と宇宙」 ・美術「卒業記念制作」
1	・新年の抱負を語ろう　〔人〕〔自〕 ・受験の心構え　〔自〕〔課〕	・作文練習　〔課〕〔キ〕 ・面接練習　〔人〕〔自〕〔課〕 ・学級プレゼンテーション　〔人〕〔課〕〔キ〕 ・学年プレゼンテーション　〔人〕〔課〕〔キ〕	・礼儀 ・反省と向上 ・理想の実現	・社会「地球社会と私たち」 ・数学「三平方の定理」
2	・中学校生活ラストスパート　〔人〕〔キ〕 ・未来を信じてはばたこう　〔自〕〔課〕〔キ〕	・相互評価　〔人〕〔課〕〔キ〕 ・入試事前指導　〔課〕〔キ〕 ・成長エントリー作成　〔自〕〔キ〕	・生きることの喜び ・礼儀 ・愛国心	・国語「意見を生かして話し合うには」 ・数学「標本調査」 ・理科「地球の明るい未来のために」
3	・新しい生活を前に　〔人〕〔自〕〔キ〕		・集団生活の向上 ・他者への感謝	

・働くことの厳しさや喜びが体感できる。
・職業の世界について理解ができる。
・就職・進学することの意味を考え、進路先の資料を収集できる。
・進路先の資料を入手し理解を深め、自覚をもって進路を選択できる。
・仕事や学習などについて調べる方法を理解できる。
b) 中学校から上級学校または社会へ移行するに際しての意欲を養い、学習を行うことができる指導・支援
c) 社会人、職業人として求められる資質を高める指導・支援
・集団生活の基本を身につけること
・他者とのコミュニケーション能力を身につけること

②キャリア教育の視点に立った指導
a) キャリア教育の視点に立った教科指導
　生徒が「学校における学び」と「将来の職業生活」との関連を充分に理解して授業に臨めるようにすることが最も大切なことである。そのため、キャリア教育の視点に立った教科指導を展開するための手順が必要になる。
①各教科での学習内容と生徒の将来の職業生活との関連を明確にする。
②各教科で育む「基礎的・汎用的能力」を明確にする。
③単元や教材と「基礎的・汎用的能力」との関連を明確にする。
④「基礎的・汎用的能力」の評価規準を作成する。
⑤評価規準の達成をめざす授業の展開を工夫する。
⑥「基礎的・汎用的能力」の評価規準に基づいて評価をする。
　評価に際しては、①教師が生徒の「基礎的・汎用的能力」を評価する、②教師が自分の指導のあり方について自己評価する、③生徒が自分の能力や態度の発達について自己評価する、などの方法がある。これらの評価を累積し、総括してキャリア・カウンセリングの資料やキャリア教育の評価の資料として活用していくことになる。

b) キャリア教育の視点に立った学級活動
　特別活動がキャリア教育の要と明示された。進路指導の中核をなしていた学

級活動がキャリア教育の中核となることに変わりはない。学級活動でキャリア教育を推進するにあたっては，各学年の発達段階を十分考慮し，ねらいを明確にして系統的に題材を配置することが大切である。

③職場体験

生徒がそれぞれの職場で働く人々の思いに接し，職業の実際を学び，自らの個性や生き方について考え，学校での学習と将来の職業との関連，社会のルールやマナーの大切さを学ぶ機会となる。中学校では多くの取組みが2年生で行われている。学校によって教育課程への位置づけに相違はあるものの，年間計画にしっかりと組み込んで計画・実施をしなければならない。ただし「職場体験」を実施しただけではキャリア教育を行ったことにはならない。事前，事後の指導が重要であり，それを含めて初めて「職場体験」となる。

④キャリア・カウンセリング

いままでの進路相談は，受験校を決めるための面談という「出口指導」のイメージが強かったが，中学校におけるキャリア・カウンセリングは，生徒一人一人の生き方や進路に関する悩みや迷いなどを受け止め，自己の可能性や適性についての自覚を深めさせたり，適切な情報を提供したりしながら生徒が自らの意志と責任で進路を選択することができるよう，個別またはグループ別に行う指導・援助のことをいう。その過程では，①キャリアに関する正しい自己理解を促す，②職業選択，キャリアの方向性について相談にのる，③キャリア目標達成のための，道筋について相談にのる，④キャリアに関するさまざまな情報提供を行う，⑤生きること，働くことへの動機づけと自尊感情の維持とさらなる向上への指導・援助，⑥キャリアに関する情緒的な問題解決の相談，などが考えられる。単なる次の進路先を考えるということではなく，生徒のキャリア形成に関するすべての問題を扱うということを常に念頭に置いておく。

4 キャリア教育実践上の課題

キャリア教育を推進するためには，小学校から高等学校卒業にいたるまで系統的・継続的な取組みが必要であり，学校の教育活動全体を通して生徒のキャリア発達を指導・援助していかなければならない。しかし，キャリア教育を実

践していくにあたり，いくつかの課題があることも事実である。

①小中高の連携による連続した進路指導

生徒の将来を見据えた適切な進路指導は，キャリア教育において最も重要な要素である。進路指導は，進学先や就職先の選定・紹介や合格可能性をよりどころにした指導に終わるものではなく，生徒たちの生き方にかかわる組織的・継続的な指導・援助である。

進路指導の取組みが学校の教育活動全体で行えるよう，小中高の各段階における基本的・総合的な指導計画を策定すべきである。その際，学校内だけでなく，校種間の連携を進める連続的なものにしたい。進路指導の中核となる学級活動においては，指導目標を明確にしたうえで，どの時期にどのような内容で指導するか十分検討されなければならない。

②教職員の理解と実践の促進

キャリア教育を実効あるものにするためには，教職員一人一人がキャリア教育の基本理念を理解するなど資質の向上が不可欠である。そのため，校内外の研修を充実させ，キャリア教育推進の中核的な役割を担う教職員を養成するとともに，個々の教育活動がキャリア教育の視点からみると，どのように位置づけられ，どのような役割を果たすものかについて，すべての教職員が十分に理解する必要がある。実践に必要な知識や指導方法，生徒の発達段階に応じた適切な目標を設定する能力などを習得することがその条件である。そのためには，教職員がキャリア教育についての理解と認識を深めるための研修内容を積極的に取り入れなければならない。

さらに，すべての教職員が，基本的なキャリア・カウンセリングを行って生徒一人一人のキャリア発達を支援できるよう，カウンセリングにかかわる基礎的・基本的な知識や理解が得られる機会を設けることも必要とされる。

③保護者・地域の共通理解，協力の促進

生徒のキャリア発達は，最も身近な大人である保護者の考え方や態度の影響を強く受けることから，保護者との共通理解を図ることも重要なことである。保護者がキャリア教育の取組みを理解できるように，学校がキャリア教育の理

表 7-5　キャリア教育で育成すべき力−「基礎的・汎用的能力」−（東京都教育委員会，2014）

「基礎的・汎用的能力」は，次の①〜④の能力で構成されます。
　この4つの能力は，それぞれが独立したものではなく，相互に関連・依存した関係にあります。このため，特に順序があるものではなく，また，これらの能力を全ての者が同じ程度あるいは均一に身に付けることを求めるものではありません。

		内容	具体的な要素
①	人間関係形成・社会形成能力	多様な他者の考えや立場を理解し，相手の意見を聴いて自分の考えを正確に伝えることができるとともに，自分の置かれている状況を受け止め，役割を果たしつつ他者と協力・協働して社会に参画し，今後の社会を積極的に形成することができる力。 **この能力は，社会とのかかわりの中で生活し仕事をしていく上で，基礎となる能力です。**	○他者の個性を理解する力 ○他者に働きかける力 ○コミュニケーション・スキル ○チームワーク ○リーダーシップ　等
②	自己理解・自己管理能力	自分が「できること」「意義を感じること」「したいこと」について，社会との相互関係を保ちつつ，今後の自分自身の可能性を含めた肯定的な理解に基づき主体的に行動すると同時に，自らの思考や感情を律し，かつ，今後の成長のために進んで学ぼうとする力。 **この能力は，子供や若者の自信や自己肯定感の低さが指摘される中，「やればできる」と考えて行動できる力です。**	○自己の役割の理解 ○前向きに考える力 ○自己の動機付け ○忍耐力 ○ストレスマネジメント ○主体的行動　等
③	課題対応能力	仕事をする上での様々な課題を発見・分析し，適切な計画を立ててその課題を処理し，解決することができる力。 **この能力は，自らが行うべきことに意欲的に取り組む上で必要なものです。また，知識基盤社会の到来やグローバル化等を踏まえ，従来の考え方や方法にとらわれずに物事を前に進めていくために必要な力です。**	○情報の理解・選択・処理等 ○本質の理解 ○原因の追究 ○課題発見 ○計画立案 ○実行力 ○評価・改善　等
④	キャリアプランニング能力	「働くこと」の意義を理解し，自らが果たすべき様々な立場や役割との関連を踏まえて「働くこと」を位置付け，多様な生き方に関する様々な情報を適切に取捨選択・活用しながら，自ら主体的に判断してキャリアを形成していく力。 **この能力は，社会人・職業人として生活していくために生涯にわたって必要となる能力です。**	○学ぶこと・働くことの意義や役割の理解 ○多様性の理解 ○将来設計 ○選択 ○行動・改善　等

念や基本方針などについて適切に情報発信などを行い,保護者が学校の取組みに積極的に参加できるようにする。

④企業や関係諸機関との連携

キャリア教育の推進にあたっては,企業や関係諸機関などと力を合わせることも欠かせない。教育界と経済界が同じテーブルにつく機会を設定し,効率的に職場体験やインターンシップなどが実施できる協力体制を構築したい。

COLUMN

体験学習（職場体験）とは

職場体験とは,「人はなぜ働くのか,何のために働くのか」を児童生徒の一人一人が考えることができるようにするために行われる課外授業である。

中学校では,「キャリアスタートウィーク」の導入により「特別活動」や「総合的な学習の時間」を使い,企業や福祉施設等で実際の仕事を体験する。各職場や職業について直接学ぶ貴重な機会であり,次のような効果が期待できる。

① 仕事に携わり,働くことを体験することによって,職業や仕事に関する現実的・具体的な知識・理解を得ることが期待できる。
② 働く人々に接し,その姿や意見を見聞きすることや仕事についてさまざまな指導を受けることによって,働くことの苦労や喜び,職業の社会的な意義や役割,職業や仕事を通しての生きがいなどを知ることができる。
③ 社会生活・職業生活を営むうえでのマナーやルールとしての規律,礼儀,言葉遣いなどの大切さについて知ることができ,社会人,職業人としての適応力を高めることが期待できる。
④ 授業で習得した知識や理論を実際の職場で実践し体験することによって,その後の授業での学習効果を高めることが期待できる。

生徒にとっては大変有意義な学習体験になるが,5日間以上という日数を受け入れてもらえる職場の確保が大きな課題である。その意味で,企業や団体,地域の理解と協力は欠かせない。

高等学校における生徒指導・進路指導・キャリア教育の計画と実践

[1] 生徒指導の計画と実践と課題

　平成30（2018）年に改訂された高等学校学習指導要領では，「第5款生徒の発達の支援　1生徒の発達を支える指導の充実（2）」で，「生徒が，自己の存在感を実感しながら，よりよい人間関係を形成し，有意義で充実した学校生活を送る中で，現在及び将来における自己実現を図っていくことができるよう，生徒理解を深め，学習指導と関連付けながら，生徒指導の充実を図ること」と生徒指導を進めていくよう記されている。一方，平成20（2008）年改訂の学習指導要領では「教師と生徒の信頼関係及び生徒相互の好ましい人間関係を育てるとともに生徒理解を深め，生徒が主体的に判断，行動し積極的に自己を生かしていくことができるよう，生徒指導の充実を図ること」と表記されており，2つを比較してみると「自己の存在感の実感」「有意義で充実した学校生活」「現在及び将来における自己実現」「学習指導と関連付け」の文言に改められ，より詳細な記載になっている。

　この前改訂からの10年間で，生徒指導上，特記しておかなければならないことが，3つある。

　1つ目は，いじめの問題が大きな社会問題として深刻化し，報道等でも大々的に取り上げられたことである。国民の関心を集めた「いじめ問題」に対して，平成25（2013）年に内閣府に設置された教育再生実行会議は，「いじめの問題等への対応について」という第一次提言を公表。これをきっかけに，平成25（2013）年6月には，いじめ防止対策推進法が国会で可決成立，道徳の教科が進められた。学習指導要領を改訂する中央教育審議会の議論でもいじめ問題が取り上げられ，平成30（2018）年の改訂では，学習指導要領そのものに「いじめ」という文言が記載されている。

2つ目は，平成27（2015）年6月，公職選挙法等の一部を改正する法律の成立・公布により，18歳以上の者が選挙に参加できるようになった。つづく平成30（2018）年6月，「成年年齢の引下げ等に関する法律」が成立し，法律が施行される2022年より18歳の誕生日を迎えれば成人となった。この改正により，多くの高校生は在学中に成人となり，自分の責任でさまざまな意思決定をしなくてはならなくなる。

　3つ目は，平成22（2010）年3月，文部科学省より「生徒指導に関する学校・教職員向けの基本書」として『生徒指導提要』が公表された。ここには，生徒指導を「一人一人の児童生徒の人格を図りながら，社会的資質や行動力を高めることを目指して行われる教育活動」と記されている。

　このような背景の中で，平成30（2018）年改訂の学習指導要領の生徒指導に関する記述の内容が変わることになったと考えられる。情報化，グローバル化，少子高齢化，過疎化・都市化など急速に変化する社会状況の中で，生徒指導上の課題も変化しており，新たな対応が求められるようになっている。生徒指導に関する知識や技能を身につけるよう，日々研鑽に励むことが望まれる。

1 生徒指導のあり方の基本方針と課題

　学校における生徒指導が，問題行動等に対する対応にとどまっているという指摘もある。生徒指導は，①すべての生徒を対象に，②一人一人の生徒の人格を尊重し，③個性の伸長を図りながら，④指導・援助する教育活動，である。そのためには，学校全体で組織的・計画的に取り組むことが欠かせない。生徒が抱える問題は複雑で深刻なものもあり，家庭や保護者，地域，友達の協力を必要とする場合や，警察や児童相談所，病院などの関係機関と連携しながら生徒指導に取り組むこともある。日頃から連絡を取るなど，関係作りは欠かせない。

　さらに生徒指導においては，「集団指導」と「個別指導」を両輪に，巧みな指導が求められる。例えば，学校が集団組織であるからといって，統制のとれた効果的で効率的な組織にすることにとらわれすぎると，生徒一人一人への細やかな配慮に欠ける場合がある。反対に個別指導に偏ると，統制がとれずにまとまりのない集団になってしまうこともある。人間は社会という集団の中で生

きる以上，集団の規律やルールを逸脱するような行動を慎む公徳心を養う必要はあるが，理不尽な規則を押付けることや人権を侵害するようなことがあってはならない。ルールを守れなかった理由に特別な事情がある場合も多々あり，生徒一人一人に配慮した指導と援助が欠かせない。

2 学校全体で取り組む生徒指導

　学校では，生徒は多くの教職員とかかわりながら生活をしている。生徒指導においても，生徒とかかわりのある教師が互いに連携を取りながら組織的に対応することが望ましい。

　学校には，校務に応じて教務部・生徒指導部・進路指導部など，校長を中心とした分掌組織が作られており，学校が機能的に運営される上で重要なシステムとなっている。しかしこれとは別に，教科ごとの担当者から構成される教科会やホームルーム担任・副担任による学年団があり，教師は複数の校内組織の一員となって，役割を担い行動することとなる。縦や横の組織だけではなく多方向のマトリックス組織は，スムーズな情報共有ができ，情報漏れなどのミスも軽減され，状況に応じて個々の教師が自己の役割や仕事を把握しやすいというメリットがある。組織的な生徒指導を行う際，状況に応じ，生徒指導部が中心で行うケースや，学年団で対応するケース，教科で指導するケースと臨機応変な対応が重要である。

　さらに，このような常設された組織で対応する以外に，取り扱う問題行動の内容に応じて，特設のチームで対応することも少なくない。一人の生徒を取り巻く教師は担任だけではない。教科担当者・部活動顧問・委員会顧問・養護教諭・前担任・進路指導部・生徒指導部など，多くの教師とかかわり合うことになる。いじめや不登校など課題が発生した場合，既設の組織ではなくチームで対応することはとても大切である。「学校全体で取組む」という場合，単に分掌組織だけでないことに注意したい。

　ただし，このようなさまざまな教職員で組織されるマトリックス組織の欠点に，指示命令系統や責任の所在が不明確になりやすい点や，意思決定の決断が鈍る点があげられる。そこで，校長・副校長・事務室長・分掌の代表・学年主

任などから構成される会議を設け，連絡調整や意思決定などが行われるようになっている。重大な案件についてはそのような会議を通した後，職員会議で状況の共有化，指導方針の共通理解，協力要請などをおこなうこととなる（校内組織の具体例については第5章を参照）。

3 教科指導における生徒指導

　知識基盤社会の到来にともない，教師は単に「教えることの専門家」から「学びのスペシャリスト」へと変容することが求められている。教師中心の教え込みから生徒自らが生涯にわたって学び続けていく，学びに対する主体性の獲得がとても重要になる。小学校では，子どもたちの「知りたい」という欲求が高いので，それに応える指導が求められるが，中学校・高等学校になるにしたがって「なぜ学ぶのか」という懐疑的な態度が高まってくるため，各教科においては学ぶ意義の理解を十分に深めることがより重要となってくる。

　学校での学びが現在および将来の生活とかかわっていることを理解する機会を持つことが求められ，それぞれの教科の学びによって培われる能力や見方・考え方を実感させる取り組みが必要となる。

4 特別活動における生徒指導

　特別活動には，集団で行う実践的な活動として，ホームルーム活動，生徒会活動，学校行事がある。特別活動は高校生にとって，学級や学校における問題を生徒自身が自発的に自治的に解決していく重要な場である。さらに，生徒会活動や学校行事においても，生徒はさまざまな問題を解決するための活動を行うばかりでなく，自発的な企画を策定し自主的に運営を担うことも多い。

　このような実践的な活動を通して，自分の役割に責任をもって取り組んでいくことによって自分が属している集団への所属感を高め，集団生活によりよく適応できるようになる。また，さまざまな人々と出会う中で自分の特性を知り，自己理解を深め，コミュニケーション能力を高めるなど，自分のあり方生き方についても深く考えていくことができるようになる。以上のように特別活動において，生徒指導・進路指導・キャリア教育との関連性はとても強い。

[2] 高等学校における生徒指導の実際

1 生徒の問題行動

　思春期の高校生は心身の変動が激しく，さまざまな問題行動を起こすことがあり，問題行動に臨む際は高校生の発達の特徴を理解した上で臨む必要がある。問題行動には次のようなものがある。

> いじめ，暴言，暴力行為，器物破損，盗難，飲酒（同席を含む），喫煙，暴走行為，薬物乱用，カンニング等不正行為，インターネットでの誹謗中傷の書き込み，立ち入り禁止の場所への立ち入り，家出，不純異性交遊，異装や服装の乱れ，さぼり，怠学，自殺企図

　ただし大前提として，まずは問題行動が起こらないような予防的な対応が肝要であり，あらゆる機会を通じて指導が行われることとなる。その際，集団への画一的な指導にとどまることなく，個々の生徒に対応した指導が大切である。そのためには，地域や家庭などの連携，関係機関との情報交換などによって，指導の充実を図りたい。

　文部科学省の統計では，小・中学校に比べると高等学校のいじめの件数は少ないとされ，小・中学校では「冷やかしやからかい，悪口といった言葉のいじめ」「叩いたり蹴ったりする軽い暴力のいじめ」など直接のいじめが多いのに対し，年齢が高まるにつれてそれらが減ってくる傾向がある。しかし「いじめ隠し」が巧みになることもあり，統計に現れるいじめは氷山の一角であることを十分に心得なくてはならない。

　高等学校におけるいじめの特徴は「パソコンや携帯電話等で，誹謗・中傷や嫌なことをされる」といったネットいじめの割合が高いことや，手口が巧妙になってくることなどである。例えば，いじめる生徒になりすまして本人の知らないうちに異性に告白するメールを送ったり，ほかの友達に馬鹿にするようなメールを送ったりして本人の人間関係を壊すようなもの，出会い系サイトやコミュニティサイトに個人情報を無断で書き込むなど，いじめる生徒が特定しに

くいケースも出てくる。このように，小・中学校に比べ，難しい対応を迫られる場合が出てくることも特徴である。

2 問題行動への効果的指導

問題行動は適切な対応によっては，健全な人格の発達にとってよい機会となることもある。問題行動を起こした生徒だけではなく，ほかの生徒に対する教育の機会になることを踏まえて指導にあたることが大切である。そのためには，時期を逃してはならない。

問題行動が起こった際は，まず多角的に徹底した事実確認を行う。その際，特別な指導の内容を判断する材料として聴取することを主とするのではなく，問題行動を起こした生徒が問題を自覚し，「どうしてそのようなことを起こしてしまったのか」原因や背景を明確にする過程とするよう心がける。罰を受けることが前提になっていれば，問題を起こした生徒は事実を隠そうとしたり偽ったりしがちであるが，特別な指導は以後の生活に生かすための指導・援助であり，事実確認では正直に問題に向き合わせるよう努めなければならない。

他方，特別な指導を行うにあたっては，保護者の理解と協力が欠かせない。問題行動の事実関係，問題行動に至った経過や背景，問題行動に対する特別な指導内容などについて十分に説明し，理解を求めておくことが大切である。その上で，指導を通して子供の成長への期待をしっかり伝えることが，保護者との連携の鍵となる。

3 中途退学防止への対応

義務教育の小学校や中学校と高等学校で大きく異なる点が，中途退学問題である。

高等学校は，各高等学校の教育方針・教育内容や学科の特色等が異なるため，中学校や中学生ならびにその保護者等に対して広報し，入学時点でのミスマッチを少なくするために努めている。その点で，中学校との連携を十分に取ることが欠かせない。

入学した後，生徒の仲間集団の変化による戸惑い，時間のかかる通学や自宅を離れた下宿生活などによる生活リズムの変化，授業に興味がわかなかったり

表 7-6 卒業直後の進学や就職に関する指導の計画を組み込んだキャリア教育の一例

(文部科学省, 2012)

	自己の適性理解	進路情報の活用・将来設計	教科・科目の適切な選択 主体的な進路の選択決定
第1学年	・興味検査を実施(興味の志向性を確認)する。 ・適性検査を実施(職業適性を確認)する。 ・自分に影響を与えた出会いや出来事から、自己の特性を理解する。 ・自分の好きな科目や得意な分野を知る。	・興味に適した職業分野を探索する。 ・興味に適した学問分野を探索する。 ・四年制大学・短期大学・専門学校・留学について調査する。 ・入試制度について調査する。(国内に限らず、海外の入試制度について理解する) ・資格・免許・スキルが、社会でどのように活用されているか、その取得や修得の方法について調べる。 ・目指す分野の有名人のキャリアパスを調べる。	・中学校での学びと高校での学びのつながりについて確認する。 ・学校での学習が、日常生活と深いかかわりを持っていることを理解し、高校での学習を充実させる態度を形成する。 ・自分の興味・関心や能力を更に伸ばすよう科目等を選択する。
第2学年	・やりたいこと、学びたいことを探索する。 ・体験等から、自己の適性について理解を深める。 ・自己の能力について検査等を利用して客観的に調べる。	・インターネットでの情報活用の仕方を学ぶ。 ・やりたいこと、学びたい分野にかかわる書籍を探し、読み込む。 ・高大連携プログラムへ参加する。 ・学校説明会・オープンキャンパスへ参加する。 ・インターンシップに参加する。 ・卒業生と懇談する。 ・学部・学科について理解を深める。	・進学希望者は、上級学校進学後の就職の実態について調査する。 ・上級学校で学ぶ内容と、高校で学ぶ学習内容との関連を踏まえ、科目等を選択する。 ・学ぶことを通して得た達成感、充実感を確認する。 ・学ぶことを通して味わった喜びを確認する。
第3学年	・自己の個性を社会や職業に生かそうと意欲を高める。 ・生涯にわたって、自己の個性を高め、能力を発揮しようとする態度を形成する。	・進路希望を明確にする。 ・進路希望の先にある将来を展望する。 ・3年間の進路学習をまとめる。 ・後輩に、自分の進路決定までの歩みを伝える。	・高校での学習を通して、伸びた能力や備わった態度を振り返ってみる。 ・高校で学んだことが、自分の人生に生かされているか想像する。 ・3年間の学びを振り返り、総括する。 ・進路希望を選択する。

ついていけなかったりすることが，怠学や中途退学につながることがある。また，目的意識や学習意欲が不十分な状態や基礎的な学力が十分身についていないまま高等学校に入学する生徒もいる。入学時の4月は生徒一人一人に目を配り，指導・援助していくことが重要となる。なお，部やクラスメイトの人間関係のつまずきもきっかけになりやすいので，適応指導の充実が求められる。

[3] キャリア教育の計画と実践と課題

　高等学校では長らく，進学指導と就職指導を中心とした進路指導と職業選択のための職業指導が広く行われていた。しかし，平成20（2008）年の学習指導要領の改訂を経て，進路指導・職業指導の際に一生涯のキャリア発達を育成するという長期的視点に立ち，キャリア教育の視点を取り入れた指導を行うことが推奨されるようになった。そして，平成30（2018）年の改訂において，学校教育全体を通してキャリア教育を展開させていく必要性が指摘され，各学校においてもさまざまな取り組みがなされるようになった。

　この具体的な取り組みの全体計画の例である表7-6は，キャリア教育に重要な「自己の適性理解」「進路情報の活用・将来設計」「教科・科目の適切な選択，主体的な進路の選択決定」の3つの観点にそって，各学年で行うキャリア教育の内容を示したものである。これらの内容から，各教科や特別活動，さらには探究的な学習の時間それぞれにおいて，教科・科目の特性に合わせて計画を策定すること，すなわち，カリキュラム・マネジメントの実践へとつなげていくのである。なお，実践には，さまざまな形態で実施されるアセスメントも重要となる。

◾️ 教科指導におけるキャリア教育

　これまでのさまざまな調査の中で高校生の悩みとして，教科学習への自信のなさや現在の自分の学びが将来の社会生活にどのように役立つかについて理解できていないなど，教科学習における課題が指摘されている。そこで教科教育においては，より一層，各教科・科目の学習を将来の社会生活や職業生活などと結びつけていくことが必要となってくる。そのことによって，学ぶ意義の理

解や学ぶ意欲の向上が期待される。また，各教科の目標や内容に即して，キャリア教育の目標である4つの能力,「人間関係形成・社会形成能力」「自己理解・自己管理能力」「課題対応能力」「キャリアプランニング能力」の育成を図ることができる。

各学校では，生徒の実態に応じたさまざまな取り組みがなされている。たとえば，国語では「話す・聞く・読む・書く」の表現力を高めるような言語活動を行う中で，キャリア教育の題材を使用して将来の自分のことを考えさせるという取り組みがあり，社会科では社会経済状況を知り自分の職業選択の際に生かしたり，18歳から選挙権を得ることや働くことの意義ややりがいと同時に社会的な責任を果たすことの重要性を学んだりすることができる。家庭科では自分の将来の生活設計を考えるための実践的な態度を養うことや家庭生活を営むことの重要性や地域社会とのつながりを学べ，数学では論理的な考え方や統計的な内容の理解を，理科では環境問題などについて考えたり，保健体育では健康の大切さや生きることの意味などを考えたりもできる。

そのうえで，教科・科目間での連携を図ることができれば，自己達成感や自己肯定感の向上ならびに自己理解を深めることなどにつながり，将来への展望も開けてくるであろう。

2 キャリア教育の要としての特別活動

キャリア教育・進路指導は，特別活動の中だけで行うものではなく，学校の教育活動全体の中で実施するものである。学校の中では，さまざまな機会にキャリア教育が行われており，それらを「要」としてつなぎ合わせる役割を担っているのが特別活動である。

特別活動は，集団活動を通して，よりよい人間関係の形成や生徒一人一人の個性を育む実践的な教育活動であることから，学習指導要領で，唯一,「自己の良さ」に触れている。特別活動の実践的な活動や多様な他者との交流等を通して，自己及び他者のよさに気づく機会となる。その気づきが将来の自立を促す基盤となる。

具体的には，平成30（2018）年改訂の学習指導要領には，ホームルーム活

動として，ア学校生活と社会的・職業的自立の意義の理解，イ主体的な学習態度の確立と学校図書館等の活用，ウ社会参画意識の醸成や勤労観職業観の形成，エ主体的な進路の選択決定と将来設計の4項目があげられており，特にキャリア教育を展開していく重要な時間であることがわかる。

　ホームルーム活動の具体的な取り組みとして，ホームルーム活動における1年次の事例を図7-2にあげる。キャリア教育として企画されているが，生徒指導にも役立てることができる。

3 社会に開くキャリア教育

　平成30（2018）年3月の中教審答申「第3期教育振興基本計画について」中の「各学校段階における産業界とも連携したキャリア教育・職業教育の推進」という項で，「初等中等教育段階においては，地域を担う人材育成に資するためにも，地元企業等と連携した起業体験，職場体験，インターンシップの普及促進を図るとともに，特色ある教育内容を展開する専門高校への支援と成果の普及に取り組む。また，高校生らが働くことを意識しながらビジネスの手法等を学び，地域の大人とともに地域課題を解決する取組を促進する。高等教育段階においては，産業界と連携し，適正なインターンシップのさらなる推進を図るとともに，ボランティア等の学外で行う活動の授業の一環としての位置付け，単位化を促進する」と記されており，地元地域との連携・協働を軸としたキャリア教育の推進を図る必要がある。

　これまでも，「生徒による地場商品の開発」「地場産業へのインターンシップ」「生徒による観光ボランティア」「祭事やスポーツイベントなどの地域行事への企画・運営・参加」など，地域と連携・協働したキャリア教育の事例は全国に数多くある。このような先進的な事例を参考に，地域や学校，生徒の実態を踏まえ，独自のキャリア教育の計画を立てることが求められている。

〔ホームルーム活動の事例〕 自分を知ろう

◆**ねらい** 自己実現に向けて，自己を適切に理解することは重要である。自己を知る方法に，自分で自分を知ること，身の回りの人に教えてもらう方法，検査から知る方法がある。ここでは，自分が思っている自己像と，友人から見た自己像の相違を知ることを目的とする。他人の良いところを尊重する態度にも気がつかせたい。

◆**実施学年** 1年時 1学期（入学して1ヶ月目くらいの時期）

◆**準備** 班ごとに着席する

◆**ワークシート（授業の展開）**

（個人ワーク1） 次の表の中から，あなたの性格を4つ選んで下さい。「自分の性格がわからない」という人もいるかも知れませんが，日頃の自分の行動や態度を振り返ってみると，該当する用語が見つかるはずです。

自　分					（自分の秘密）

1. 愛嬌がある		2. アイディアが豊富		3. 明るい	
4. 温かい		5. 一生懸命		6. おおらか	
7. 落ち着きがある		8. 大人っぽい		9. 思いやりがある	
10. 穏やか		11. かっこいい		12. 活発	
13. 我慢強い		14. かわいい		15. 感受性豊か	
16. 気配りができる		17. 気取らない		18. 几帳面	
19. 協調的		20. 決断力がある		21. 好奇心が旺盛	
22. 健康的		23. 公平		24. 心が広い	
25. さっぱりとした		26. 親しみやすい		27. しっかりしている	
28. 指導力がある		29. 社交的		30. 集中力がある	
31. 正直		32. 親切		33. 慎重	
34. 信念がある		35. 素直		36. 責任感がある	
37. 積極的		38. 説得力がある		39. 世話好き	
40. センスがいい		41. 大胆		42. たくましい	
43. 頼りになる		44. チャレンジ精神がある		45. 丁寧	
46. 適応力がある		47. 努力家		48. 堂々とした	
49. 熱心		50. ねばり強い		51. 控えめ	
52. まじめ		53. 無邪気		54. 物知り	
55. 約束を守る		56. 優しい		57. 勇敢	
58. ユーモアがある		59. ゆったりしている		60. 陽気	
61. 理性的		62. 礼儀正しい		63. 冷静	

(個人ワーク 2) グループの友達の性格を上の表の中から 4 つ選びましょう。グループの友達の性格を選ぶ際は，まじめな姿勢で親身になって選びましょう。あとで，発表します。

氏　　名				

必ず 4 つ選んで下さい

(個人ワーク 3) 最初に自分でつけた番号を○で囲みましょう。次に，友達に指摘されたものの番号の脇に黒の鉛筆でチェック（レ）を書いていきましょう。チェック（レ）数は指摘された数だけ書いていきましょう。
　次の表に，あなたの性格を番号ではなく言葉で書いていきましょう。
　　○もレもついたものは　　　《開かれた窓》に
　　レがつかず，○がついたものは　《秘密の窓》に
　　○がつかず，レがついたものは　《盲点の窓》に　　記入

《盲点の窓》 自分はわかっていないが，他人が知っている自分	《開かれた窓》 自分もわかっており，他人も知っている自分
《暗黒の窓》 自分にも他人にもわからない自分	《秘密の窓》 自分にはわかっているが，他人にはわからない自分

図 7-2　ホームルーム活動の事例
　　　　　（東京都高等学校進路指導協議会進路学習研究部会，2000）

IV 発達障害のある児童生徒の特徴と支援のあり方

[1] 特別支援教育について

　文部科学省が2012年に発表した資料（通常の学級に在籍する発達障害の可能性のある特別な教育的支援を必要とする児童生徒に関する調査）結果によると，発達障害のある児童・生徒の通常学級在籍割合は約6.5％である。このような障害のある児童生徒への支援に関して，平成17（2005）年に「発達障害者支援法」が施行された。基本理念は，以下の2項目である。

- ○個人としての尊厳にふさわしい日常生活・社会生活を営むことができるように発達障害の早期発見と発達支援を行い，支援が切れ目なく行われることに関する国及び地方公共団体の責務を明らかにする。
- ○発達障害者の自立及び社会参加のための生活全般にわたる支援を図り，障害の有無によって分け隔てられることなく（社会的障壁の除去），相互に人格と個性を尊重（意思決定の支援に配慮）し合いながら共生する社会の実現に資する。

以上の基本理念に沿って，発達障害者支援法は以下3点を要請している。

- ○国民は，個々の発達障害の特性等に対する理解を深め，発達障害者の自立及び社会参加に協力するように努める（国民の責務4条）。
- ○国及び地方公共団体は，発達障害児（十八歳以上の発達障害者であって高等学校，中等教育学校及び特別支援学校並びに専修学校の高等課程に在学する者を含む）がその障害の状態に応じ，十分な教育を受けられるようにするため，適切な教育的支援，支援体制の整備その他必要な措置を講じるものとする（教育8条）。
- ○事業主は，発達障害者の能力を正当に評価し，適切な雇用機会の確保，個々の発達障害者の特性に応じた雇用管理を行うことにより雇用の安定を図る

よう努める（就労の支援10条）。

　このように，発達障害のある児童生徒の理解を促進し，社会的自立をめざして学校生活において支援を行うこと，教育においては発達障害のある児童生徒の特性に応じて配慮（合理的配慮）を行うこと，一方，就労については雇用機会を十分に確保することが求められている。今後，発達障害のある児童生徒が在籍する中学校・高等学校・大学などの教育機関は，医療機関やハローワークなどの就労支援機関との協力体制を一層充実させていく必要がある。

　発達障害者支援法を受けて，平成19（2007）年4月に学校教育法が改正され，これまで特別支援学校と特別支援学級で行われていた特殊教育から，通常学級を含むすべての学校における特別支援教育に本格的に移行した。特別支援教育とは，「幼稚園，小学校，中学校，義務教育学校高等学校及び中等教育学校においては，次項各号〔知的障害者，肢体不自由者，身体虚弱者，弱視者，難聴者，その他障害のある者で，特別支援学級において教育を行うことが適当なもの〕のいずれかに該当する幼児，児童及び生徒その他教育上特別の支援を必要とする幼児，児童及び生徒に対し，文部科学大臣の定めるところにより，障害による学習上又は生活上の困難を克服するための教育」（学校教育法第81条）である。平成18（2006）年の第61回国連総会で採択された「障害者の権利に関する条約」を平成26（2014）年に日本が批准したことにより，小学校から中学校，さらに高等学校においても，特別支援教育の支援体制が整備されつつある。

[2] 発達障害のある児童生徒の理解

　障害のある児童生徒の支援と教育を行うためには，その児童生徒の障害の特徴について，本人と保護者および教師が正しく理解していくことが重要である。

　前述の発達障害者支援法によると，発達障害とは「自閉症，アスペルガー症候群その他の広汎性発達障害，学習障害，注意欠陥多動性障害その他これに類する脳機能の障害であってその症状が通常低年齢において発現するものとして政令で定めるもの」，発達障害者とは「発達障害がある者であって発達障害及

び社会的障壁により日常生活又は社会生活に制限を受けるもの」，発達障害児とは「発達障害者のうち十八歳未満のもの」をいうと記載している。

　すなわち，何らかの要因による中枢神経系の障害のため，生まれつき認知やコミュニケーション，社会性，学習，注意力などの能力に偏りや問題を生じ，現実生活に困難をきたす障害のある児童生徒のことである。

　発達障害の定義や分類にはさまざまなものがあるが，大まかに次の3グループに分類される（本節では主に DSM-5 の診断名を使用する）。

　第1グループは，こだわりが強く，コミュニケーションや対人関係・社会性に障害がある自閉スペクトラム症／自閉スペクトラム障害である。このグループには，言葉の発達の遅れを伴う自閉症（知的な遅れを伴うこともある）と，知的な遅れを伴わない高機能自閉症，言葉の遅れと知的な遅れを伴わないアスペルガー症候群と呼ばれるものなどが含まれ，それらをまとめて広汎性発達障害という言葉も使われている。

　第2グループは，一定の時間集中できず多動で衝動的に行動したり，不注意が多発したりするような，注意欠如・多動症／注意欠如・多動性障害（AD/HD）である。

　第3グループは，読む・書く・計算するなどの能力が極端に苦手である限局性学習症／限局性学習障害である。

　以上の障害のある児童生徒は，すでに診断を受けて投薬治療などを受け，療育手帳や障害者手帳を取得している場合もあるが，そこまで至っていない児童生徒もいる。さらに，通常学級においては，3グループのうち，特に知的な遅れを伴わない児童生徒が在籍することになるため診断を受けていない場合も多く，それまで教師の努力による最大限の教育的支援をうけて学校生活を送ってきた場合には，保護者や本人も障害についての認識がない場合も多い。

　進学の場合には，それまで在籍していた学校から，本人の特徴と在学中に受けてきた支援内容が記載されている教育支援計画書などの書面を用いて申し送りがなされる。しかしながら，このような申し送りがない場合には，入学時点で，児童生徒がこれからの生活や学習をする際にどのような問題を抱えている

かについて把握することは非常に難しく，入学後に極端に集中力がなく落ちついて学級生活ができず対人関係のトラブルが起こったり，学習面で大きな困難を抱えてはじめて問題が顕在化したりすることが多い。さらに，担任が本人の障害を含めて特徴を十分に理解していないと問題のある生徒としてみられがちとなり，学級内でいじめの対象になる場合もある。

　一方，発達障害のある児童生徒たちは自分自身をどのように理解しているのであろうか。それは，児童生徒本人が学校生活や社会生活の中で，どのような体験を積んだかということと深く関連している。例えば，自分なりにある課題に熱心に取り組んでいるにもかかわらず，保護者や教師などから「なぜほかの子と同じようにできないか」と厳しく叱責されたり，グループ活動などで自分の意思疎通がうまくいかなかったり，周囲の児童生徒との違和感を抱えて悩むことがある。このような辛い経験を積み重ねるうちに「何をやってもうまくいかない」と傷つき自信を失い，時には不登校に陥ってしまう場合もある。

　しかし，さまざまな活動の中で保護者や教師，友達から自分の活動の成果を称賛されたり，高い評価を受けたりできた場合には，活動が成功体験として実感できたり，自分の得意な面を知ることによって自己の適性への理解が深まったりするなど，自信をもつことや自己肯定感を高めることができるのである。

[3] 発達障害のある児童生徒に対する生徒指導・進路指導・キャリア教育

　生徒指導の内容は，障害のない児童生徒と同様に，開発的な支援の考え方をもって，第3章で示した6つの支援を行う（pp.59-60参照）。健康と安全についての支援を基礎とし，望ましい基本的生活習慣の育成などの個人的適応のための支援と，集団生活を送るための適応として，コミュニケーション能力や道徳的な意識の向上など社会性育成のための支援は特に重要である。これに加えて，障害の特性に合わせて，学業向上のための支援や進路や職業選択と決定のための支援，さらに，余暇についての支援を行う。

　進路指導・キャリア教育に関しては，その理念と目標は，障害のあるなしにかかわらず，すべての児童生徒にとって同一である。児童生徒自身が，社会と

の相互関係を保ちつつ，自分らしい生き方を展望し，実現していけるように，キャリア発達を促すことが非常に重要である。したがって，発達障害のある児童生徒の場合には，将来の進路を選択するにあたっては，障害をもつために，あるいはその可能性があるために，卒業後の進路をまったく考慮せずに卒業だけを目標としたり，進学の場合にその時点での評価される能力のみで入学できる学校を選択するような支援では不十分である。むしろ，在学中に児童生徒のもつ特に優れた知識や能力の発達を十分に促し，その可能性を考慮しながら進路の指導を行うことが必要である。

　進学指導の場合には，本人の希望を最大限尊重しながら，その児童生徒がもつ知識や能力を発揮できるような将来の職業選択をも視野にいれて，進学先を選択決定していくことが大切である。また，就職指導の場合には，日常の学習において，さまざまな能力やスキルのうち児童生徒の得意で優れている能力を伸ばしつつ，その児童生徒の将来の可能性を考慮しながら，職業選択を考えていく必要がある。

　その際，コミュニケーションが不得意で，社会性の発達が未熟である場合には，できるだけ低学年から，社会規範と最低限の社会的ルールなどを学ぶことや，その時々の状況にふさわしい行動がとれるようにするために，トレーニングの方法を工夫することによって，さまざまなスキルの向上の支援を行うことが非常に大切である。そのために，在学中からできるだけ多くの種類の比較的長期の職業体験を行うことが，職業選択を考えるための啓発的経験として非常に有効である。

　さらに，発達障害のある児童生徒の支援に関しての基本的方針は，次の4項目に取り組みながら行うことが重要である。なお，この4項目は，発達障害ばかりでなく，ほかのさまざまな障害のある児童生徒の教育に共通する。

　①個別の「教育支援計画」を作成する
　②個別の「指導計画」を作成する
　③支援を行う際に，障害の特性に応じての「合理的配慮」を行う
　④障害のある児童生徒と障害のない児童生徒との「交流及び共同学習」を行う

①の個別の「教育支援計画」は，障害のある児童生徒一人一人の障害の状況とニーズを正確に把握し，将来を見通して幼少期から卒業して社会に出るまで一貫した長期的な教育の支援を行うために必要な計画を立てることである。さらに，児童生徒の状況に応じて，学校が，医療機関，及び職業訓練期間，ハローワークなどさまざまな機関と連携を図りながら支援を行うことが重要であり，その支援の方法もこの計画に含まれている。

　②の個別の「指導計画」は，特に学校現場において，障害のある児童生徒の指導を行うために，児童生徒一人一人の教育的ニーズに応じて，学期，学年ごとに作成される計画である。具体的には，各教科の学習や特別活動・総合的な学習の時間などのさまざまな教育活動において，教科や学習単元ごとに作成され，それぞれの指導目標や指導内容，さらにはその児童生徒に必要な教育方法をも含んだきめ細かい指導計画を指している。

　③の「合理的配慮」は，「障害者の権利に関する条約」第2条において，「障害者が他の者との平等を基礎として全ての人権及び基本的自由を享有し，又は行使することを確保するための必要かつ適当な変更及び調整であって，特定の場合において必要とされるものであり，かつ，均衡を失した又は過度の負担を課さないものをいう」と定義されているように，障害のある児童生徒に対して，その障害の状況に応じて学校教育を受ける場合に，個別に必要とされるものである。そのため，(1)専門的知識をもつ教師と支援員等の確保，(2)施設や設備の整備，さらに(3)個別の教育支援計画や指導計画に対応した柔軟な教育課程の編成や教材等の配慮が求められる。

　「合理的配慮」に関して重要な点は，教師や学校が児童生徒の状態を訓練や治療によって変えるのではなく，変更や調整を行うということである。例えば，児童生徒の状況に応じて試験時間を延長したり，教師の説明や板書を撮影したりすることを認めるなどがあげられる（髙橋・髙橋，2015）。また，文部科学省が示しているように「教員側に過度な負担は求めないこと，教育の本質や評価基準を変えることは求めない」ということでもあり，その児童生徒の障害の状況に応じて個別指導の方法を変えることがあっても，合格の基準は変えずに

学習成果を評価することが肝要である。

④の「交流及び共同学習」は，平成29（2017）年改訂の特別支援学校の学習指導要領で，「他の特別支援学校や，幼稚園，認定こども園，保育所，小学校，中学校，高等学校などとの間の連携や交流を図るとともに，障害のない幼児児童生徒との交流及び共同学習の機会を設け，共に尊重し合いながら協働して生活していく態度を育むようにすること」と示されているように，すでに多くの学校において学校行事や地域の活動などの機会に交流による学習が行われているが，今後はさらに教科学習なども通じて，障害のある児童生徒と障害のない児童生徒が共同学習する機会を多くもてるようにすることが望ましい。

障害のある児童生徒が，限られた人間関係にとどまることなく，交流を通してさまざまな児童生徒と一緒に活動し，経験とともに自分が受け入れられる実感を得ることができるため，より広い社会で生活を送っていくことへの意欲と自信が高まることが期待できる。

以上①～④の基本方針をおさえながら，児童生徒自身が社会との相互関係を保ちつつ，自分らしい生き方を展望・実現していけるように，キャリア発達を促すことが求められる。

[4] 支援のネットワーク構築の重要性

学校生活の中で順調に進級でき，就職に至ったケースは，本人や保護者を中心として学校内と学校外との支援のネットワークが構築され，それが有効に機能した場合である。学校内では本人と保護者を中心に，担任だけでなく障害のある児童生徒についての専門的な知識をもつ教師やスクールカウンセラーなどを交えて個別の指導計画を立て，連携して支援を行うことが推奨されている。

特に，中学校以上の教科担任制になってくると，担任だけではなく本人とかかわるすべての教師が支援に携わることになるため，支援のネットワークを構築することは重要である。さまざまなスタッフが連携する支援のメリットは，教師間で児童生徒本人に関する情報共有ができるだけでなく，主たる支援者である担任が専門知識をもつ教師やカウンセラーからコンサルテーションを受け

られるため，信頼関係が構築されやすかったり支援の質が高まったりすることである。

特に，就職支援においては，学校内に就職に関する専門的な知識を持った教師が少ないことから，支援について限界がある場合が多い。そのため，医療機関だけではなく，労働や福祉を担当する外部機関との支援ネットワークを構築することが必要となる。外部機関には，各都道府県や政令指定都市に設置されている発達障害者支援センター，医療機関，高齢・障害・求職者雇用支援機構（JEED）および，障害者職業センター，ハローワーク，障害者就業・生活支援センターなどがあげられる。

このうち，発達障害者支援センターは，特に診断を受けていない児童生徒が初めて相談に行く際に，医療機関よりも心理的に抵抗感が少ない。また，障害者職業センターは，医療機関とも連携し，職業準備訓練のプログラム（短期から数週間まで）を持っている場合も多く，ハローワークなどの障害者の就労に関する専門部署とも連携をとっているため，実際の就職支援を行う段階で非常に有効となる。

[5] インクルーシブ教育

近年，インクルーシブ教育システムを構築することが推奨されている。「インクルーシブ教育システム（inclusive education system）」は，包容する教育制度とも訳されるが，「障害者の権利に関する条約」第24条「教育」においては，人間の多様性の尊重等を強化すること，障害者が精神的および身体的な能力等をその可能な最大限度まで発達させること，自由な社会に効果的に参加することを可能とすることといった記載があり，障害のある児童生徒と障害のない児童生徒が一緒に同じ学級内で学ぶことである。

インクルーシブ教育を行うためには，前述の「交流及び共同学習」よりも多くの支援スタッフが必要であり，すべての人が障害に対する偏見をなくし，人間性に対する広い視野と教養を備えるような教育と交流の経験が必要である。

インクルーシブ教育を推進していくメリットは多く，障害のある児童生徒に

とっては，一般社会の中で自分の得意な力を最大限発揮できるような機会をもつことができ，そのことによって自己有用感の向上が期待できることなどがある。一方，障害のない児童生徒にとっても，さまざまな特徴をもつ児童生徒と共生していく経験を積むことにより，障害についての理解が深まるばかりではなく，人間に対する見方や生き方についての考えがより豊かになるであろう。

　小学校，中学校，高等学校における通常学級での指導，通級による指導，特別支援学級・特別支援学校での指導が，これまで以上に連携して教育を行いつつ交流が図られることが望まれている。

演習問題

❶　小学校，中学校，高等学校の生徒指導の目標と指導上のポイントを述べなさい。

❷　小学校，中学校，高等学校，特別支援学校のキャリア教育の意義を述べなさい。

❸　小学校，中学校，高等学校，特別支援学校のキャリア教育の実践上の課題を述べなさい。

第8章

児童生徒の問題行動の特徴と支援

吉田 辰雄・横山 明子

　本来，保護者や教師らは，家庭，学校，地域社会がそれぞれの教育機能を発揮して，児童生徒がそれぞれ個性化，社会化を図り，人間として成長・発達していくことを願うものである。しかしながら，現実社会は児童生徒をして多くの問題行動を発生させている。非行，不登校，暴力行為，いじめ，高校中途退学など，さまざまな問題がいたるところで見られる。本章では，こうした問題行動の発見と支援のあり方について明らかにしていく。さらに，これらの問題に対する法的制度についても取り上げる。

Ⅰ 問題行動の特徴と理解

[1] 問題行動の概念

　近年は「問題行動」とか「問題をもつ子ども」という言い方が一般的であるが，過去においては「問題児」という言い方が使われたこともあった。しかし，問題児といった場合は，その児童生徒のもっているある面の問題性を過大視して，他の長所や人格，人間性全体までも問題視して特別な人間としてレッテルを貼ってしまうことになる。こうした態度は，現代の人間性尊重の精神の立場からも不適当である。

　児童生徒の行動を「問題がある」として，問題行動として取り上げる場合，まず，「だれが」「何を」「どの程度」問題としているかを明らかにすることが大切である。それというのも，児童生徒の行動を問題視する見方は，保護者，教師，友人，一般社会人，それに警察，家庭裁判所当局など，それぞれの立場によって異なる場合が多いからである。したがって，問題行動についてのそれぞれの判断や基準を，ある程度明確にしておく必要がある。そこで，児童生徒のある行動をどの程度問題視するのか，またどのような指導や治療を施すかは，問題の種類や程度によって異なるが，一応，次のような判断基準が考えられる。

　①発達的基準——児童生徒の発達段階に対応した行動であるか否か
　②統計的基準——児童生徒が所属する集団の平均からマイナスのほうに極端に逸脱しているか否か
　③医学的基準——医学的な診断基準から見て病的症状が見られるか否か
　④価値的基準——社会的・文化的価値基準から見て適合しているか否か
　⑤環境的基準——児童生徒の成長・発達を阻害し，不利益をもたらしているか否か

　このような基準に照らして児童生徒の行動を見ることによって，問題行動そ

のものの特徴を明らかにすることができる。ただし，いくつかの複合した問題行動が見られることもある。児童生徒の問題行動の種類は，さまざまなものがあり複雑多様である。広義には，親や教師や学校の児童生徒，社会が迷惑を被っている行動，法律に触れ当局が取締りの対象としている行動，本人自身が悩み，困惑している行動などは，すべて問題行動とみなされるといってよい。

［2］ 問題行動の種類と特徴

学校生徒指導の立場から，児童生徒の問題行動を，**1**反社会的行動，**2**非社会的行動，に大別することができる。

1 反社会的行動（antisocial behavior）

反社会的行動とは，問題行動の一種で，学校の規則・校則の違反行為や他人に危害を加え，一般社会の秩序を乱すなど社会規範にそむくなどの行動をいう。反社会的行動としては，具体的には，教師や他の児童生徒への暴力行為や器物破損，陰湿ないじめ非行，たかり，凶器所持，家出，物品持出し，不良交友，不良集団への加入，婦女誘拐，不純異性交遊，さかり場徘徊，金銭乱費，不健全娯楽，盗み，傷害，放火，飲酒，喫煙，怠学などをあげることができる。

反社会的行動でも，例えば，児童生徒の精神的・社会的発達過程における自主・独立の欲求，青年性としての生意気さなどが，法規上，未成年に禁じられている行為をして，大人でありたいと背伸びする態度表明である場合もあり，そうした場合には，厳しく対処し彼らの発達の芽を摘み取ることは必ずしも好ましいことではない。しかし，重大な問題性をもった行動は見逃すことはできないことはいうまでもない。青年期前期に当たる中学生のころは，比較的反抗・拒否の現象が現れやすい。日常生活場面で欲求不満になったときに，欲求不満耐性の低い者は理性で感情を統制することができず，「キレる」とか，自分の欲求のままに行動することが多く，時として反社会的行動をとりやすい。

2 非社会的行動（asocial behavior）

非社会的行動とは，社会的接触を避ける傾向があり，また，他に危害を加えたり迷惑をかけたりすることは少ないが，しかし，自己の健康や徳性を害して

身体的,精神的に健康な発達を妨げる行動をいう。具体的には,過度なひきこもり,長期間にわたる不登校,自殺の企て,退行（拗ねる,癇癪）,睡眠薬や覚醒剤の濫用やシンナー等の吸引による健康を害する行為などがあげられる。

こうした非社会的行動のうちには,その症状や問題の程度にもかなり差異があり,日常の生活行動の中で,あまり問題視しなくてもよい程度のものから,専門的な治療指導を要するものがある。概して,非社会的行動の背景として,特別なものを除いて,この種の児童生徒は自我の発達や社会性の発達も未熟であるといわれる。

以上のように反社会的行動と非社会的行動に区分して論じてきたが,両者の間には力動的な関係があり,ある種の非社会的問題行動をとっていた者が一転して反社会的行動に移行し,反社会的行動から非社会的行動に向かうこともあるので弾力的な対応が大切である。

[3] 問題行動の発見と予防と支援

1 問題行動の発見

児童生徒の問題行動の早期発見,早期指導が生徒指導の原則である。早期に発見した場合は,指導が容易であるとともに,その効果も上げやすいことは当然のことである。児童生徒の問題行動は,その大部分が適応の失敗や歪みによる不適応行動であり,その原因は各個人の素質,性格などの個体的要因と,彼らを取り巻く人間関係や文化的・社会的条件などの環境要因の相互作用の結果であるとみなすことができる。したがって,児童生徒の問題性は,ただ単に表面に現れた現象だけを見ても十分に理解することはむずかしい。

問題行動の動機,原因,理由,心理的背景,家庭,学校・社会環境,友人関係,生育歴,パーソナリティ,といった面からの総合的理解が必要である。生徒指導の立場からは現状を早期に,しかも正しく理解することが大切である。概して,問題性の症状には,次のような意味があることが指摘されている。

①表現としての意味——ある症状は,何らかの問題の表現であり,根底には問題が存在している。

②警報としての意味——ある症状は，何らかの問題のあることを周囲の者に知らせる警報の意味をもっている。

③愁訴・主張としての意味——ある症状は，児童生徒の悩みや苦しみの訴え，主張の現れである。

こうした問題性の症状を的確に理解し，問題の発見と理解，予防に役立てていくことが必要である。児童生徒の問題行動の理解の方法としては，大きく次のように分けることができる。

①日常生活的理解——主観的，印象的理解ともいわれるもので，日常的には教師が児童生徒を理解したりするのに，日常的観察に基づいて，その教師なりの個人的，主観的，印象的な理解が行われる。児童生徒理解の基本的なものといえるし，また，出発点ともいえる。ただし，ことによると教師の独断と偏見，先入観などが介入することがあるので，こうした観察や経験にのみ依存しすぎるのは必ずしも好ましくない。

②診断的理解——客観的，科学的理解ともいわれるもので，諸調査，心理諸検査，脳波を含む医学的諸検査，診断面接などを実施して，児童生徒を客観的，科学的，多面的に診断し理解しようという立場である。

③カウンセリング的理解——学校における教育相談（進路相談）において，共感的理解ということがいわれるが，これに相当するもので，教師は児童生徒の立場に立って，彼らの見方，考え方，感じ方，感情表出の仕方に沿って理解をしていく立場である。

児童生徒の問題行動には，その問題の種類や程度（問題の深度）によって学校生徒指導の限界を超えるものもある。その場合には，教育相談所，児童相談所，精神衛生センター，警察署少年係，病院などの専門諸機関の協力を必要とする。

2 問題行動の予防と開発的な支援

児童生徒の問題行動の防止の取り組みについては，学校生徒指導の立場から，
　①生命の尊重等についての指導の徹底
　②個々の児童生徒の実態の十分な把握と指導の徹底

③教育内容の研究・改善による創意工夫を生かした豊かな教育活動の展開
④生徒指導に関する学校の組織体制の整備
⑤家庭や各関係機関との密接な連携・協力

をあげることができる。

そして、児童生徒の問題行動の予防には、以下の3段階が考えられる。

①第一次予防（primary prevention）

発生予防ともいうように、児童生徒の問題行動が発生しないように、事前にその原因となるものを生じさせないことである。例えば、学校環境の改善・整備、家庭における親子関係の調整、地域社会の環境の健全化、問題行動に関する基本的知識の普及、協力体制の組織化などをあげることができる。

②第二次予防（secondary prevention）

早期発見・早期指導（治療）ともいわれるもので、児童生徒に問題行動が生じたとしても、できるだけ軽症のうちに発見して指導し、問題が大きくならないうちに支援するということである。例えば、少年非行の街頭補導、虞犯行為の規制などはこの立場によって行われている。

③第三次予防（tertiary prevention）

問題行動の再発予防ともいい、リハビリテーションがこれに相当する。すなわち、児童生徒の問題行動や疾患によって生じた精神的・身体的症状をできるかぎり治療指導によって回復を図り、発生以前の生活機能を取り戻させることにある。そのうえで、よりよい生活適応をさせるように留意し、問題行動の再発を予防させるものである。なお、予防・治療活動として、ガイダンス、カウンセリング、心理療法、行動療法などの指導援助方法や治療技法がある。

さらに、このようなさまざまな問題行動が起こらないように予防の支援では不十分であり、児童生徒ができるだけ自分の問題を早期に解決し、自己実現できるための主体的な力を育成するために、学級経営や特別活動などの教育活動全体を通して、開発的な支援が求められている（具体的な支援については、第6章の「教育相談」を参照）。

最近の問題行動の特徴

[1] 非行・暴力行為・いじめ・不登校

　最近の学校におけるさまざまな児童生徒の問題行動のうち，本節では，非行，暴力行為，いじめ，不登校，高校中退の問題を取り上げる。

1 非行の概念と特徴

　非行とは，もともと法律的な概念で，わが国では第2次世界大戦以後，広く用いられるようになる。今日では非行は個人の不適応行動であると同時に社会の不適応現象である。また，非行は個人の病理，個人をめぐる人間関係の病理，さらに個人を取り巻く社会文化的病理など，多面的で力動的な関連性によって生じる複合性をもっていると解釈できる。非行とは，

　①対象が未成年（non-adult），少年（juvenile）であること

　②対象が所属する国の法律によって非行と認められる行為をすること

である。非行は責任能力のない年少者の触法行為や将来，犯罪となる危険性をもった虞犯行為にわたって考えられている。

　また，非行少年の処遇については，非行のある青少年を刑罰の対象としないで，できるかぎり保護教育の対象としようとするものである。その処置も医学，心理学，社会科学の参与により非行少年の資質の解明と有効適切な科学的処遇方針を与えることにある。

　次に，わが国の戦後の少年非行の特徴の歴史的推移をみると，およそ4つの時期に大別することができる。

　①生存型非行——昭和26（1951）年をピークとするもので，戦後の混乱と物資の欠乏という経済的困窮という社会状況の中で，とにかく生きるために物資の絶対的不足を補うための非行である。この波は，やがて昭和25（1950）年に起きた朝鮮戦争による特需景気，昭和27（1952）年の講和条約締結など

により世相の安定とともに下降傾向をたどる。

②粗暴型非行——高度成長期の昭和39（1964）年をピークとして，経済的な格差が背景にあり，都市化現象，核家族化，享楽的な社会風潮，有害な生活環境，過激な受験戦争などの社会的な歪みが青少年に好ましくない影響を与えた。

③遊び型非行——昭和58（1983）年をピークにして，好奇心やストレス解消などの非行であり，女子非行の増加も見られる。

④いきなり型非行——近年は，非行の前兆はあるものの非行を犯したことのない少年がいきなり重大な非行に走るケースが目立っている。保護者（父母）のいる生活程度が普通以上の中流家庭の子どもに多く見られ，非行が一部の少年のみでなく，一般家庭の少年の中にまで一般化しつつある。その理由として，a）親子の心理的きずなの希薄化，b）家庭におけるだんらんの欠如，c）家庭教育におけるしつけの甘さ，などが指摘されている。

このように非行には，さまざまな問題が絡んでいるような多様化がみられ，さらに，次のような特徴があげられる。

①非行の享楽化——動機が単純で，遊興的，享楽的な動機から行われる。

②非行の低年齢化——児童生徒の身体的成熟の加速化，心身発達の不調和，親の放任的な養育態度，小学生までの低年齢化が見られる。

③女子非行の特徴——女子の非行の場合には，性の問題が絡むことが特徴であり，性道徳の乱れ，マスコミ等による性的刺激の氾濫，無知・不注意・被誘惑願望による被害などがある。

④凶悪・粗暴化——少年による殺人，強盗，放火，傷害致死など社会を震撼させる事件の続発が見られ，少年非行の深刻化があげられる。

⑤インターネットに絡む問題——インターネットの普及により，児童生徒が容易にネットのサイトにアクセスすることができるようになり，さまざまな犯罪に巻き込まれるケースも増加している。さらにインターネットへの情報発信には匿名性があることから，有害画像を掲載したり，作成したウイルスを配布したりするなどの「サイバー犯罪」に巻き込まれる場合もある。

第 8 章 ■ 児童生徒の問題行動の特徴と支援

2 暴力行為の特徴

校内暴力は**図 8-1** に示すように，昭和 50 年代初期から中学校を中心に全国的に拡大し，高校にも波及していった。その後，昭和 57 年ごろから沈静化に向かっていた。平文部科学省は昭和 57（1982）年より，校内暴力について，①対教師暴力（教師に対する暴力行為），②生徒間暴力（生徒同士の間の暴力行為），③器物損壊（学校の施設・設備などを損壊する暴力行為）の 3 つの形態で状況調査を行ってきたが，平成 9（1997）年度から校内暴力を「暴力行為」

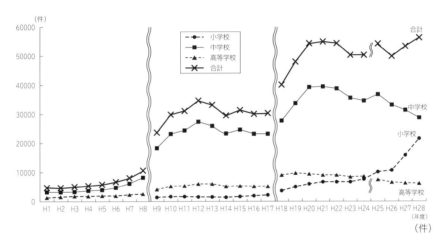

	元年度	5 年度	10 年度	15 年度	20 年度	25 年度	28 年度
小学校			1,528	1,600	5,996	10,078	21,605
中学校	3,222	3,820	22,991	24,463	39,161	36,869	28,690
高等学校	1,194	1,725	5,152	5,215	9,221	7,280	5,955
合計	4,416	5,545	29,671	31,278	54,378	54,227	56,250

(注 1) 調査対象：公立小・中・高等学校。
(注 2) 平成 8 年度までは「校内暴力」の状況についての調査。
(注 3) 平成 9 年度からは調査方法を改めたため，それ以前との比較はできない。なお，小学校については，平成 9 年度から調査を行っている。
(注 4) 平成 25 年度からは高等学校に通信制課程を含める。
(注 5) 小学校には義務教育学校前期課程，中学校には義務教育学校後期課程及び中等教育学校前期課程，高等学校には中等教育学校後期課程を含める。

図 8-1　学校の管理下における暴力行為発生件数の推移

文部科学省初等中等教育局児童生徒課『児童生徒の問題行動・不登校等生徒指導上の諸問題に関する調査』（平成 30 年 2 月）から抜粋のうえ作成した。以下，8 章の図表はすべて同様。

と変更し,「対人暴力」(対教師暴力,生徒間暴力を除く)を加えて調査を行っている。そのため,報告件数が増加している。

対教師暴力は,児童生徒による教師に対する暴力行為で,教師と児童生徒との信頼関係を根底から崩すものである。暴力行為の中でも,対教師暴力のもつ問題性は教育指導上きわめて大きいといえる。対教師暴力は,児童生徒と教師との間に存在しなくてはならない教育の場の基本となる秩序,教師の権威,教師と児童生徒との信頼関係などを根底から崩壊させる行為であり,ひいては社会の秩序も否定するものである。

生徒間暴力は,児童生徒同士の暴力行為で,個人と個人によるものから,小集団によるもの,中・大集団によるもの,学校間にまたがるものまで,さまざまな規模のものがある。

器物損壊は,児童生徒による学校の施設・設備などを損壊する暴力行為であり,そこにいたる段階をみると,①施設・設備の使い方が粗雑になる,②後片付けをしないで放りっぱなしにする,③上履きのまま校舎の外に出たり,そのまま校舎内に入ったりする,④紙くずなどが教室や廊下に散乱する,といった段階から,やがて⑤落書き,⑥窓ガラス・ドア・天井板・タイル・水道の蛇口などが壊されたりする段階になる。この器物損壊は,あらゆる校内暴力の前ぶれであると理解することができる。

暴力行為の原因と背景については,学校,家庭,社会のそれぞれのあり方や児童生徒自身の性格や意識など,種々の要因が複雑に絡んでいると考えられる。一般的には,物質的な豊かさの中で心の大切さが見失われ,社会的にも享楽的な傾向や暴力を肯定するような風潮があること,社会規範を軽視する状況が見られること,家庭においても核家族化や少子化の進行,あるいは家庭の崩壊などと関連もあるが,子どもに対して過保護・過干渉で,しつけ・訓育が不十分など,家庭教育の機能の低下が見られること,さらに学校においても教師間の一致した指導体制がとられなかったり,学校運営に適正を欠いたり,教師の児童生徒理解や指導に適切さを欠いているなど多くの問題点が指摘されている。

3 いじめの特徴

　いじめの問題は，児童生徒間の単なるいたずらやけんかと同一視したり，児童生徒間の問題として等閑視したりできない状況にある。なぜならいじめは，児童生徒の心身の健全な発達に重大な影響を及ぼし，不登校や自殺，殺人等の問題行動を招く恐れのある深刻な問題として受け止めなくてはならない状況にあり，認知（発生）件数も増加しているからである。いじめの根絶を期して学校，家庭，地域が一体となって全力で取り組むことが大切である。

　今日のいじめの特徴としては，次のことをあげることができる（**図8-2**，**表8-1**参照）。

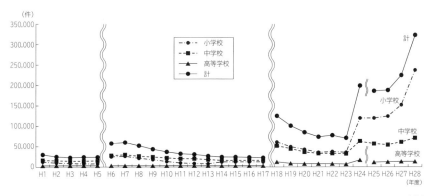

（件）

	元年度	5年度	10年度	15年度	20年度	25年度	28年度
小学校	11,350	6,390	12,858	6,051	40,807	118,748	237,256
中学校	15,215	12,817	20,801	15,159	36,795	55,248	71,309
高等学校	2,523	2,391	2,576	2,070	6,737	11,039	12,874
特別支援学校（特殊教育諸学校）	—	—	161	71	309	768	1,704
合計	29,088	21,598	36,396	23,351	84,648	185,803	323,143

（注1）平成6年度からは調査方法を改めたため，それ以前との単純な比較はできない。
（注2）平成6年度以降には，特殊教育諸学校も調査。
（注3）平成17年度までは発生件数，平成18年度からは認知件数。
（注4）平成25年度からは高等学校に通信制課程を含める。
（注5）小学校には義務教育学校前期課程，中学校には義務教育学校後期課程及び中等教育学校前期課程，高等学校には中等教育学校後期課程を含む。

図8-2　いじめの認知（発生）件数の推移

①自分より弱い者，劣っている者，あるいは不快感を与える者に対する集団または個人的な攻撃的行動。
②精神的，身体的，物理的に苦痛を与え傷つけ害を与える行為。
③学校・学級などで，ほぼ同年齢層の児童生徒の間で行われる場合が多い。
④集団に同化しない者，できない者，違和感や異質性をもつ者への差別，憎悪，無関心，拒否，排除などの行動態度である。
⑤陰湿性，継続性，閉鎖性を伴っていることが多い。
⑥被害者の苦痛の認知と加害者の認知とにズレがある場合が多い。

表 8-1　いじめの態様（平成 28 年度）

区分	小学校 件数（件）	小学校 構成比（％）	中学校 件数（件）	中学校 構成比（％）	高等学校 件数（件）	高等学校 構成比（％）	特別支援学校 件数（件）	特別支援学校 構成比（％）	計 件数（件）	計 構成比（％）
冷やかしやからかい，悪口や脅し文句，嫌なことを言われる	146,282	61.7	46,839	65.7	7,981	62.0	869	51.0	201,971	62.5
仲間はずれ，集団による無視をされる	37,105	15.6	10,196	14.3	1,917	14.9	131	7.7	49,349	15.3
軽くぶつかられたり，遊ぶふりをして叩かれたり，蹴られたりする	56,999	24.0	10,940	15.3	1,574	12.2	394	23.1	69,907	21.6
ひどくぶつかられたり，叩かれたり，蹴られたりする	16,183	6.8	3,358	4.7	621	4.8	143	8.4	20,305	6.3
金品をたかられる	3,425	1.4	884	1.2	379	2.9	35	2.1	4,723	1.5
金品を隠されたり，盗まれたり，壊されたり，捨てられたりする	14,799	6.2	4,200	5.9	757	5.9	74	4.3	19,830	6.1
嫌なことや恥ずかしいこと，危険なことをされたり，させられたりする	17,901	7.5	4,483	6.3	869	6.8	156	9.2	23,409	7.2
パソコンや携帯電話等で，ひぼう・中傷や嫌なことをされる	2,679	1.1	5,723	8.0	2,239	17.4	138	8.1	10,779	3.3
その他	10,903	4.6	2,481	3.5	611	4.7	97	5.7	14,092	4.4

（注1）複数回答可とする。
（注2）構成比は，校種ごとの各区分における認知件数に対する割合。

なお，いじめに関するとらえ方として，警察は「単独又は複数の特定人に対し，身体に対する物理的攻撃又は言動による脅し，いやがらせ，無視等の心理的圧迫を反復継続して加えることにより，苦痛を与えること（ただし，番長グループや暴走族同士による対立抗争事象を除く）」と規定している。

　表8-1でいじめの態様について見ていくと，小学校，中学校，高等学校，特別支援学校共に共通して，「冷やかし・からかい・悪口や脅し文句」「暴力を振るう」「仲間はずれ」などが圧倒的に多い。このいじめについては，学校などの身近な直接的な人間関係の中で起こる場合だけではなく，パソコンやスマートフォンを利用したSNSやメールを利用した誹謗中傷によるものなどがある。ネットいじめの認知件数は，平成28（2016）年度には1万件を超えている。このネットによるいじめは，「ネット上でからかわれた」「悪口を送信された」「同じ学校の一人だけにメールを送らなかった」「事実と異なる情報を書き込んだ」などが特徴的である。このネットの利用については，情報モラル教育やネット上のトラブルについても，教員もできるだけその実態を把握することに加えて，相談窓口を充実させる必要がある。

　いじめの支援に関しては，被害を受けている児童生者から状況を聞き取り実態の把握をすること，さらに，当該児童生徒の安全や命を保護することが第一優先である。そして，加害者である児童生徒は，面白半分でいじめを行い，深刻ないじめという意識が希薄であることも多いため，担任教師だけではなく，学校全体での組織的な取り組みが重要である。

4 不登校の概念と特徴

　不登校（non-attendance）とは，何らかの心理的，情緒的，身体的，あるいは社会的要因・背景により，児童生徒が登校しない，あるいはしたくともできない状態のことであり，継続的ないし断続的に学校を欠席する状況のことである。文部科学省の調査においては，病気や経済的な理由によるものを除いて，年度内に30日以上欠席した児童生徒を長期欠席者のことをさす。

　わが国では，1960年代くらいから問題になり，その当時は，学校恐怖症（schoolphobia）とされていた。この学校恐怖症の概念を最初に提唱したのは，

ブロードウィン(Broadwin, I.J.)である。彼は，アメリカ矯正精神医学雑誌(1932年)に掲載された怠学（truancy）の研究に関する論文の中で，怠学の１つのタイプとして，学校に行くのが恐ろしいとか先生が怖いなど，なぜ学校に行けないのかわからないという状態に注目した。さらに，1941年にジョンソンら（Johnson, A. M.et al）が，このような神経症的に登校を拒否するケースに対して，学校恐怖症という名称で報告した。その後，子どもが学校へ行けない状態は，この理由だけではないケースがあることから，「登校拒否」（school refusal）の名称を使うようになる。さらに平成に入り，不登校の児童生徒数が増加し，その理由についても，いじめや発達障害，保護者による虐待などが背景にあるケースなど多様になっている。このことから，不登校は，「どの子にも起こり得る」と広くとらえることが必要であることから，「不登校」という名称が使われるようになった。

不登校の症状として，朝登校時間になると，精神的に不安定で起きられない，起きても頭痛，腹痛，吐き気，発熱などの病的な身体症状を訴える。さらに，登校刺激を与えると，トイレに入って出てこない，ふとんにしがみつく，わめ

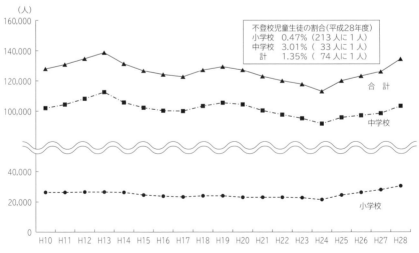

図8-3　不登校児童生徒数の推移（平成10年度からの統計値）

く，物を破壊する，乱暴をはたらくなどの行動が見られる。症状は，午後になると落ち着き元気になり，夜は安定して「明日は学校に行く」と言うが，翌日になるとまた同じことを繰り返すこともある。さらに，登校拒否者は幼稚園児から大学生まで存在し，その症状やタイプも年齢差や個人差がある。

5 不登校の特徴と支援のあり方

不登校の児童生徒の特徴は，平成28（2016）年度「児童生徒の問題行動等

表8-2　不登校の要因（中学校）

学校，家庭に係る要因（区分）／本人に係る要因（分類）	分類別生徒数	学校に係る状況								家庭に係る状況	左記に該当なし
		いじめ	いじめを除く友人関係をめぐる問題	教職員との関係をめぐる問題	学業の不振	進路に係る不安	クラブ活動・部活動等への不適応	学校のきまり等をめぐる問題	入学・転編入学・進級時の不適応		
「学校における人間関係」に課題を抱えている。	18,526	378	13,370	1,074	2,186	529	1,024	329	1,057	2,351	898
	―	2.0%	72.2%	5.8%	11.8%	2.9%	5.5%	1.8%	5.7%	12.7%	4.8%
	17.9%	77.3%	47.6%	45.3%	9.9%	10.2%	34.2%	7.7%	15.3%	7.9%	4.4%
「あそび・非行」の傾向がある。	6,144	2	542	177	1,695	247	100	2,069	164	2,463	764
	―	0.0%	8.8%	2.9%	27.6%	4.0%	1.6%	33.7%	2.7%	40.1%	12.4%
	6.0%	0.4%	1.9%	7.5%	7.7%	4.8%	3.3%	48.5%	2.4%	8.3%	3.8%
「無気力」の傾向がある。	31,750	24	3,658	385	9,702	1,574	670	1,072	1,875	11,315	6,712
	―	0.1%	11.5%	1.2%	30.6%	5.0%	2.1%	3.4%	5.9%	35.6%	21.1%
	30.8%	4.9%	13.0%	16.2%	43.9%	30.5%	22.4%	25.1%	27.2%	38.0%	33.0%
「不安」の傾向がある。	31,395	65	9,181	544	6,934	2,458	1,012	508	2,950	7,793	6,044
	―	0.2%	29.2%	1.7%	22.1%	7.8%	3.2%	1.6%	9.4%	24.8%	19.3%
	30.4%	13.3%	32.7%	22.9%	31.4%	47.6%	33.8%	11.9%	42.7%	26.1%	29.7%
「その他」	15,420	20	1,328	192	1,597	357	191	287	860	5,880	5,951
	―	0.1%	8.6%	1.2%	10.4%	2.3%	1.2%	1.9%	5.6%	38.1%	38.6%
	14.9%	4.1%	4.7%	8.1%	7.2%	6.9%	6.4%	6.7%	12.5%	19.7%	29.2%
計	103,235	489	28,079	2,372	22,114	5,165	2,997	4,265	6,906	29,802	20,369
	100.0%	0.5%	27.2%	2.3%	21.4%	5.0%	2.9%	4.1%	6.7%	28.9%	19.7%

（注1）「本人に係る要因（分類）」については，「長期欠席者の状況」で「不登校」と回答した児童生徒全員につき，主たる要因一つを選択。
（注2）「学校，家庭に係る要因（区分）」については，複数回答可。「本人に係る要因（分類）」で回答した要因の理由として考えられるものを「学校に係る状況」「家庭に係る状況」より全て選択。
（注3）「家庭に係る状況」とは，家庭の生活環境の急激な変化，親子関係をめぐる問題，家庭内の不和等が該当する。
（注4）中段は，各区分における分類別児童生徒数に対する割合。下段は，各区分における「学校，家庭に係る要因(区分)」の「計」に対する割合。

生徒指導上の諸問題に関する調査」によれば，**図8-3**に示すように，わが国の小・中学校の不登校児童生徒数は平成25（2013）年度に6年振りに増加し，不登校児童生徒数が高水準で推移するなど，憂慮すべき状況である。

不登校の要因（中学校）は，本人にかかわる問題と家庭や学校にかかわる問題があり，それらが複雑に絡んで場合も多い（**表8-2**）。

児童生徒の特徴として，性格的に真面目で完璧主義的な傾向を持つ場合には，自己肯定感が低く，自信を失ってしまう場合があることや，いじめなどの人間関係にトラブルを抱え，学校が「安心安全の場」であるという感覚を持てないことなどが考えられる。そのため，支援のあり方としては，登校することだけを目標にするのではなく，以下5点のような長期的な視点から，該当児童生徒の社会的自立を考えることが重要である。

①安心・安全な居場所づくり

中学校高校においては，学級内での人間関係作りが大切であり，そのためにはその児童生徒が安心して安全な居場所となることが必要である。

②社会的自立をめざす取り組み

自己肯定感を高めるためには，その児童生徒の可能性を最大限のばせるような学習活動の充実が求められる。たとえば，教科の学習，教科以外の学習，特別活動や総合的な学習の時間，さらに，学外などでのボランティア活動や職場体験なども自分の自信を取り戻す自己啓発の機会となるであろう。また，このような機会には，対人関係のトラブルに巻き込まれないように，またトラブルが起こった場合の対処のしかたなど，対人関係の能力，すなわち社会性育成も重要である。このようなさまざまな活動を通して，社会的自立をめざすことができるのである。

③学業不振・進路選択への支援

学業不振に関しては，それまでの学習が十分ではなかった，今受けている授業が理解できない，休んだことでさらに授業がわからなくなるといったことなどがあり，再登校に気持ちが向いても学業が心配で登校できない場合もあり，ひいては学業不振が将来の進路選択の不安にも関係してくる。そのため，登校

時に学習の個別支援，在宅での学習支援も必要である。また，フリースクールへの希望があった時には，児童生徒の希望を尊重することも大切である。

④家庭の問題への支援

保護者は児童生徒が不登校になったことで不安が大きく，時には，過度に投降を促すことによってプレッシャーが大きくなって，家庭にいても不安が増大し，ますます人間関係に不信感を持つ場合もある。このような場合には，担任やカウンセラーが保護者の悩みを聞き，家庭内でも安心した人間関係作りができるように支援することが必要である。時には，学校内や学外での不登校児童生徒を持つ親の会の参加を進めることも有効である。

⑤個別支援計画と組織的計画的支援

学校内では，担任や専門的知識を持つ教員，スクールカウンセラーを中心として支援を行うが，その時には個別支援計画書を作成することが有効である。それは，過去の児童生徒の状況や支援の状況などを知ることもできるし，精神科における投薬治療や教育支援センターでのカウンセリング，ハローワークなどから就労支援を受ける場合のように，学外の専門機関と連携を図って組織的計画的に支援を行うことも非常に大切である。

[2] 高校中途退学問題の理解と指導

1 高校中途退学の現状と背景

高校中途退学には，さまざまなタイプがあり，その発生原因も多様である。したがって，高校中退を一括してネガティブに扱うことは問題である。

わが国で高校中途退学が社会問題となったのは，昭和50年代初めからで高校中退が全国レベルで10万人と急増してきたことによる。それまでは，高等学校は義務教育ではないため，高校中退を「生徒の個人レベルの問題」として扱ってきたが，中退者数の多さから放置できなくなり「学校制度や教育の内容に起因する」ものというように社会問題としてとらえるようになり，中等教育の根幹にかかわる根本問題が内在しているとの立場から対応するようになった（**図8-4**，p.198）。

平成28(2016)年度の高校中途退学の事由で最も多いのが「進路変更」，次いで「学校生活・学業不適応」「学業不振」「病気・けが・死亡」「家庭の事情」「問題行動等」の順になっている。「進路変更」の内訳を調査したところ「別の高校への入学を希望」が一番多く，次いで「就職を希望」「高卒程度認定試験を受験希望」「専修・各種学校への入学を希望」となっている(**表8-3**)。

❷ 高校中途退学の背景

　高校中退の背景には，最近のわが国の高学歴志向の影響を受け，保護者も子どもに対して「せめて高校，できれば大学へ」という期待感もあり，生徒自身もみんなが進学するからと，外発的圧力動機により高校進学を考え，また，中学校教師も進学指導を中心にして進路指導を展開している状況にある。高校中途退学の問題は，学校進路指導(進学指導)にかなり問題があるということが

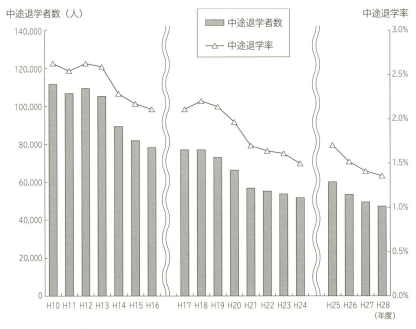

図8-4　高校中途退学者数等の推移（平成10年度からの統計値）

できる。また，そこには底流として，次のような事柄が指摘されている。
① 基本的には将来に対する目的意識を欠いていて，高校生としてのあるべき姿の自覚が乏しい。
② 高校全入に近い今日的な状況において，学習能力が低くて高校の教育内容を理解できない生徒がおり，また，学習意欲を欠く生徒が少なくない状況にある。
③ 中学校の進路指導が高校間格差を考慮して，いわゆる受験学力による進路決定に傾斜していて，高校入試合格だけをめざした生徒不在の進学指導（受験指導）が行われていて，能力・適性，興味・関心，希望進路などを総合的に考慮した「在り方生き方」の進路指導が十分でない。
④ 受験学力による進路決定に傾斜していて，不本意入学の場合もあり，生徒

表 8-3　事由別高校中途退学者数（平成 28 年度）

事由	計 人数（人）	計 構成比（％）	国立 人数（人）	国立 構成比（％）	公立 人数（人）	公立 構成比（％）	私立 人数（人）	私立 構成比（％）
学業不振	3,735	7.9	2	4.7	2,405	8.1	1,328	7.5
学校生活・学業不適応	15,870	33.6	10	23.3	10,384	35.2	5,476	31.0
もともと高校生活に熱意がない	6,086	12.9	0	0.0	4,282	14.5	1,804	10.2
授業に興味がわかない	2,204	4.7	0	0.0	1,526	5.2	678	3.8
人間関係がうまく保てない	2,978	6.3	4	9.3	1,845	6.2	1,129	6.4
学校の雰囲気が合わない	2,051	4.3	2	4.7	1,350	4.6	699	4.0
その他	2,551	5.4	4	9.3	1,381	4.7	1,166	6.6
進路変更	15,968	33.8	27	62.8	9,681	32.8	6,260	35.4
別の高校への入学を希望	6,363	13.5	13	30.2	2,625	8.9	3,725	21.1
専修・各種学校への入学を希望	606	1.3	0	0.0	409	1.4	197	1.1
就職を希望	5,152	10.9	0	0.0	4,212	14.3	940	5.3
高卒程度認定試験を受験希望	1,583	3.4	9	20.9	1,154	3.9	420	2.4
その他	2,264	4.8	5	11.6	1,281	4.3	978	5.5
病気・けが・死亡	2,109	4.5	2	4.7	1,069	3.6	1,038	5.9
経済的理由	1,222	2.6	0	0.0	212	0.7	1,010	5.7
家庭の事情	2,070	4.4	0	0.0	1,371	4.6	699	4.0
問題行動等	1,848	3.9	0	0.0	878	3.0	970	5.5
その他の理由	4,427	9.4	2	4.7	3,531	12.0	894	5.1
中途退学者数	47,249	100.0	43	100.0	29,531	100.0	17,675	100.0

（注1）中途退学者1人につき，主たる理由を1つ選択。
（注2）構成比は，各事由における中途退学者数に対する割合。

が自己理解に基づき自らの責任と自覚による進路決定をすることができず，主体的選択力の育成が図られず，自分の能力・適性，興味・関心，希望進路などを総合的に考慮した「在り方生き方」を展望していない。

3 中途退学問題の解決に向けての支援

高校中途退学の指導と対策として，下記のものがあげられる。

①生徒の目的意識を強化するための指導としての，体験入学の実施や教育相談・進路相談の充実

②中学・高校間の連携・協力体制の強化により，高校入学時の適応指導（オリエンテーションの工夫改善）の強化，生徒の入学後の学業成績，活動状況，問題行等について情報交換

③教育課程の見直しや生徒の多様化に応じた習熟度別指導の導入や「主体的・対話的で深い学び」などの学習方法による習指導の工夫改善，現代社会の動向にマッチした魅力ある教学科再編成

[3] 生徒指導に関する法制度

1 校則

学校では，児童生徒が安全に学校生活を送り，健やかな成長のためにさまざまな校則が定められている。校則は法令の規定はないが，社会規範順守のための教育的意義が大きい。さらに，生徒の自律的な意識が強い場合には，生徒会などを中心として自主的に，生徒の実態に即して校則を変更することもある。

2 児童生徒の懲戒

問題行動に対しては，学校生徒指導の観点から校則（規則）に照らして，謹慎・退学等の処分をすることがある。児童生徒の懲戒に関しては，学校教育法第11条に「校長及び教員は，教育上必要があると認めるときは，文部科学大臣の定めるところにより，児童，生徒及び学生に懲戒を加えることができる。ただし，体罰を加えることはできない」と定めており，学校教育法施行規則には，以下のように規定されている。

> **第26条** 校長及び教員が児童等に懲戒を加えるに当つては，児童等の心身の発達に応ずる等教育上必要な配慮をしなければならない。
> 2　懲戒のうち，退学，停学及び訓告の処分は，校長（大学にあつては，学長の委任を受けた学部長を含む。）が行う。
> 3　前項の退学は，公立の小学校，中学校（学校教育法第七十一条の規定により高等学校における教育と一貫した教育を施すもの（以下「併設型中学校」という。）を除く。），義務教育学校又は特別支援学校に在学する学齢児童又は学齢生徒を除き，次の各号のいずれかに該当する児童等に対して行うことができる。
> 　一　性行不良で改善の見込がないと認められる者
> 　二　学力劣等で成業の見込がないと認められる者
> 　三　正当の理由がなくて出席常でない者
> 　四　学校の秩序を乱し，その他学生又は生徒としての本分に反した者

　懲戒処分は，教育目的と教育的環境の保持のためである。退学処分は，もはや教育的改善の余地が認められず，学外に追放することが真にやむをえないと認められる場合になされる最終手段であり，これを受ける生徒にとっては教育を受ける権利を奪うものである。停学処分は，一定期間，教育を受ける権利を停止することである。訓告処分は，規律違反等に対して言葉でその非違を戒め諭すことである。さらに，小中学校の義務教育では退学の措置はとることができないため，出席停止の措置がとられることがある。

3 非行少年の処遇に関する制度と法律

　非行に関する法制度に少年法があり，①少年鑑別所制度，②家庭裁判所調査官制度，③保護観察制度，④少年院，少年刑務所の分類処遇制度などがある（少年法について詳しくは「生徒指導提要」等を参照のこと）。

4 いじめ防止対策推進法

　平成25（2013）年からは，児童生徒の尊厳を保持するため，いじめ防止対策推進法が公布された。学校が講ずべき措置として，①いじめの事実確認，②

いじめを受けた児童生徒またはその保護者に対する支援，③いじめを行った児童生徒に対する指導またはその保護者に対する助言，④いじめが犯罪行為として取り扱われるべきものであると認めるときの所轄警察署との連携，さらに⑤懲戒や出席停止制度の適切な運用等に関する措置が定められている。

> **✏️ 演習問題**
>
> ❶ 最近の学校における児童生徒の問題行動の特徴について述べなさい。
> ❷ 児童生徒の問題行動に対する学校の対策としてできることをあげなさい。
> ❸ 生徒指導の法的制度について説明しなさい。

第9章

生徒指導・進路指導・キャリア教育のアセスメント

吉田 辰雄・伊藤 彰茂・横山 明子

　教育に関するアセスメントは，教科学習に限らず生徒指導・進路指導・キャリア教育にとっても重要で，指導援助とアセスメントは表裏一体であり，密接不離の関係にある。また，このアセスメントは，教育と指導援助の結果や成果だけが対象ではなく，「教育目標－指導計画－実践的展開－結果や成果」の全体に対して行い，次なる改善につなげていくことが大切である。

　本章ではこうした観点に立って，生徒指導・進路指導・キャリアの組織・計画・運営についてのアセスメントを，①アセスメントの意義と目的，②アセスメントの対象と領域，③アセスメントの方法と技術，さらに具体的な取り組みの事例を取り上げて論じる。

I 生徒指導の組織・計画・運営のアセスメント

[1] アセスメントの意味

　教育に関する評価は，学習の結果や成果に対して行うだけではなく，教育目標，指導計画や実践，教育課程などの一連の教育活動についても評価を行う必要がある。しかもこの評価は，教育目標を達成するため教育実践がより効果的なものになるよう，組織的な改善を継続的に行わなければならない。さらに，保護者やその地域の学校関係者に対しても評価結果の説明責任を果たし連携の協力を得ること，国や教育委員会などの学校の設置者への報告を行い環境整備等の支援を得るためのものでもある。この評価のプロセスは，計画（Plan）を立案し，それを実行（Do）して，その結果を評価（Check）し，さらなる改善（Action）を行う一連の PDCA サイクルとして考えることができる。

　この評価には，「エバリュエーション（evaluation）」と「アセスメント（assessment）」の2種類がある。前者の「エバリュエーション」は，価値（value）という語源があることからも明らかなように価値の評定を意味しており，学習の結果や成果を学習目標に照らして最終的に判断することを意味している。

　一方，「アセスメント」は，対象だけを評価して済ますのではなく，評価結果を踏まえて教育目標を達成するための改善の方策を提案し，さらなる教育活動を行うための総合的な評価を意味する言葉として使われている。

　以上のことをふまえて，生徒指導・進路指導・キャリア教育においては，多角的な視点で児童生徒や教師，学校の情報を収集し，その情報をフィードバックしながら，教育目標を達成するために有効な活動を継続的に行う必要があることから，「アセスメント」という用語を用いる。さらに，この一連の教育活動は，そのマネジメント・サイクルとして，PDCA サイクルにそって実施していくことが大切である。

[2] 生徒指導のアセスメントの意義と目的

　生徒指導のアセスメントを行うことは，児童生徒にとっては，自分の学習の成果を知り，人格や能力，態度などについて自己理解を深め，自己指導ができる自律的な人間に成長していくために役立てることができるだけでなく，将来の目標に向かっての励みになるような動機づけともなる。一方，教師にとっては，教育方法の見直し，正しい児童生徒の理解，適切な人間性教育，学校の管理・運営，指導体制のあり方の検討などに役立てることができる。このように生徒指導のアセスメントは，児童生徒の全人的教育という見地から，また，学校全体の教育目標の達成という見地から必要不可欠である。

　さらに，このアセスメントの機能として，次の3つをあげることができる。
① アセスメントの指導援助的機能――教師の側から見たもので，教師が教育実践の過程とその成果を確認し，さらなる指導援助への改善点の把握を行い，実際の指導計画の立案，指導法の反省や改善などのために行うもの
② アセスメントの学習的機能――児童生徒の側から見たもので，児童生徒が自己評価や相互評価を行い，さらに教師などから評価を受けることによって，児童生徒自身の発達に役立てるもの
③ アセスメントの管理的機能――教師が児童生徒の選抜，グルーピング，進級，単位の合否確認，指導要録の記載，成績の証明などのために行うもの

なお，この生徒指導のアセスメントを行う主体は，①学級・ホームルーム担任教師，②教科担任教師，③生徒指導部，④校長や教頭などの学校の管理者，⑤学校の設置者の教育行政担当者，⑥保護者や地域の学校関係者などである。

[3] 生徒指導のアセスメントの対象と領域

　生徒指導のアセスメントは，児童生徒の発達と教師側の教育活動に関して，総合的な視点でなされる必要がある。まず，児童生徒の発達に関するアセスメントの対象と領域は，第3章で述べたように，①学業向上，②個人的適応，③社会性の育成，④進路選択と決定，⑤余暇生活，⑥健康と安全があげられる。

一方，教師側のアセスメントの対象と領域は，このような児童生徒の発達に加えて，教師自身の特性や教育の実践活動の内容，学校の組織と運営，それに関連する教育環境に関することが含まれる。すなわち，教師自身と実践活動に関するものとしては，①教育観や人間観，態度や行動，②身体的・精神的健康，③学習指導・生徒指導・進路指導・キャリア教育などの実践，④学級・ホームルーム経営，学校経営があげられる。また，学校の組織と運営に関しては，①教育課程，②教員の組織と運営，③PTA活動や社会的活動，さらに教育環境に関しては，①教材教具，教科書，資料，教育機器，②教室，視聴覚教室，会議室，教育相談室，校舎校地，③地域社会の教育環境があげられる。

　以上のように，全校生徒の実態と教育活動を広い視野に立って行うことが必要である。

[4] 生徒指導のアセスメントの方法と実際

■ 生徒指導のアセスメントの観点

　アセスメントを行う場合には，具体的に次のような観点があげられる。

①児童生徒に関すること

a) 児童生徒の発達に関すること

①個々の児童生徒が自己の内面的な問題に対する考え方，感じ方あるいは自己についての理解をどのように変えてきたか

②学校生活において自己の問題を正しくとらえ，それについて積極的に解決する能力や態度が身についているか

③自己の能力・適性などについて正しく理解するために，真剣に自己を見つめようとする態度が身についているか

④望ましい生活を築いていくための努力や工夫について具体的に理解し，それを実行に移す態度が育っているか

⑤学校生活における生活規律に関する基本的なことを理解し，集団の一員としての健全な態度を身につけようと努めているか

⑥学習上のつまずきや問題点を明確にとらえ，進路を選択するうえでのさま

ざまな問題に対しても積極的に取り組む態度が育ってきているか
⑦個々の生徒に教師や級友に相談することの意義が理解され，進んで相談するようになってきているか

b）集団としての発達に関すること
①積極的に自分たちの問題として考え，解決しようとする自覚が見られたか
②学級のメンバーとしての所属感，連帯感を育成し，何事もみんなで相談して決めるという学級の風土が生じてきたか
③決議されたことが正しく協調して実践に移されていたか
④学級や学校全体が協力して自らの生活上の課題を真剣に話し合い，解決し合う雰囲気が高まってきているか

②**教師や学校に関すること**
a）指導のための組織や体制，方針や計画，運営に関すること
①生徒指導の組織が地域，学校，児童生徒，教育課程，教職員の実情を踏まえて適切に作成されているか
②学校における生徒指導の推進にあたって，学校全体にわたる計画や部門別の計画など，必要な計画が立てられて実践されているか
③学校における生徒指導の運営について，校内の全教職員の共通理解があり協力して進められているか
④学校における生徒指導の実践・展開にあたって，生徒指導主事の位置づけや，学級・ホームルーム担任教師の役割が明確化され，相互に協力し，援助ができる関係が成り立っているか
⑤生徒指導に必要な施設，設備，器具，例えば教育相談室，心理検査用具がよく活用されているか
⑥必要な経費が年間予算として確保され，適正に執行されているか
⑦学校，家庭，PTA，関係諸機関などの相互の連携と協力が緊密に計画的に行われているか

b）指導の内容と方法に関すること
①学校の教育方針や教育に即して生徒指導の目標が立てられ，全教育活動を

通じてその目標の具体化が図られているか
②生徒指導の効果的な実践のために指導内容や指導方法が工夫されているか
③各教科，道徳，特別活動，総合的な学習，および教育課程外における各活動間の関連や調整が有機的に効果的に行われているか
④問題行動等の予防や早期発見・早期指導は適切になされているか
⑤児童生徒の健康や安全についての配慮がなされているか
⑥児童生徒の自発的・自治的な活動を助長するような指導方法であったか
⑦個々の児童生徒および学級集団としての要求を満たす活動であったか
⑧小集団の指導，特に問題のある児童生徒に対する配慮は十分であったか
⑨生徒指導を行う教師の資質・能力の形成に役立つ組織的な研究や研修の計画が立てられ，効果的に実施されているか

2 生徒指導のアセスメントの実際

　以上のように，生徒指導のアセスメントは，多面的に総合的に行う必要があり，それぞれの対象や領域，目的に合った評価方法が用いられる。児童生徒のアセスメントを行う場合には，第4章に示すような児童生徒の観察・調査・面接，テストなどを用いて資料収集を行うことが必要である。このうち，特に心理テストを用いる場合の目的は，児童生徒自身の自己理解のために個性を発見し伸長させるものであり，テスト結果のフィードバックを児童生徒の特性に配慮して教育的に加工し，児童生徒の発達を促すようにすることが大切である。

　さらに，学校・教師の側のアセスメントの評価を行う場合には，前述のアセスメントの観点にそって具体的な項目を設け，生徒指導部会などを中心として前述のような項目を含んだアンケートなどを作成して自己評価を行う。一方，並行して，児童生徒には学習行動や学校に関するアンケートを，保護者には教育や学校の運営，教育環境や設備に関するアンケートを，さらに学校評議員や地域の学校関係者にもアンケートをそれぞれ実施する。以上のようなアセスメントで得られた結果を総合し，さらなる教育改善をめざして組織的に研修会を実施したり，教育委員会等にも報告を行い，教育環境整備へつなげていくことが大切である。

Ⅱ 進路指導・キャリア教育の組織・計画・運営のアセスメント

[1] 進路指導・キャリア教育のアセスメントの意義と目的

　進路指導・キャリア教育のアセスメントは，生徒指導と同様に，進路指導の目標を達成するための計画（Plan），実践（Do），評価（Check）を行い，さらなる改善（Action）につなげるとともに，児童生徒のキャリア発達に生かすよう努めなければならない。キャリア教育の中核的な教育活動である進路指導は，進学指導や就職指導だけでなく，キャリア教育の観点から主体的に生きるための基礎的汎用的能力を育てるための指導を行う必要がある。

　したがって，進路指導・キャリア教育のアセスメントの意義と目的は以下のようになる。

①目標のあり方や目標への到達の程度を吟味・調整すること
②指導のための組織や計画と運営方法を吟味し，それを改善すること
③児童生徒のキャリア発達と職業的発達の過程を明確にし，その発達を促進させること，特に基礎的・汎用的能力がどのように伸長させること
④教師の指導の成果と児童生徒の学習の成果を総合的にとらえ，学校および家庭・地域社会などとの連携や協力を深め，進路指導の一層の充実と向上を図ること

　これに加えて，特に児童生徒に関するアセスメントでは，個人の特性を考慮に入れて，到達度についてのアセスメントを行う必要がある。さらに進路指導・キャリア教育は，各教科・道徳・特別活動などの学校全体の教育活動で行うことが求められていることから，その計画や運営に関しては，各教科など個々のアセスメントに加えて，組織的にカリキュラム・マネジメントができているかなど，横断的かつ総合的にアセスメントを行うことが大切である。

[2] 進路指導・キャリア教育のアセスメントの対象と領域

進路指導・キャリア教育のアセスメントの対象は、生徒指導と同様に、児童生徒と教師の教育活動であり、それぞれの領域は以下のようになる。

①児童生徒に関すること

a）児童生徒のキャリア発達に関すること

①基礎的・汎用的能力の程度、②自己の能力や適性の理解の程度、③啓発的経験や探索活動の質と範囲、④進路情報の知識と理解度、⑤進路の計画性と現実性、⑥進路決定の自主性・自発性と自己実現への意欲

b）集団としての発達に関すること

学級（ホームルーム）における集団、学校行事、クラブ活動などのさまざまな集団活動における集団としての変化と成長の程度

②教師や学校に関すること

a）進路指導・キャリア教育の管理と運営に関すること

①その理念と方針、②指導体制や組織、③施設設備や予算、④家庭および校外諸機関との連携、⑤人的環境や条件整備の質や内容

b）進路指導・キャリア教育の活動に関すること

①指導計画、②教育課程の内外にわたっての包括的で総合的な実践と成果

[3] 進路指導・キャリア教育のアセスメントの方法

◼ 進路指導・キャリア教育のアセスメントの観点

アセスメントの枠組みを図9-1に示す。このアセスメントの実施者は、児童生徒自身、すべての教職員、保護者を含めての学校外の教育関係者である。

さらに、アセスメントの観点は、次のような項目があげられる。

①児童生徒のキャリア発達に関すること

①将来の進路選択や生き方への関心を深め、自分なりの希望や目標をもっているか

②将来の希望や目標を実現させるための方策や計画を検討し立案しているか

③自己を理解することの意義や必要性を知って,自己の学力や能力・適性・性格特性・体力・健康状態などについて積極的に理解しようとしているか
④働くことの意義や進学・就職などの目的を自覚し,希望する職業・上級学校などの内容や特色などについて積極的に理解しようとしているか
⑤自己の能力・適性などについての理解と職業・上級学校などに関する情報内容の理解に基づき,自己を生かせる適切な進路を選択・計画しているか
⑥自分で納得のいく意思決定ができ,選んだ進路に誇りと責任がもてるか
⑦卒業後の生活によりよく適応し,自己実現を達成させていくのに必要な意欲や心構えができているか
⑧基礎的・汎用的な能力の伸長の状況

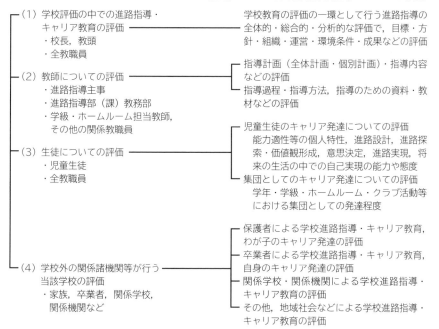

図9-1 進路指導・キャリア教育のアセスメントの枠組み (主たる担当者)
(仙崎,1976;日本進路指導協会,1985より作成)

②教師や学校に関すること
a) 進路指導・キャリア教育の組織や体制，方針や計画，運営に関すること
①学校の教育方針や教育目標に即して，計画が立てられ，全教育活動を通じてその目標の具現化が図られているか
②指導の組織が，地域，学校，教育課程，教職員などの実情を踏まえて適切に組織されているか
③指導の運営について，校内の教職員の共通理解があり，協力して進められているか
④教育の実践にあたって，進路指導主事の位置づけや学級・ホームルーム担任教師の役割が明確化され，相互に協力援助できる関係が成立しているか
⑤教育の推進にあたって，全体計画や個別の指導計画など必要な計画が立てられ実践されているか
⑥効果的な実践のために，指導内容や指導方法が工夫され，適切な教材・資料の開発活用に努めているか
⑦教育施設や設備，学校全体の教育施設に加えて，進路指導室，進路相談室，進路資料室などが整備され，よく活用されているか
⑧必要な経費が年間予算として確保され，適正に執行されているか
⑨学校と家庭，関係諸機関との連携・協力が緊密に，しかも計画的に行われているか
b) 指導援助の内容と方法および，評価に関すること
①生徒の発達状況や進路希望・興味・必要性などに応じた適切な進路情報資料の提供や指導方法により指導が展開されているか
②生徒の自主的・自発的な活動を助長するような指導が効果的になされ，生徒は積極的にその活動に取り組んでいるか
③担任する生徒の理解と生徒の自己理解に必要な個人資料が適切に収集され十分に活用されているか
④進路への関心の高揚や進路適性の吟味，適切な進路選択の方法などに関する援助・指導が効果的に行われたか

⑤温かい許容的な雰囲気の中で、生徒の自主性を尊重しつつ、進路相談を進めることができているか
⑥卒業後の生活への適応や自己実現の達成に必要な能力・態度などの育成を図るための指導・援助がなされているか
⑦進路指導部・進路指導主事らとの連携・協力は図られているか
⑧生徒の保護者の理解や協力を得るための努力がなされているか
⑨アセスメントの方法が適切であるか、さらに、そのアセスメントが定期的に実施され、さらなる改善につながっているか。

以上に加えて、キャリア教育に関しては、学校全体の教育活動を通して行っていく教育であることから、カリキュラム・マネジメントも必要であり、特に次のような項目があげられる。

①キャリア教育の目標の達成をめざした指導計画が、学級、学年、学校全体で効果的に機能しているか
②教育課程編成における各教科等との関連を意図した工夫がなされているか
③各学年の発達の状況を考慮した学習内容が系統的に作成されているか
④学習計画に問題解決型の内容や啓発的体験活動など組み込まれているか
⑤キャリア教育の意義と実践への計画と方法などに対する教職員相互の共通理解がなされているか
⑥評価の目的や方法などについての理解がなされているか、また、適切に評価できる能力が十分備わっているか

[4] 進路指導・キャリア教育のアセスメントの実際

1 児童生徒の個人のキャリア発達に関すること
①適性テストを用いる方法

　進路指導・キャリア教育にとって重要な生徒理解・自己理解のためには、生徒一人一人についての資料を収集し、将来の進路の実現に向けて役立てることが大切である。そのための方法は、生徒指導と同様に、定性的アセスメントである行動観察や、定量的アセスメントである調査やテストなどが有効である。

特に，児童生徒の能力や適性を把握し伸長するためには，日常的な調査や観察と合わせて適性テストなどを活用して，生徒の多面的で客観的な理解を行い，開発的な支援に活用することができる。そこで用いられるテストには，第4章に示されているような進路適性テストや職業適性テストがある。これらはテスト・バッテリー化されており，総合検査，診断検査の形式を備えている。ただし，このようなテストを実施するにあたっては，児童生徒がテストによって心理的負担が過度にならないように実施頻度を配慮する必要がある。また，児童生徒がテストの結果を正しく理解できるよう，詳しく解説する必要がある。

　職業適性テストには，たとえば，中学・高校生の進路指導の際に用いられる「職業レディネス・テスト（Vocational Readiness Test: VRT）」がある。このテストには，3種類の下位検査がある。職業興味に関する検査（A検査）では，職業や仕事の内容を記述した54項目の質問に，「やりたい」「どちらともいえない」「やりたくない」の3段階で回答する。その結果，ホランド理論に基づく6つの興味領域（現実的，研究的，芸術的，社会的，企業的，慣習的）に対する興味の程度が判定される。次に，日常の生活行動について記述した64項目に，「あてはまる」「あてはまらない」で回答する（B検査）。その結果，職業への興味と関心の基礎となる3つの志向性（①対情報関係志向，②対人関係志向，③対物関係志向）にどのような傾向があるのかを判定する。最後に，職業興味に関する検査（A検査）と同一の54項目の質問に「自信がある」「どちらともいえない」「自信がない」の3段階で回答する（C検査）。その結果，6つの職業領域に対しての職務遂行の自信度を判定する。生徒はこのテストのA検査とC検査の結果からは自分の職業ついての志向性を，B検査からは基礎的指向性を知ることができる。また，自分の興味・関心にそった職業を305個の興味領域別のリストの中から見つけることができることから，自己理解を深めるだけではなく職業に関する情報を得ることができ，将来の進路選択に役立てることができる。実施の所要時間は，採点も含めて約1時間である。また，検査用紙方式の他にカード方式のテスト（VRTカード）も提供されている。なお，このテストは労働政策研究・研修機構によって開発された。

②キャリア・パスポートなどの成果物を用いる方法

　キャリア・パスポートに代表されるように，さまざまな学習の中で作成した学習成果物を蓄積してポートフォリオを作成し，学びの振り返りを行う学習方法が推奨されている。このポートフォリオを用いたアセスメントは，児童生徒の学びの結果だけではなく，学習のプロセスを定性的にアセスメントできるというメリットがある。さらに，このポートフォリオの評価に関しては，さまざまな評価項目に関して，評価基準と評価レベルを記載するルーブリックを予め作成し，それに基づくアセスメントを行うことが多い。キャリア教育の中では，このようなポートフォリオ（キャリア・パスポート）を用いて，小・中・高まで系統的に継続して作成し，それを活用してアセスメントを行う。

　たとえば，生徒がキャリア教育の中で作成する成果物は次のような内容が考えられ，それらをもとにしてキャリア・パスポートを作成することができる。

　①児童生徒が作成したレポート，ワークシート，ノート，作文，絵等
　②学習活動の過程や成果の記録
　③自己の将来や生き方に関する考え方の記述（進路相談シート等）
　④生徒の自己評価や相互評価の記録（評価カード等）
　⑤保護者や地域，職場の人々による他者評価の記録（体験記録カード等）
　⑥教師の評価による学業成績，行動観察記録，適性検査や調査の結果

2 教師や学校に関する評価

①キャリア教育推進に関するアセスメント

　まず，キャリア教育を通して育成すべき「基礎的・汎用的能力」に関するアセスメントに関しては，4つの諸能力（第7章など参照）に関して，各教科や道徳，特別活動などの教育課程の中や，教育課程外の教育活動に関してアセスメントする必要がある。そのため，各教科で行われるアセスメントに加えて，学習活動全体を通してのルーブリックを作成して評価することが有効である。

　さらに，これらの能力は，学校教育全体を通して育成すべきものであることから，この能力の育成を各教科の目標と計画にどのように組み込んでいるのか（カリキュラム・マネジメント）について，多面的に評価をしていく。

表 9-1　学校におけるキャリア教育推進チェックシート例（文部科学省，2011）

項目	チェック内容	チェック欄
1	学校教育目標にキャリア教育を位置付けている	
2	キャリア教育の全体計画を立てている	
3	校内にキャリア教育推進委員会等を設置している	
4	キャリア教育校内研修を実施（計画）している	
5	教職員全体がキャリア教育について共通理解している	
6	地域の異校種間でキャリア教育に関し連絡協議会を設置するなどの連携を図っている	
7	職場体験活動等を実施している	
8	職場体験活動等の事前・事後指導を計画的に行っている	
9	各教科における指導も含めて，キャリア教育を教育活動全体で行っている	
10	学校だより，PTA だより等でキャリア教育の広報活動を行っている	
11	社会人講師等，地域の教育力を活用している	
12	ハローワーク等関係諸機関と連携している	
13	単独あるいは，学校評価等でキャリア教育の評価を行っている	
14	評価結果に基づき，指導等の改善を図っている	

　次に，学校全体でのキャリア教育の組織・計画・運営に関するアセスメントについては，生徒指導と同様に，学校独自にアンケート項目を作成し実施する。進路指導に関してはこれまで進路指導部が中心となって実施してきたが，キャリア教育は学校教育全体を通して行うことから，カリキュラム・マネジメントを行う必要があり，キャリア教育を含めたアンケートは，教務部が主導的に行っている場合もある。

　さらに教員の自己評価だけではなく，保護者からもアンケートによって回答を求めたり，学校評議員や地域の学校関係者などにもアンケートを実施することは有効である。**表 9-1** は，学校におけるキャリア教育の推進のアセスメントを行う資料としての，チェックシートの例である。

COLUMN

指導要録と生徒指導・進路指導・キャリア教育のアセスメント

　指導要録は，学校教育法施行令（第24条1）に基づく児童生徒の学籍に関する記録，および指導に関する記録である。また，その後の指導に役立てるとともに外部に対する証明を行うための原簿でもあり，進学の際には写しを進学先に送付する。なお，指導要録の保存年限は，指導に関する事項は5年，学籍に関する事項は20年となっている。

　指導の記録欄には，①各教科の学習の記録，②総合的な学習の時間の記録，③特別活動の記録，④行動の記録，⑤総合所見および指導上参考となる諸事項を記載する。

　このうち，⑤総合所見および指導上参考となる諸事項の欄に中学校では，a）各教科や総合的な学習の時間の学習に関する所見，b）特別活動に関する事実及び所見，c）行動に関する所見，d）進路指導に関する事項，e）児童生徒の特徴・特技，学校内外における奉仕活動，表彰を受けた行為や活動，知能，学力等について標準化された検査の結果など指導上参考となる諸事項，f）児童生徒の成長の状況にかかわる総合的な所見を，さらに高等学校では，取得資格や生徒が就職している場合の事業所などを記載する。

　以上のように指導要録には，学校教育全体を通した児童生徒の発達状況が，学習面だけではなく行動面についても記録される。このことから，生徒指導・進路指導・キャリア教育における指導助言と，児童生徒についての適正なアセスメントは，特に重要である。

演習問題

❶　生徒指導・進路指導・キャリア教育のアセスメントの意義と目的を説明しなさい。

❷　生徒指導，進路指導のアセスメントの方法について説明しなさい。

❸　キャリア教育のアセスメントについて，その特徴を説明しなさい。

さらに深く学びたい皆さんへ

さらに深く学びたい皆さんに，インターネットのサイトや関連する図書をご紹介します。近年，生徒指導・進路指導・キャリア教育については，インターネットにもたくさんの情報が掲載され，さまざまな本が出版されています。本書の本文には，その一部を掲載しました。いくつかのキーワードを入れて検索してみましょう。図書については数冊ですが，この他にも良書がたくさんあります。ぜひ，図書館や書店で手に取って読んでみてください。そして，教育に対する見方や考え方をより一層深めてください。

【文部科学省のサイト】

日本の学校教育についての白書，各種の統計情報，審議会の情報，学習指導要領やそれに関する情報などが掲載されており，誰でも簡単にダウンロードすることができます（図書として販売されている資料もあります）。

また，最新の教育について理解を深めるための動画配信も行っています。

①冊子

本書の本文でも引用した各種の「中央教育審議会の答申」，「小学校・中学校・高等学校の学習指導要領」とその詳しい「解説」，「第3期教育振興基本計画」等の教育振興の基本計画などが掲載されています。生徒指導については「生徒指導提要」だけでなく，「特別支援教育」などの情報も多数あります。キャリア教育については，小学校・中学校・高等学校の教育のページに「先生応援ページ」が用意され，そこに「キャリア教育の手引き」などが掲載されています。

②動画配信

「YouTube」に文部科学省公式チャンネルを開設しており，教育の施策や新学習指導要領の詳しい解説などを配信しています。特にキャリア教育については，「先生応援ページ2（研修用動画・資料等）」に詳しい解説の動画を配信しています。

【国立教育政策研究所のサイト】

　全国学力・学習状況調査やOECD生徒の学習到達度調査，指導に役立つさまざまな資料や手引きが多数掲載されています。生徒指導に役立つ「生徒指導リーフ」シリーズ，小学校・中学校・高等学校の具体的な事例が掲載されている「特別活動指導資料」や「小・中・高校のキャリア教育のための手引き」，各教科の「評価規準の作成，評価方法等の工夫改善のための参考資料」などが記載されており，ダウンロードすることもできます。

【厚生労働省のサイト】

　雇用統計や就職に関する情報，「キャリア教育プログラム集」などがあります。

【(独) 労働政策研究研修機構のサイト】

　進路指導やキャリア教育に役立つ「国内外の労働情報や労働政策に関する研究の報告書」や，職業情報・就職支援ツールとしてのさまざまな「適性テストの開発や実施に関する情報」などがあります。

【読書案内】

〇キャリア教育の全体像を知るために

　日本キャリア教育学会編『キャリア教育概説』東洋館出版社，2008

〇教育に関するカウンセリングを学ぶために

　日本教育カウンセラー協会編『教育カウンセラー標準テキスト（新版）』初級編・中級編・上級編，図書文化社，2013-14

〇教師のあり方や学校教育について考えるために

　作家・重松清の5冊：『その日のまえに』文春文庫，2008；『きみの友だち』新潮文庫，2008；『青い鳥』新潮文庫，2010；『せんせい。』新潮文庫，2011；『十字架』講談社文庫，2012　※多くが映像化もされています。

〇人生や生き方を考えるために

　オーストリアの精神医学者・V.E.フランクルの2冊：『夜と霧（新版）』池田香代子訳，みすず書房，2002（ナチス強制収容所体験を綴っています）；『死と愛：実存分析入門』霜山徳爾訳，みすず書房，1985

■引用文献

●第1章●生徒指導・進路指導・キャリア教育の歴史と発展

1 Jones, A.J. 1951. Principles of guidance and pupil personnel work (4th ed.). New York, NY, US : McGraw-Hill.
2 川合章「生活指導と道徳教育をめぐって」、国民教育編集委員会編『戦後教育問題論争』誠信書房, 1958
3 文部科学省『小学校キャリア教育の手引き』教育出版, 2011

●第2章●ガイダンス・カウンセリングの基礎的理論

1 文部科学省『生徒指導提要』, 教育図書, 2010
2 Frank G. Goble. Foreword by Abraham Maslow. 1970. The third force : the psychology of Abraham Maslow. Washington Square Press（フランク・ゴーブル『マズローの心理学』小口忠彦監訳, 産業能率短期大学出版部, 1972）
3 Havighurst, R.J. 1953. Human Development and Education., Longmans Green : New York, NY, USA.（R.J. ハヴィガースト『人間の発達課題と教育』荘司雅子監訳, 玉川大学出版部, 1995）
4 Super, D.E. 1957. The psychology of careers. New York : Harper & Row.（D.E. スーパー『職業生活の心理学』日本職業指導学会訳, 誠信書房, 1960）

●第3章●生徒指導・進路指導・キャリア教育の理念と性格

1 キャリア教育の推進に関する総合的調査研究協力者会議『キャリア教育の推進に関する総合的調査研究協力者会議報告書』2004
2 菊池武剋「キャリア教育とは何か」, 日本キャリア教育学会編『キャリア教育概説』東洋館出版社, 2008

●第4章●児童生徒理解の方法・技術

1 三川俊樹「生徒理解と観察指導」, 中西信男・神保信一編著『生徒指導・相談の心理と方法』日本文化科学社, 1991
2 吉田辰雄「生徒理解の意義と方法・技術」, 吉田辰雄編著『最近の生徒指導と進路指導』図書文化社, 1992
3 中谷隆「児童・生徒の理解」, 松田文子・高橋超編著『生きる力が育つ生徒指導と進路指導』北大路書房, 2002

4 倉戸ヨシヤ「生徒理解」, 江川玟成編『生徒指導の理論と方法』学芸図書, 1992
5 服部次郎「生徒指導の評価と活用」, 仙﨑武・野々村新・渡辺三枝子・菊池武剋編著『入門　生徒指導・相談』福村出版, 2000
6 犬塚文雄「生徒理解と生徒指導」, 稲垣應顕・犬塚文雄編著『わかりやすい生徒指導論（改訂版）』文化書房博文社, 2004
7 沢崎達夫「事例研究の進め方・まとめ方」, 松原達哉編『学校カウンセリング講座3（学校カウンセリングの方法）』ぎょうせい, 1988
8 Leona E Tyler ; W Bruce Walsh. 1979 Tests and measurements : 3d ed. Englewood Cliffs, Nj : Prentice-Hall.（リオナ・E. タイラー W. ブルース・ウォルシュ『テストと測定』高田洋一郎訳, 岩波書店, 1980）
9 渡辺三枝子「進路指導の方法と技術」, 仙﨑武・野々村新・渡辺三枝子編著『進路指導論』福村出版, 1991
10 中村淳子「カウンセリングと心理アセスメント」, 野々村新・中村淳子『教育カウンセリング論』日本大学通信教育部, 2000
11 植松紀子「心理テストの種類」, 野々村新・植松紀子『職業指導』日本大学通信教育部, 2003

●第5章●生徒指導・進路指導・キャリア教育の組織と運営

1 吉田辰雄編著『最近の生徒指導と進路指導』図書文化社, 1992
2 福岡県立城南高校『生徒主体の進路学習ドリカムプラン』学事出版, 2002
3 文部科学省『生徒指導提要』2010
4 文部省編『生徒指導の手引』大蔵省印刷局, 1981
5 樺澤徹二「校長・教頭のリーダーシップと支援体制づくり」, 有村久春編『「生徒指導・教育相談」研修』教育開発研究所, 2004
6 高野清純監修, 佐々木雄二編『図でよむ心理学　生徒指導・教育相談』福村出版, 1991
7 文部省編『中学校・高等学校進路指導の手引：中学校学級担任編（改訂版）』日本進路指導協会, 1983
8 国立教育政策研究所生徒指導研究センター『キャリア教育の更なる充実のために』2011
9 有村久春「生徒指導・教育相談を進める組織体制づくり」, 有村久春編『「生徒指導・教育相談」研修』教育開発研究所, 2004
10 永岡順「心の健康を育てる学校経営」, 『指導と評価』47 (10), 図書文化社, 2001
11 北村徹二「生徒指導の年間計画」, 高階玲治編『学校経営相談12ヵ月：第2巻（生

徒指導・進路指導)』教育開発研究所，2001
12 菊池進「生徒指導力のパワーアップ」,『指導と評価』46（10），図書文化社，2000
13 日本教育心理学会「スクールサイコロジストとは：学校心理学に基づくスクールカウンセラー」（日本教育心理学会リーフレット）1996
14 本間啓二「キャリア・カウンセリングと特別活動」,吉田辰雄ほか編『21世紀の進路指導事典』ブレーン出版，2001
15 見田宗介『価値意識の理論』弘文堂，1966

●第6章●教育相談・進路相談の方法・技術

1 文部省『生活体験や人間関係を豊かなものとする生徒指導』大蔵省印刷局，1988
2 文部科学省編『中学校学習指導要領解説 特別活動編』ぎょうせい，2008
3 文部省『生徒指導の手引 改訂版』大蔵省印刷局，1981
4 教育相談等に関する調査研究協力者会議「児童生徒の教育相談の充実について～学校の教育力を高める組織的な教育相談体制づくり～（報告）」2017
5 文部省編『学校における教育相談の考え方・進め方』大蔵省印刷局，1990
6 文部科学省『生徒指導提要』教育図書，2010
7 東京都教育相談センター「学校教育相談推進資料『子供の心が開くとき 子供と心が通うとき』」東京都教育相談センター，2004
8 森俊夫『先生のためのやさしいブリーフセラピー』ほんの森出版，2000
9 森俊夫・黒沢幸子『〈森・黒沢のワークショップで学ぶ〉解決志向ブリーフセラピー』ほんの森出版，2002
10 長谷川啓三「集団守秘義務という考え方」,『臨床心理学』1（2），金剛出版，2001
11 文部省『中学校・高等学校進路指導の手引 進路指導主事編』日本職業指導協会，1977
12 文部省編『中学校・高等学校進路指導の手引 進路相談編』東山書房，1982
13 キャリア教育の推進に関する総合的調査研究協力者会議『キャリア教育の推進に関する総合的調査研究協力者会議報告書』2004
14 国立教育政策研究所生徒指導・進路指導研究センター「キャリア教育を「デザイン」する」2012
15 加勇田修士「進路指導と結んだカウンセリングルーム」,國分康孝ほか編『育てるカウンセリングが学級を変える 高等学校編』（学級担任のための育てるカウンセリング全書第10巻）図書文化社，1998
16 文部省編『個性を生かす進路指導をめざして 生徒ひとりひとりの夢と希望を育むために（中学校進路指導資料第2分冊）』日本進路指導協会，1993

17 文部省編『中学校・高等学校進路指導の手引 第16集（主体的な進路選択力を育てる進路指導 進学指導編）』日本進路指導協会, 1985
18 文部省『個性を生かす進路指導をめざして：生き方の探求と自己実現への道程（中学校・高等学校進路指導資料第1分冊 第5版）』海文堂出版, 2000

●第7章●学校における生徒指導・進路指導・キャリア教育の計画と実践

1 文部省『生徒指導の手引 改訂版』大蔵省印刷局, 1981
2 キャリア教育の推進に関する総合的調査研究協力者会議『キャリア教育の推進に関する総合的調査研究協力者会議報告書』2004
3 中央教育審議会『今後の学校におけるキャリア教育・職業教育の在り方について（答申）』2011
4 文部科学省『小学校 学習指導要領（平成29年告示）』2017
5 犬山南小学校『平成16・17年度丹葉地方教育事務協議会・犬山市教育委員会委嘱研究中間報告要項「夢を持ち仲間と学び合う中で，自分を拓く子」』2004
6 文部科学省『生徒指導提要』教育図書, 2010
7 御徒町台東中学校「台東区立御徒町台東中学校キャリア教育の全体計画」2008
8 千葉県教育委員会『キャリア教育の手引』2013
9 東京都教育委員会『中学校キャリア教育教師用手引書』2014
10 文部科学省『高等学校キャリア教育の手引き』教育出版, 2012
11 東京都高等学校進路指導協議会進路学習研究部会『進路学習ワークシート教材集』2000
12 高橋知音・高橋美保「発達障害のある大学生への「合理的配慮」とは何か：―エビデンスに基づいた配慮を実現するために―」,『教育心理学年報』54（0）, 2015

●第8章●児童生徒の問題行動の特徴と支援

1 文部科学省初等中等教育局児童生徒課『児童生徒の問題行動・不登校等生徒指導上の諸問題に関する調査』2018

●第9章●生徒指導・進路指導・キャリア教育のアセスメント

1 仙崎武『進路指導の現代的課題』1976
2 日本進路指導協会『進路指導の評価の方法』1985
3 文部科学省『中学校キャリア教育の手引き』教育出版, 2011

■参考資料

中学校学習指導要領（抄）
平成29年文部科学省告示第64号

第1章 総則
第1 中学校教育の基本と教育課程の役割

1 各学校においては，教育基本法及び学校教育法その他の法令並びにこの章以下に示すところに従い，生徒の人間として調和のとれた育成を目指し，生徒の心身の発達の段階や特性及び学校や地域の実態を十分考慮して，適切な教育課程を編成するものとし，これらに掲げる目標を達成するよう教育を行うものとする。

2 学校の教育活動を進めるに当たっては，各学校において，第3の1に示す主体的・対話的で深い学びの実現に向けた授業改善を通して，創意工夫を生かした特色ある教育活動を展開する中で，次の(1)から(3)までに掲げる事項の実現を図り，生徒に生きる力を育むことを目指すものとする。

(1) 基礎的・基本的な知識及び技能を確実に習得させ，これらを活用して課題を解決するために必要な思考力，判断力，表現力等を育むとともに，主体的に学習に取り組む態度を養い，個性を生かし多様な人々との協働を促す教育の充実に努めること。その際，生徒の発達の段階を考慮して，生徒の言語活動など，学習の基盤をつくる活動を充実するとともに，家庭との連携を図りながら，生徒の学習習慣が確立するよう配慮すること。

(2) 道徳教育や体験活動，多様な表現や鑑賞の活動等を通して，豊かな心や創造性の涵養を目指した教育の充実に努めること。

学校における道徳教育は，特別の教科である道徳（以下「道徳科」という。）を要として学校の教育活動全体を通じて行うものであり，道徳科はもとより，各教科，総合的な学習の時間及び特別活動のそれぞれの特質に応じて，生徒の発達の段階を考慮して，適切な指導を行うこと。

道徳教育は，教育基本法及び学校教育法に定められた教育の根本精神に基づき，人間としての生き方を考え，主体的な判断の下に行動し，自立した人間として他者と共によりよく生きるための基盤となる道徳性を養うことを目標とすること。

道徳教育を進めるに当たっては，人間尊重の精神と生命に対する畏敬の念を家庭，学校，その他社会における具体的な生活の中に生かし，豊かな心をもち，伝統と文化を尊重し，それらを育んできた我が国と郷土を愛し，個性豊かな文化の創造を図るとともに，平和で民主的な国家及び社会の形成者として，公共の精神を尊び，社会及び国家の発展に努め，他国を尊重し，国際社会の平和と発展や環境の保全に貢献し未来を拓く主体性のある日本人の育成に資することとなるよう特に留意すること。

(3) 学校における体育・健康に関する指導を，生徒の発達の段階を考慮して，学校の教育活動全体を通じて適切に行うことにより，健康で安全な生活と豊かなスポーツライフの実現を目指した教育の充実に努めること。特に，学校における食育の推進並びに体力の向上に関する指導，安全に関する指導及び心身の健康の保持増進に関する指導については，保健体育科，技術・家庭科及び特別活動の時間はもとより，各教科，道徳科及び総合的な学習の時間などにおいてもそれぞれの特質に応じて適切に行うよう努めること。また，それらの指導を通して，家庭や地域社会との連携を図りながら，日常

生活において適切な体育・健康に関する活動の実践を促し,生涯を通じて健康・安全で活力ある生活を送るための基礎が培われるよう配慮すること。
3　2の(1)から(3)までに掲げる事項の実現を図り,豊かな創造性を備え持続可能な社会の創り手となることが期待される生徒に,生きる力を育むことを目指すに当たっては,学校教育全体並びに各教科,道徳科,総合的な学習の時間及び特別活動(以下「各教科等」という。ただし,第2の3の(2)のア及びウにおいて,特別活動については学級活動(学校給食に係るものを除く。)に限る。)の指導を通してどのような資質・能力の育成を目指すのかを明確にしながら,教育活動の充実を図るものとする。その際,生徒の発達の段階や特性等を踏まえつつ,次に掲げることが偏りなく実現できるようにするものとする。
(1)　知識及び技能が習得されるようにすること。
(2)　思考力,判断力,表現力等を育成すること。
(3)　学びに向かう力,人間性等を涵養すること。
4　各学校においては,生徒や学校,地域の実態を適切に把握し,教育の目的や目標の実現に必要な教育の内容等を教科等横断的な視点で組み立てていくこと,教育課程の実施状況を評価してその改善を図っていくこと,教育課程の実施に必要な人的又は物的な体制を確保するとともにその改善を図っていくことなどを通して,教育課程に基づき組織的かつ計画的に各学校の教育活動の質の向上を図っていくこと(以下「カリキュラム・マネジメント」という。)に努めるものとする。
（以下省略）

第4　生徒の発達の支援

1　生徒の発達を支える指導の充実
　　教育課程の編成及び実施に当たっては,次の事項に配慮するものとする。
(1)　学習や生活の基盤として,教師と生徒との信頼関係及び生徒相互のよりよい人間関係を育てるため,日頃から学級経営の充実を図ること。また,主に集団の場面で必要な指導や援助を行うガイダンスと,個々の生徒の多様な実態を踏まえ,一人一人が抱える課題に個別に対応した指導を行うカウンセリングの双方により,生徒の発達を支援すること。
(2)　生徒が,自己の存在感を実感しながら,よりよい人間関係を形成し,有意義で充実した学校生活を送る中で,現在及び将来における自己実現を図っていくことができるよう,生徒理解を深め,学習指導と関連付けながら,生徒指導の充実を図ること。
(3)　生徒が,学ぶことと自己の将来とのつながりを見通しながら,社会的・職業的自立に向けて必要な基盤となる資質・能力を身に付けていくことができるよう,特別活動を要としつつ各教科等の特質に応じて,キャリア教育の充実を図ること。その中で,生徒が自らの生き方を考え主体的に進路を選択することができるよう,学校の教育活動全体を通じ,組織的かつ計画的な進路指導を行うこと。
(4)　生徒が,基礎的・基本的な知識及び技能の習得も含め,学習内容を確実に身に付けることができるよう,生徒や学校の実態に応じ,個別学習やグループ別学習,繰り返し学習,学習内容の習熟の程度に応じた学習,生徒の興味・関心等に応じた課題学習,補充的な学習や発展的な学習などの学習活動を取り入れることや,教師間の協力による指導体制を確保することなど,指導方法や指導体制の工夫改善により,個に応じた指導の充実を図る

こと。その際，第3の1の(3)に示す情報手段や教材・教具の活用を図ること。
(以下省略)

第5章 特別活動

第1 目標

集団や社会の形成者としての見方・考え方を働かせ，様々な集団活動に自主的，実践的に取り組み，互いのよさや可能性を発揮しながら集団や自己の生活上の課題を解決することを通して，次のとおり資質・能力を育成することを目指す。

(1) 多様な他者と協働する様々な集団活動の意義や活動を行う上で必要となることについて理解し，行動の仕方を身に付けるようにする。

(2) 集団や自己の生活，人間関係の課題を見いだし，解決するために話し合い，合意形成を図ったり，意思決定したりすることができるようにする。

(3) 自主的，実践的な集団活動を通して身に付けたことを生かして，集団や社会における生活及び人間関係をよりよく形成するとともに，人間としての生き方についての考えを深め，自己実現を図ろうとする態度を養う。

第2 各活動・学校行事の目標及び内容

〔学級活動〕

1 目標

学級や学校での生活をよりよくするための課題を見いだし，解決するために話し合い，合意形成し，役割を分担して協力して実践したり，学級での話合いを生かして自己の課題の解決及び将来の生き方を描くために意思決定して実践したりすることに，自主的，実践的に取り組むことを通して，第1の目標に掲げる資質・能力を育成することを目指す。

2 内容

1の資質・能力を育成するため，全ての学年において，次の各活動を通して，それぞれの活動の意義及び活動を行う上で必要となることについて理解し，主体的に考えて実践できるよう指導する。

(1) 学級や学校における生活づくりへの参画

ア 学級や学校における生活上の諸問題の解決

学級や学校における生活をよりよくするための課題を見いだし，解決するために話し合い，合意形成を図り，実践すること。

イ 学級内の組織づくりや役割の自覚

学級生活の充実や向上のため，生徒が主体的に組織をつくり，役割を自覚しながら仕事を分担して，協力し合い実践すること。

ウ 学校における多様な集団の生活の向上

生徒会など学級の枠を超えた多様な集団における活動や学校行事を通して学校生活の向上を図るため，学級としての提案や取組を話し合って決めること。

(2) 日常の生活や学習への適応と自己の成長及び健康安全

ア 自他の個性の理解と尊重，よりよい人間関係の形成

自他の個性を理解して尊重し，互いのよさや可能性を発揮しながらよりよい集団生活をつくること。

イ 男女相互の理解と協力

男女相互について理解するとともに，共に協力し尊重し合い，充実した生活づくりに参画すること。

ウ 思春期の不安や悩みの解決，性的な発達への対応

心や体に関する正しい理解を基に，適切な行動をとり，悩みや不安に向き合い乗り越えようとすること。

エ 心身ともに健康で安全な生活態度や習慣の形成
　節度ある生活を送るなど現在及び生涯にわたって心身の健康を保持増進することや，事件や事故，災害等から身を守り安全に行動すること。
オ 食育の観点を踏まえた学校給食と望ましい食習慣の形成
　給食の時間を中心としながら，成長や健康管理を意識するなど，望ましい食習慣の形成を図るとともに，食事を通して人間関係をよりよくすること。
(3) 一人一人のキャリア形成と自己実現
ア 社会生活，職業生活との接続を踏まえた主体的な学習態度の形成と学校図書館等の活用
　現在及び将来の学習と自己実現とのつながりを考えたり，自主的に学習する場としての学校図書館等を活用したりしながら，学ぶことと働くことの意義を意識して学習の見通しを立て，振り返ること。
イ 社会参画意識の醸成や勤労観・職業観の形成
　社会の一員としての自覚や責任をもち，社会生活を営む上で必要なマナーやルール，働くことや社会に貢献することについて考えて行動すること。
ウ 主体的な進路の選択と将来設計
　目標をもって，生き方や進路に関する適切な情報を収集・整理し，自己の個性や興味・関心と照らして考えること。
3 内容の取扱い
(1) 2の(1)の指導に当たっては，集団としての意見をまとめる話合い活動など小学校からの積み重ねや経験を生かし，それらを発展させることができるよう工夫すること。

(2) 2の(3)の指導に当たっては，学校，家庭及び地域における学習や生活の見通しを立て，学んだことを振り返りながら，新たな学習や生活への意欲につなげたり，将来の生き方を考えたりする活動を行うこと。その際，生徒が活動を記録し蓄積する教材等を活用すること。

〔生徒会活動〕
1 目標
　異年齢の生徒同士で協力し，学校生活の充実と向上を図るための諸問題の解決に向けて，計画を立て役割を分担し，協力して運営することに自主的，実践的に取り組むことを通して，第1の目標に掲げる資質・能力を育成することを目指す。
2 内容
　1の資質・能力を育成するため，学校の全生徒をもって組織する生徒会において，次の各活動を通して，それぞれの活動の意義及び活動を行う上で必要となることについて理解し，主体的に考えて実践できるよう指導する。
(1) 生徒会の組織づくりと生徒会活動の計画や運営
　生徒が主体的に組織をつくり，役割を分担し，計画を立て，学校生活の課題を見いだし解決するために話し合い，合意形成を図り実践すること。
(2) 学校行事への協力
　学校行事の特質に応じて，生徒会の組織を活用して，計画の一部を担当したり，運営に主体的に協力したりすること。
(3) ボランティア活動などの社会参画
　地域や社会の課題を見いだし，具体的な対策を考え，実践し，地域や社会に参画できるようにすること。

〔学校行事〕
1 目標

全校又は学年の生徒で協力し，よりよい学校生活を築くための体験的な活動を通して，集団への所属感や連帯感を深め，公共の精神を養いながら，第1の目標に掲げる資質・能力を育成することを目指す。

2　内　容

1の資質・能力を育成するため，全ての学年において，全校又は学年を単位として，次の各行事において，学校生活に秩序と変化を与え，学校生活の充実と発展に資する体験的な活動を行うことを通して，それぞれの学校行事の意義及び活動を行う上で必要となることについて理解し，主体的に考えて実践できるよう指導する。

(1) 儀式的行事

学校生活に有意義な変化や折り目を付け，厳粛で清新な気分を味わい，新しい生活の展開への動機付けとなるようにすること。

(2) 文化的行事

平素の学習活動の成果を発表し，自己の向上の意欲を一層高めたり，文化や芸術に親しんだりするようにすること。

(3) 健康安全・体育的行事

心身の健全な発達や健康の保持増進，事件や事故，災害等から身を守る安全な行動や規律ある集団行動の体得，運動に親しむ態度の育成，責任感や連帯感の涵かん養，体力の向上などに資するようにすること。

(4) 旅行・集団宿泊的行事

平素と異なる生活環境にあって，見聞を広め，自然や文化などに親しむとともに，よりよい人間関係を築くなどの集団生活の在り方や公衆道徳などについての体験を積むことができるようにすること。

(5) 勤労生産・奉仕的行事

勤労の尊さや生産の喜びを体得し，職場体験活動などの勤労観・職業観に関わる啓発的な体験が得られるようにするとともに，共に助け合って生きることの喜びを体得し，ボランティア活動などの社会奉仕の精神を養う体験が得られるようにすること。

3　内容の取扱い

(1) 生徒や学校，地域の実態に応じて，2に示す行事の種類ごとに，行事及びその内容を重点化するとともに，各行事の趣旨を生かした上で，行事間の関連や統合を図るなど精選して実施すること。また，実施に当たっては，自然体験や社会体験などの体験活動を充実するとともに，体験活動を通して気付いたことなどを振り返り，まとめたり，発表し合ったりするなどの事後の活動を充実すること。

(以下省略)

高等校学習指導要領（抄）
平成30年文部科学省告示第68号

第1章　総則

第1款　高等学校教育の基本と教育課程の役割

1　各学校においては，教育基本法及び学校教育法その他の法令並びにこの章以下に示すところに従い，生徒の人間として調和のとれた育成を目指し，生徒の心身の発達の段階や特性，課程や学科の特色及び学校や地域の実態を十分考慮して，適切な教育課程を編成するものとし，これらに掲げる目標を達成するよう教育を行うものとする。

2　学校の教育活動を進めるに当たっては，各学校において，第3款の1に示す主体的・対話的で深い学びの実現に向けた授業改善を通して，創意工夫を生かした特色ある教育活動を展開する中で，次の(1)から(3)

までに掲げる事項の実現を図り，生徒に生きる力を育むことを目指すものとする。
(1) 基礎的・基本的な知識及び技能を確実に習得させ，これらを活用して課題を解決するために必要な思考力，判断力，表現力等を育むとともに，主体的に学習に取り組む態度を養い，個性を生かし多様な人々との協働を促す教育の充実に努めること。その際，生徒の発達の段階を考慮して，生徒の言語活動など，学習の基盤をつくる活動を充実するとともに，家庭との連携を図りながら，生徒の学習習慣が確立するよう配慮すること。
(2) 道徳教育や体験活動，多様な表現や鑑賞の活動等を通して，豊かな心や創造性の涵養を目指した教育の充実に努めること。
　学校における道徳教育は，人間としての在り方生き方に関する教育を学校の教育活動全体を通じて行うことによりその充実を図るものとし，各教科に属する科目（以下「各教科・科目」という。），総合的な探究の時間及び特別活動（以下「各教科・科目等」という。）のそれぞれの特質に応じて，適切な指導を行うこと。
　道徳教育は，教育基本法及び学校教育法に定められた教育の根本精神に基づき，生徒が自己探求と自己実現に努め国家・社会の一員としての自覚に基づき行為しうる発達の段階にあることを考慮し，人間としての在り方生き方を考え，主体的な判断の下に行動し，自立した人間として他者と共によりよく生きるための基盤となる道徳性を養うことを目標とすること。
　道徳教育を進めるに当たっては，人間尊重の精神と生命に対する畏敬の念を家庭，学校，その他社会における具体的な生活の中に生かし，豊かな心をもち，伝統と文化を尊重し，それらを育んできた我が国と郷土を愛し，個性豊かな文化の創造を図るとともに，平和で民主的な国家及び社会の形成者として，公共の精神を尊び，社会及び国家の発展に努め，他国を尊重し，国際社会の平和や発展や環境の保全に貢献し未来を拓く主体性のある日本人の育成に資することとなるよう特に留意すること。
(3) 学校における体育・健康に関する指導を，生徒の発達の段階を考慮して，学校の教育活動全体を通じて適切に行うことにより，健康で安全な生活と豊かなスポーツライフの実現を目指した教育の充実に努めること。特に，学校における食育の推進並びに体力の向上に関する指導，安全に関する指導及び心身の健康の保持増進に関する指導については，保健体育科，家庭科及び特別活動の時間はもとより，各教科・科目及び総合的な探究の時間などにおいてもそれぞれの特質に応じて適切に行うよう努めること。また，それらの指導を通して，家庭や地域社会との連携を図りながら，日常生活において適切な体育・健康に関する活動の実践を促し，生涯を通じて健康・安全で活力ある生活を送るための基礎が培われるよう配慮すること。

3　2の(1)から(3)までに掲げる事項の実現を図り，豊かな創造性を備え持続可能な社会の創り手となることが期待される生徒に，生きる力を育むことを目指すに当たっては，学校教育全体及び各教科・科目等の指導を通してどのような資質・能力の育成を目指すのかを明確にしながら，教育活動の充実を図るものとする。その際，生徒の発達の段階や特性等を踏まえつつ，次に掲げることが偏りなく実現できるようにするものとする。

(1) 知識及び技能が習得されるようにすること。
(2) 思考力，判断力，表現力等を育成すること。
(3) 学びに向かう力，人間性等を涵養すること。
4 学校においては，地域や学校の実態等に応じて，就業やボランティアに関わる体験的な学習の指導を適切に行うようにし，勤労の尊さや創造することの喜びを体得させ，望ましい勤労観，職業観の育成や社会奉仕の精神の涵養に資するものとする。
5 各学校においては，生徒や学校，地域の実態を適切に把握し，教育の目的や目標の実現に必要な教育の内容等を教科等横断的な視点で組み立てていくこと，教育課程の実施状況を評価してその改善を図っていくこと，教育課程の実施に必要な人的又は物的な体制を確保するとともにその改善を図っていくことなどを通して，教育課程に基づき組織的かつ計画的に各学校の教育活動の質の向上を図っていくこと（以下「カリキュラム・マネジメント」という。）に努めるものとする。

第2款　教育課程の編成
（以下省略）
3 教育課程の編成における共通的事項
(1) 各教科・科目及び単位数等
（以下省略）
　　オ　学校設定教科
　　　(ｱ)　学校においては，生徒や学校，地域の実態及び学科の特色等に応じ，特色ある教育課程の編成に資するよう，イ及びウの表に掲げる教科以外の教科（以下「学校設定教科」という。）及び当該教科に関する科目を設けることができる。この場合において，学校設定教科及び当該教科に関する科目の名称，目標，内容，単位数等については，高等学校教育の目的に基づき，高等学校教育として

の水準の確保に十分配慮し，各学校の定めるところによるものとする。
　　　(ｲ)　学校においては，学校設定教科に関する科目として「産業社会と人間」を設けることができる。この科目の目標，内容，単位数等を各学校において定めるに当たっては，産業社会における自己の在り方生き方について考えさせ，社会に積極的に寄与し，生涯にわたって学習に取り組む意欲や態度を養うとともに，生徒の主体的な各教科・科目の選択に資するよう，就業体験活動等の体験的な学習や調査・研究などを通して，次のような事項について指導することに配慮するものとする。
　　　　㋐　社会生活や職業生活に必要な基本的な能力や態度及び望ましい勤労観，職業観の育成
　　　　㋑　我が国の産業の発展とそれがもたらした社会の変化についての考察
　　　　㋒　自己の将来の生き方や進路についての考察及び各教科・科目の履修計画の作成
(2) 各教科・科目の履修等
（以下省略）
(7) キャリア教育及び職業教育に関して配慮すべき事項
　　ア　学校においては，第5款の1に示すキャリア教育及び職業教育を推進するために，生徒の特性や進路，学校や地域の実態等を考慮し，地域や産業界等との連携を図り，産業現場等における長期間の実習を取り入れるなどの就業体験活動の機会を積極的に設けるとともに，地域や産業界等の人々の協力を積極的に得るよう配慮するものとする。
　　イ　普通科においては，生徒の特性や進

路，学校や地域の実態等を考慮し，必要に応じて，適切な職業に関する各教科・科目の履修の機会の確保について配慮するものとする。
　ウ　職業教育を主とする専門学科においては，次の事項に配慮するものとする。
（以下省略）
4　学校段階等間の接続
　教育課程の編成に当たっては，次の事項に配慮しながら，学校段階等間の接続を図るものとする。
　(1)　現行の中学校学習指導要領を踏まえ，中学校教育までの学習の成果が高等学校教育に円滑に接続され，高等学校教育段階の終わりまでに育成することを目指す資質・能力を，生徒が確実に身に付けることができるよう工夫すること。特に，中等教育学校，連携型高等学校及び併設型高等学校においては，中等教育6年間を見通した計画的かつ継続的な教育課程を編成すること。
（以下省略）

第5款　生徒の発達の支援

1　生徒の発達を支える指導の充実
　教育課程の編成及び実施に当たっては，次の事項に配慮するものとする。
　(1)　学習や生活の基盤として，教師と生徒との信頼関係及び生徒相互のよりよい人間関係を育てるため，日頃からホームルーム経営の充実を図ること。また，主に集団の場面で必要な指導や援助を行うガイダンスと，個々の生徒の多様な実態を踏まえ，一人一人が抱える課題に個別に対応した指導を行うカウンセリングの双方により，生徒の発達を支援すること。
　(2)　生徒が，自己の存在感を実感しながら，よりよい人間関係を形成し，有意義で充実した学校生活を送る中で，現在及び将来における自己実現を図っていくことができるよう，生徒理解を深め，学習指導と関連付けながら，生徒指導の充実を図ること。
　(3)　生徒が，学ぶことと自己の将来とのつながりを見通しながら，社会的・職業的自立に向けて必要な基盤となる資質・能力を身に付けていくことができるよう，特別活動を要としつつ各教科・科目等の特質に応じて，キャリア教育の充実を図ること。その中で，生徒が自己の在り方生き方を考え主体的に進路を選択することができるよう，学校の教育活動全体を通じ，組織的かつ計画的な進路指導を行うこと。
　(4)　学校の教育活動全体を通じて，個々の生徒の特性等の的確な把握に努め，その伸長を図ること。また，生徒が適切な各教科・科目や類型を選択し学校やホームルームでの生活によりよく適応するとともに，現在及び将来の生き方を考え行動する態度や能力を育成することができるようにすること。
　(5)　生徒が，基礎的・基本的な知識及び技能の習得も含め，学習内容を確実に身に付けることができるよう，生徒や学校の実態に応じ，個別学習やグループ別学習，繰り返し学習，学習内容の習熟の程度に応じた学習，生徒の興味・関心等に応じた課題学習，補充的な学習や発展的な学習などの学習活動を取り入れることや，教師間の協力による指導体制を確保することなど，指導方法や指導体制の工夫改善により，個に応じた指導の充実を図ること。その際，第3款の1の(3)に示す情報手段や教材・教具の活用を図ること。
　(6)　学習の遅れがちな生徒などについては，各教科・科目等の選択，その内容の取扱いなどについて必要な配慮を行い，

生徒の実態に応じ，例えば義務教育段階の学習内容の確実な定着を図るための指導を適宜取り入れるなど，指導内容や指導方法を工夫すること。
2 特別な配慮を必要とする生徒への指導
(1) 障害のある生徒などへの指導
　ア　障害のある生徒などについては，特別支援学校等の助言又は援助を活用しつつ，個々の生徒の障害の状態等に応じた指導内容や指導方法の工夫を組織的かつ計画的に行うものとする。
　イ　障害のある生徒に対して，学校教育法施行規則第140条の規定に基づき，特別の教育課程を編成し，障害に応じた特別の指導（以下「通級による指導」という。）を行う場合には，学校教育法施行規則第129条の規定により定める現行の特別支援学校高等部学習指導要領第6章に示す自立活動の内容を参考とし，具体的な目標や内容を定め，指導を行うものとする。その際，通級による指導が効果的に行われるよう，各教科・科目等と通級による指導との関連を図るなど，教師間の連携に努めるものとする。
　　なお，通級による指導における単位の修得の認定については，次のとおりとする。
　　(ｱ)　学校においては，生徒が学校の定める個別の指導計画に従って通級による指導を履修し，その成果が個別に設定された指導目標からみて満足できると認められる場合には，当該学校の単位を修得したことを認定しなければならない。
　　(ｲ)　学校においては，生徒が通級による指導を2以上の年次にわたって履修したときは，各年次ごとに当該学校の単位を修得したことを認定することを原則とする。ただし，年度途中から通級による指導を開始するなど，特定の年度における授業時数が，1単位として計算する標準の単位時間に満たない場合は，次年度以降に通級による指導の時間を設定し，2以上の年次にわたる授業時数を合算して単位の修得の認定を行うことができる。また，単位の修得の認定を学期の区分ごとに行うことができる。
　ウ　障害のある生徒などについては，家庭，地域及び医療や福祉，保健，労働等の業務を行う関係機関との連携を図り，長期的な視点で生徒への教育的支援を行うために，個別の教育支援計画を作成し活用することに努めるとともに，各教科・科目等の指導に当たって，個々の生徒の実態を的確に把握し，個別の指導計画を作成し活用することに努めるものとする。特に，通級による指導を受ける生徒については，個々の生徒の障害の状態等の実態を的確に把握し，個別の教育支援計画や個別の指導計画を作成し，効果的に活用するものとする。
(2) 海外から帰国した生徒などの学校生活への適応や，日本語の習得に困難のある生徒に対する日本語指導
　ア　海外から帰国した生徒などについては，学校生活への適応を図るとともに，外国における生活経験を生かすなどの適切な指導を行うものとする。
　イ　日本語の習得に困難のある生徒については，個々の生徒の実態に応じた指導内容や指導方法の工夫を組織的かつ計画的に行うものとする。
(3) 不登校生徒への配慮
　ア　不登校生徒については，保護者や関

係機関と連携を図り，心理や福祉の専門家の助言又は援助を得ながら，社会的自立を目指す観点から，個々の生徒の実態に応じた情報の提供その他の必要な支援を行うものとする。
イ 相当の期間高等学校を欠席し引き続き欠席すると認められる生徒等を対象として，文部科学大臣が認める特別の教育課程を編成する場合には，生徒の実態に配慮した教育課程を編成するとともに，個別学習やグループ別学習など指導方法や指導体制の工夫改善に努めるものとする。

（以下省略）

第5章 特別活動
第1 目標
集団や社会の形成者としての見方・考え方を働かせ，様々な集団活動に自主的，実践的に取り組み，互いのよさや可能性を発揮しながら集団や自己の生活上の課題を解決することを通して，次のとおり資質・能力を育成することを目指す。
(1) 多様な他者と協働する様々な集団活動の意義や活動を行う上で必要となることについて理解し，行動の仕方を身に付けるようにする。
(2) 集団や自己の生活，人間関係の課題を見いだし，解決するために話し合い，合意形成を図ったり，意思決定したりすることができるようにする。
(3) 自主的，実践的な集団活動を通して身に付けたことを生かして，主体的に集団や社会に参画し，生活及び人間関係をよりよく形成するとともに，人間としての在り方生き方についての自覚を深め，自己実現を図ろうとする態度を養う。

第2 各活動・学校行事の目標及び内容
〔ホームルーム活動〕
1 目標
ホームルームや学校での生活をよりよくするための課題を見いだし，解決するために話し合い，合意形成し，役割を分担して協力して実践したり，ホームルームでの話合いを生かして自己の課題の解決及び将来の生き方を描くために意思決定して実践したりすることに，自主的，実践的に取り組むことを通して，第1の目標に掲げる資質・能力を育成することを目指す。
2 内容
1の資質・能力を育成するため，全ての学年において，次の各活動を通して，それぞれの活動の意義及び活動を行う上で必要となることについて理解し，主体的に考えて実践できるよう指導する。
(1) ホームルームや学校における生活づくりへの参画
ア ホームルームや学校における生活上の諸問題の解決
ホームルームや学校における生活を向上・充実させるための課題を見いだし，解決するために話し合い，合意形成を図り，実践すること。
イ ホームルーム内の組織づくりや役割の自覚
ホームルーム生活の充実や向上のため，生徒が主体的に組織をつくり，役割を自覚しながら仕事を分担して，協力し合い実践すること。
ウ 学校における多様な集団の生活の向上
生徒会などホームルームの枠を超えた多様な集団における活動や学校行事を通して学校生活の向上を図るため，ホームルームとしての提案や取組を話し合って決めること。
(2) 日常の生活や学習への適応と自己の成長及び健康安全

ア　自他の個性の理解と尊重，よりよい人間関係の形成
　　　自他の個性を理解して尊重し，互いのよさや可能性を発揮し，コミュニケーションを図りながらよりよい集団生活をつくること。
　イ　男女相互の理解と協力
　　　男女相互について理解するとともに，共に協力し尊重し合い，充実した生活づくりに参画すること。
　ウ　国際理解と国際交流の推進
　　　我が国と他国の文化や生活習慣などについて理解し，よりよい交流の在り方を考えるなど，共に尊重し合い，主体的に国際社会に生きる日本人としての在り方生き方を探求しようとすること。
　エ　青年期の悩みや課題とその解決
　　　心や体に関する正しい理解を基に，適切な行動をとり，悩みや不安に向き合い乗り越えようとすること。
　オ　生命の尊重と心身ともに健康で安全な生活態度や規律ある習慣の確立
　　　節度ある健全な生活を送るなど現在及び生涯にわたって心身の健康を保持増進することや，事件や事故，災害等から身を守り安全に行動すること。
(3)　一人一人のキャリア形成と自己実現
　ア　学校生活と社会的・職業的自立の意義の理解
　　　現在及び将来の生活や学習と自己実現とのつながりを考えたり，社会的・職業的自立の意義を意識したりしながら，学習の見通しを立て，振り返ること。
　イ　主体的な学習態度の確立と学校図書館等の活用
　　　自主的に学習する場としての学校図書館等を活用し，自分にふさわしい学習方法や学習習慣を身に付けること。
　ウ　社会参画意識の醸成や勤労観・職業観の形成
　　　社会の一員としての自覚や責任をもち，社会生活を営む上で必要なマナーやルール，働くことや社会に貢献することについて考えて行動すること。
　エ　主体的な進路の選択決定と将来設計
　　　適性やキャリア形成などを踏まえた教科・科目を選択することなどについて，目標をもって，在り方生き方や進路に関する適切な情報を収集・整理し，自己の個性や興味・関心と照らして考えること。
3　内容の取扱い
(1)　内容の(1)の指導に当たっては，集団としての意見をまとめる話合い活動など中学校の積み重ねや経験を生かし，それらを発展させることができるよう工夫すること。
(2)　内容の(3)の指導に当たっては，学校，家庭及び地域における学習や生活の見通しを立て，学んだことを振り返りながら，新たな学習や生活への意欲につなげたり，将来の在り方生き方を考えたりする活動を行うこと。その際，生徒が活動を記録し蓄積する教材等を活用すること。
〔生徒会活動〕
1　目　標
　　異年齢の生徒同士で協力し，学校生活の充実と向上を図るための諸問題の解決に向けて，計画を立て役割を分担し，協力して運営することに自主的，実践的に取り組むことを通して，第1の目標に掲げる資質・能力を育成することを目指す。
2　内　容
　　1の資質・能力を育成するため，学校の全生徒をもって組織する生徒会において，次の各活動を通して，それぞれの活動の意

義及び活動を行う上で必要となることについて理解し，主体的に考えて実践できるよう指導する。
(1) 生徒会の組織づくりと生徒会活動の計画や運営
　生徒が主体的に組織をつくり，役割を分担し，計画を立て，学校生活の課題を見いだし解決するために話し合い，合意形成を図り実践すること。
(2) 学校行事への協力
　学校行事の特質に応じて，生徒会の組織を活用して，計画の一部を担当したり，運営に主体的に協力したりすること。
(3) ボランティア活動などの社会参画
　地域や社会の課題を見いだし，具体的な対策を考え，実践し，地域や社会に参画できるようにすること。

〔学校行事〕
1　目標
　全校若しくは学年又はそれらに準ずる集団で協力し，よりよい学校生活を築くための体験的な活動を通して，集団への所属感や連帯感を深め，公共の精神を養いながら，第1の目標に掲げる資質・能力を育成することを目指す。

2　内容
　1の資質・能力を育成するため，全校若しくは学年又はそれらに準ずる集団を単位として，次の各行事において，学校生活に秩序と変化を与え，学校生活の充実と発展に資する体験的な活動を行うことを通して，それぞれの学校行事の意義及び活動を行う上で必要となることについて理解し，主体的に考えて実践できるよう指導する。
(1) 儀式的行事
　学校生活に有意義な変化や折り目を付け，厳粛で清新な気分を味わい，新しい生活の展開への動機付けとなるようにすること。
(2) 文化的行事
　平素の学習活動の成果を発表し，自己の向上の意欲を一層高めたり，文化や芸術に親しんだりするようにすること。
(3) 健康安全・体育的行事
　心身の健全な発達や健康の保持増進，事件や事故，災害等から身を守る安全な行動や規律ある集団行動の体得，運動に親しむ態度の育成，責任感や連帯感の涵養，体力の向上などに資するようにすること。
(4) 旅行・集団宿泊的行事
　平素と異なる生活環境にあって，見聞を広め，自然や文化などに親しむとともに，よりよい人間関係を築くなどの集団生活の在り方や公衆道徳などについての体験を積むことができるようにすること。
(5) 勤労生産・奉仕的行事
　勤労の尊さや創造することの喜びを体得し，就業体験活動などの勤労観・職業観の形成や進路の選択決定などに資する体験が得られるようにするとともに，共に助け合って生きることの喜びを体得し，ボランティア活動などの社会奉仕の精神を養う体験が得られるようにすること。

3　内容の取扱い
(1) 生徒や学校，地域の実態に応じて，内容に示す行事の種類ごとに，行事及びその内容を重点化するとともに，各行事の趣旨を生かした上で，行事間の関連や統合を図るなど精選して実施すること。また，実施に当たっては，自然体験や社会体験などの体験活動を充実するとともに，体験活動を通して気付いたことなどを振り返り，まとめたり，発表し合ったりするなどの事後の活動を充実すること。

(以下省略)

■ 索 引

ア行
アセスメント　204
アセスメント（進路指導・キャリア教育）　209
アセスメント（生徒指導）　205
いじめ　160，191，201
インクルーシブ教育　179
インターンシップ　104
ウィリアムソン，E.G.　51
エバリュエーション　204
エリクソン，E.H.　38，44，65

カ行
ガイダンス　10，69
開発的カウンセリング　52
カウンセリング　11
カウンセリング理論　51
学習指導要領（抄）（中学校）　224
学習指導要領（抄）（高等学校）　228
学校恐怖症　193
学校進路相談　127
環境論　49
観察法　78
寛容効果　80
危機介入　133
基礎的・汎用的能力　28，36，66，158
客観的理解　76
キャリア・エデュケーション　14
キャリア・カウンセラー　112
キャリア・カウンセリング　112，156
キャリア教育（小学校における）　136
キャリア教育（中学校における）　145
キャリア教育（高等学校における）　160

キャリア・パスポート　33，72，84，144，215
キャリア発達　44
教育相談　117，128，185
共感的理解　77
グループ・カウンセリング　53
グループ・ガイダンス理論　49
ゲス・フー・テスト　83
高校中途退学　197
校長・教頭（の役割）　105
行動的カウンセリング　52
校内組織　96
合理的配慮　176
ゴールドシュタイン，K.　42
心の発達　111，113
個人資料の収集（整備）と活用　76，84

サ行
自己概念　39
自己効力感　53
自己実現　42
自己指導（能）力　57，116
自己分析法　82
自己有用感　180
自己理解　58，67，74
自然観察法　79
児童生徒理解　74
指導要録　217
自発相談　122
社会測定的技法　83
主体的・対話的で深い学び　31，70，200

少年非行　187
少年法　201
職業指導　12, 17
職業生活の諸段階　48
職業適性テスト　214
職業的発達理論　46
職場体験　156
初頭効果　80
事例研究法　82
人格理論　38
心理検査　85
心理的特徴（児童期・青年期の）　41
進路指導主幹　107
進路選択能力　132
進路適性検査　92
スーパー，D.E.　46, 47, 48
スクールカウンセラー（の役割）　111
ステレオタイプ　80
性格検査　89
精神分析的理論　46
生徒指導（小学校における）　136
生徒指導（中学校における）　145
生徒指導（高等学校における）　160
生徒指導（特別支援学校）　175
生徒指導主幹（の役割）　106
生徒指導提要　28, 40, 145, 161
総合的な学習の時間　64
総合的な探究の時間　64
ソシオメトリック・テスト　83

■ タ行
対比効果　80
知能検査　87
チャンス相談　120
懲戒（児童生徒の）　200
調査法　81

定期相談　122
適性検査　91
道徳　63
特性－因子理論　46
特性－因子論的カウンセリング　51
特別活動　23, 30, 31, 32
特別支援教育　172

■ ナ・ハ行
21世紀型スキル　56, 64
パーソンズ，F.　46
ハヴィガースト，R.J.　44, 45
発達課題　43
発達障害　172
発達理論　41
ハロー効果　80
反社会的行動　183
バンデューラ，A.　53
ピア・カウンセリング　54
非行（の概念）　187
非指示的カウンセリング　51
非社会的行動　183
不登校　193
暴力行為　189
ポートフォリオ評価　82

■ マ・ヤ・ラ行
マズロー，A.H.　42
面接法　79
問題行動　182, 187
欲求の階層（欲求階層論）　42
呼び出し相談　121
4領域8能力（キャリア発達にかかわる諸能力）　36
来談者中心カウンセリング　51
臨床的カウンセリング　51
ロジャーズ，C.R.　13, 43, 51

編著者紹介

横山　明子（よこやま　あきこ）

1958年宮城県仙台市生まれ。東北大学大学院教育学研究科教育心理学専攻博士後期課程修了。博士（教育学）。現在，帝京大学宇都宮キャンパス教授（総合基礎科目）。日本キャリア教育学会常任理事（元副会長）。NPO法人日本学校進路指導支援協会理事。キャリアカウンセラー。

主な研究と業績：研究テーマ「大学生の進路選択の支援に関する研究」。大学生の職業選択決定のプロセスモデルを明らかにし，理工系大学生の職業選択決定を支援するためのシステム開発などを行っている。

著書：『最新生徒指導・進路指導論』（図書文化），『子どもとむかいあうための教育心理学概論』（ミネルヴァ書房），『就職活動をはじめる前に読む本―人生を創造するために』（北大路書房），『大学生のためのライフキャリアデザイン』（さんぽう）。

執筆者（原稿順）

吉田　辰雄（よしだ　たつお）	東洋大学名誉教授	第1章I・II，第8章，第9章
横山　明子（よこやま　あきこ）	帝京大学教授	第1章I・II，第3章，第7章IV，第8章，第9章
本間　啓二（ほんま　けいじ）	日本体育大学教授	第1章III
吉田　隆夫（よしだ　たかお）	芦屋大学副学長	第2章
野々村　新（ののむら　あらた）	松蔭大学特任教授	第4章
島袋　恒男（しまぶくろ　つねお）	琉球大学名誉教授	第5章
篠﨑　信之（しのざき　のぶゆき）	東洋大学教授	第6章
高綱　睦美（たかつな　むつみ）	愛知教育大学講師	第7章I
関本　惠一（せきもと　けいいち）	東京音楽大学特任教授	第7章II
千葉　吉裕（ちば　よしひろ）	日本進路指導協会理事・調査部長	第7章III
伊藤　彰茂（いとう　あきしげ）	椙山女学園大学・大学院非常勤講師	第9章

2019年1月現在

旧版（『最新生徒指導・進路指導論』吉田辰雄編著，ISBN978-4-8100-6463-6）からの変更点（2019.3.10）
◎ 書名，編著者，装幀，ISBN を変更しました
◎ 学習指導要領改訂，教職課程コアカリキュラム，法改正などを踏まえて，各記事の内容と用語を適宜変更しました
◎ 進路指導・キャリア教育の近年の状況について適宜加筆しました
◎ 統計データを更新しました（不登校の発生件数など）

生徒指導・進路指導・キャリア教育論

2006年1月13日	初　版　第1刷発行［検印省略］	
2009年2月10日	第2版　第1刷発行（通算第4刷）	
2019年3月10日	新版　初　版　第1刷発行（通算第17刷）※書名改訂	

編　著　者　　横山　明子
発　行　人　　福富　泉
発　行　所　　株式会社　図書文化社
　　　　　　　〒112-0012　東京都文京区大塚1-4-15
　　　　　　　電話 03-3943-2511　FAX 03-3943-2519
　　　　　　　http://www.toshobunka.co.jp/
印刷・製本　　株式会社　加藤文明社印刷所

Ⓒ YOKOYAMA Akiko, 2019　Printed in Japan
ISBN 978-4-8100-9719-1　C3037

JCOPY 〈出版者著作権管理機構 委託出版物〉
本書の無断複写は著作権法上での例外を除き禁じられています。複写される場合は，そのつど事前に，出版者著作権管理機構（電話03-3513-6969，FAX 03-3513-6979，e-mail:info@jcopy.or.jp）の許諾を得てください。
乱丁・落丁本はお取り替えいたします。定価はカバーに表示してあります。

教職や保育・福祉関係の資格取得をめざす人のためのやさしいテキスト

改訂版 たのしく学べる 最新教育心理学

櫻井茂男 編　　　　　　A5判／264ページ　●定価 本体2,000円+税

目次●教育心理学とは／発達を促す／やる気を高める／学習のメカニズム／授業の心理学／教育評価を指導に生かす／知的能力を考える／パーソナリティを理解する／社会性を育む／学級の心理学／不適応と心理臨床／障害児の心理と特別支援教育

学習意欲を高め，学力向上を図る12のストラテジー

科学的根拠で示す 学習意欲を高める12の方法

辰野千壽 著　　　　　　A5判／168ページ　●定価 本体2,000円+税

「興味」「知的好奇心」「目的・目標」「達成動機」「不安動機」「成功感」「学習結果」「賞罰」「競争」「自己動機づけ」「学級の雰囲気」「授業と評価」の12の視点から，学習意欲を高める原理と方法をわかりやすく解説する。

「教職の意義等に関する科目」のためのテキスト

新版（改訂二版） 教職入門 ―教師への道―

藤本典裕 編著　　　　　A5判／224ページ　●定価 本体1,800円+税

主要目次●教職課程で学ぶこと／子どもの生活と学校／教師の仕事／教師に求められる資質・能力／教員の養成と採用・研修／教員の地位と身分／学校の管理・運営／付録：教育に関する主要法令【教育基本法・学校教育法・教育公務員特例法・新指導要領】

生徒指導・進路指導・キャリア教育論
主体的な生き方を育むための理論と実践

横山明子 編著　　　　　A5判／240ページ　●定価 本体2,000円+税

主要目次●生徒指導・進路指導・キャリア教育の歴史と発展／ガイダンス・カウンセリングの基礎的理論／児童生徒理解の方法・技術／生徒指導・進路指導・キャリア教育の組織と運営／児童生徒の問題行動の特徴と支援／生徒指導・進路指導・キャリア教育のアセスメント　ほか

わかる授業の科学的探究

授業研究法入門

河野義章 編著　　　　　A5判／248ページ　●定価 本体2,400円+税

主要目次●授業研究の要因／授業を記録する／授業研究のメソドロジー／授業ストラテジーの研究／学級編成の研究／発話の研究／協同の学習過程の研究／発問の研究／授業タクティクスの研究／空間行動の研究／視線の研究／姿勢とジェスチャーの研究／板書の研究　ほか

「教育の方法と技術」「教育方法」のためのテキスト

三訂版 教育の方法と技術

平沢茂 編著　　　　　　A5判／208ページ　●定価 本体2,000円+税

目次●教育の方法・技術に関わる諸概念／教育方法の理論と歴史／カリキュラム開発／授業における教師の役割と指導技術／教育メディアとその利用／教授組織と学習組織／教育における評価

〒112-0012 東京都文京区大塚1-4-15　図書文化　TEL03-3943-2511　FAX03-3943-2519
http://www.toshobunka.co.jp/